旅游规划与开发

宋　娜　魏其武　王　芳　著

吉林文史出版社

图书在版编目（CIP）数据

旅游规划与开发 / 宋娜，魏其武，王芳著．— 长春：
吉林文史出版社，2024.1

ISBN 978-7-5752-0065-3

Ⅰ．①旅… Ⅱ．①宋… ②魏… ③王… Ⅲ．①旅游规
划－高等学校－教材②旅游资源开发－高等学校－教材
Ⅳ．① F590

中国国家版本馆 CIP 数据核字（2024）第 042868 号

旅游规划与开发

LÜYOU GUIHUA YU KAIFA

著　　者：宋　娜　魏其武　王　芳

责任编辑：高丹丹

出版发行：吉林文史出版社

电　　话：0431-81629359

地　　址：长春市福祉大路 5788 号

邮　　编：130117

网　　址：www.jlws.com.cn

印　　刷：河北万卷印刷有限公司

开　　本：787mm×1092mm　1/16

印　　张：16.75

字　　数：335 千字

版　　次：2024 年 1 月第 1 版

印　　次：2024 年 1 月第 1 次印刷

书　　号：ISBN 978-7-5752-0065-3

定　　价：98.00 元

前　言

随着我国经济社会的快速发展，旅游业逐渐成为国民经济中最具活力、潜力和竞争力的产业之一。旅游业的发展不仅能够促进经济增长，提升国民生活品质，还能够保护生态环境、传承文化底蕴，实现经济社会的可持续发展。在这一背景下，旅游规划与开发的重要性日益凸显，成为推动旅游业高质量发展的重要手段。

我们编写这本《旅游规划与开发》教材，旨在为旅游规划与开发领域的从业者和学者提供理论指导和实践操作方法，助力我国旅游业的繁荣与发展。本教材立足于生态文明、全域旅游、产业融合、多规合一的视角，系统阐述了旅游规划与开发的基本概念、理论体系、技术方法与流程，以及产业融合与业态创新等方面的内容。

本教材共分为十一章，基本涵盖了旅游规划与开发活动的各个方面，旨在为旅游规划与开发从业人员和相关专业学生提供一本理论与实践相结合的教材。

第一章为旅游规划与开发的概念体系，本章阐述了什么是旅游系统，并分别介绍旅游规划与旅游开发的基本概念、分类及主要内容等，为后续章节奠定理论基础。

第二章为旅游规划与开发的理论基础，本章从经济、环境、人文、规划等多个角度，阐述旅游规划与开发的理论体系，并介绍了旅游规划与开发相关的基础理论及具体应用。

第三章为回顾和展望中外旅游规划与开发，本章对比分析了中外旅游规划与开发的历史演变，展望了旅游规划与开发的未来发展趋势，探讨了旅游规划与开发研究的热点，可为我国的旅游规划与开发提供借鉴。

第四章为旅游资源的分类与评价，本章详细介绍了旅游资源的分类以及分类的原则、依据和方案，还详细介绍了对旅游资源的调查和评价，可为旅游规划与开发提供依据。

第五章为旅游规划与开发的市场分析与营销对策，基于市场分析和市场调研的内容，探讨了旅游规划与开发的营销对策，有助于提高旅游目的地的竞争力。

第六章为旅游规划与开发的主题定位和功能分区，从主题定位和功能分区的角度，论述旅游规划与开发的策略和方法，以提升旅游项目的吸引力。

第七章为旅游规划与开发项目创意设计，在对旅游项目进行分类的基础上，关注旅游项目创意设计，介绍了旅游项目创意设计的原则、内容与程序，为旅游规划与开发注入活力。

第八章为旅游规划与开发的导向模式，探讨了旅游规划与开发的四种导向模式，助力旅游产业转型升级。

第九章为旅游规划与开发的可行性分析，运用定性、定量分析方法，对旅游规划与开发的各个方面进行评估，为优化规划提供参考。

第十章为旅游开发的保障体系规划，强调对各保障体系的合理规划，以确保旅游产业的持续繁荣。

第十一章为旅游规划图件及其制作，介绍了旅游规划图件的特点、功能、种类、技术要求和制作方法。

本教材在编写过程中，注重理论与实践的结合，力求突出实用性、创新性和前瞻性。此外，本教材还借鉴了国内外旅游规划与开发领域的最新研究成果和实践经验，以确保内容的科学性和权威性。同时，本教材从课程思政的视角对教学内容进行了重构，在旅游规划与开发的基础理论、开发设计过程等方面融入了思政教育，积极探索旅游规划与开发思政教材建设。

本教材的写作提纲、统稿由新疆科技学院的宋娜负责，审稿由魏其武和王芳共同负责，全书共十一章，具体分工：第一章由李丽媛编写，第二章由王亚北编写，第三章由张舒宜编写，第四章由靳芳、杨艺婉共同编写，第五章由李亚菊编写，第六章由丁文文、吐马丽丝·卡哈尔共同编写，第七章由叶盛、赵涵笑、刘洪共同编写，第八章由赵俊舟编写，第九章由孔瑞娅编写，第十章由沈媛编写，第十一章由王文杰编写。

希望本教材能为广大读者提供有益的参考和启示，助力我国旅游规划与开发事业的发展。也欢迎广大读者就本教材提出宝贵意见和建议，共同推动旅游规划与开发领域的进步。在编写过程中，我们借鉴和参考了大量国内外的相关书籍、文献和网络资料，在此向所有作者表示诚挚的谢意。由于编者水平有限，加上编写时间有限，教材中难免出现瑕疵，请各位学术同人、师生批评指正。

目　录

第一章 旅游规划与开发的概念体系

学习目标

理解旅游系统和旅游规划与开发的联系，掌握旅游规划与开发的基本定义，熟悉旅游规划的分类，了解旅游规划与开发中的利益相关者类型及平衡利益关系的方法，了解旅游规划编制的步骤和旅游开发的步骤，掌握旅游规划与开发的原则和特点。

第一节 旅游系统

随着旅游经济的不断发展，旅游已经成为具有较强关联性和带动性的产业，旅游产业的系统性特征也尤为典型，正是这些系统性特征促使旅游业的发展不得不全面考虑构成旅游系统的各要素的规划与开发，因此，本节我们将从旅游系统的角度出发，阐述旅游规划与开发的相关概念、类型、遵循的基本原则、规划与开发的步骤等内容。

一、旅游业的系统化特征

旅游产业的构成要素复杂多样，一般旅游学理论认为：旅游是由六大基本要素构成的，即吃、住、行、游、购、娱，其也是旅游的六大核心要素。随着大众旅游的不断发展，游客的需求越来越多样化，人们对旅游吸引的关注点也越来越不同，人们从传统的旅游发展六要素拓展出新的六要素，其中商是指商务旅游、会议会展、奖励旅游等包含旅游新需求、新要素的商务旅游；养是以健康旅游需求和要素为主要内容的养生旅游代表，如养生、养老、养心、锻炼、健身等；学主要是指研修旅行，包括修学旅行、科考、培训、拓展训练、摄影、采风、夏令营、冬令营等；休闲主要是指休闲度假，包括乡村休闲、都市休闲、度假等各种休闲旅游产品和要素，是未来旅游发展的方向和主体；情感主要是指情感旅游，包括结婚、纪念日旅游、宗教朝觐等多种新的旅游业态和元素的精神情感旅游；奇，指的是探险，包括游乐等探险旅游产品和元素，以及新奇的体验。除此之外，魏小安也将旅游系统的构成要素分为三种类型，分别是吸引要素、服务要素和环境要素，其中的吸引要素和服务要素基本类似于前面提及的旅游业的传统六要素，而环境要素则主要指为旅游业发展提供支撑和辅助的基础条件，为此，其将前两类要素称为吸引要素，将第三类称为发展要素。

旅游行业具有较强的关联性、互动性。旅游产业的发展必然会与其他产业发生关联或互动，旅游经济活动始终处于社会经济的大环境中。例如，旅游业、会展业以及博彩业是澳门较为重要的产业，在发展旅游业时，澳门较为发达的博彩业与旅游业之间形成既互补又竞争的关系，博彩业的名气会吸引更多的游客前来旅行，但同时，博彩业优厚的待遇又会与旅游业之间就人力资源产生争夺。

因此，当人们探讨旅游规划与开发时，必须将其置于区域发展的现实情境下加以考察和研究；在空间上，旅游目的地与客源地间存在营销关系；在经济上，旅游地的各项要素与本地居民或旅游者之间将形成明确的供给与需求关系。此外，由于旅游同时具备社会、经济、文化等属性，旅游产业的发展目标也体现出多元化和系统化的特点。例如，旅游开发既要满足旅游者观光休闲度假的体验诉求，也要重视本地居民在休闲空间与设施服务方面的需要，还应关注地方社会经济的综合发展，以及差异化的定位与持续发展等问题。

二、旅游系统的概念

只有对旅游业的系统化特征有正确认识和理解，掌握旅游系统的概念，才能从系统论的角度进行科学的旅游规划和有效的旅游企业管理。1988年，美国著名旅游规划研究专家甘恩率先提出了旅游系统的概念。他认为，旅游系统由包括运输、信息流、产品宣传推广、与旅游相关的无形服务产品等部分组成的需求和供给两大模块构成。需求模块则主要是指旅游者在旅游期间在新旧旅游六要素方面的需求，这些要素之间存在强烈的相互依赖性。

我国学者陈安泽和卢云亭于1991年在相关研究中也提出旅游系统由供给和需求两个大的系统构成。他们进一步指出，供给体系包括四个子体系：区域体系，服务体系，教育体系，旅游的商品体系。旅游区域体系和旅游目的地体系是旅游体系的主要组成部分，包括旅游资源、旅游区或旅游地结构、生态环境、旅游线路、旅游中心城镇五个方面。

在1996年出版的《旅游资源开发》一书中，杨振之提及旅游活动是一种经济现象，提出了"旅游产业说"，并进一步从经济的角度对旅游子系统进行了划分，把旅游子系统从旅游的市场供求关系、供给体系和需求体系进行了划分，认为旅游是旅游体系的核心。其中，旅游供给体系主要包括地域性体系、服务性体系、教育性体系、商品性体系等，而旅游需求体系主要是旅游市场体系，由游客结构体系和旅游行为体系构成，旅游需求体系主要是以游客结构体系和旅游行为体系为主要组成部分，以旅游市场体系为主要组成部分的旅游市场体系。

基于对国内外旅游发展相关研究的分析，吴必虎教授认为，旅游学的研究对象是多种多样的，他把游憩系统看作一个开放的复杂系统，包括客源市场系统、旅行系统、目的地系统和配套系统，而游憩系统是一个开放的复杂系统，从系统的角度来看，游憩系统是一个开放的、复杂的系统，它是一个上述旅游体制的观点，综合了国内外学者的观点。本书认为，旅行体制可分为四大板块，即旅游客源地子系统（以旅游客源市场系统为主）、旅游目的地子系统（以旅游目的地吸引力系统为主）、旅游媒介子系统（以交通运输、旅行社等为主）、旅游支持与保障子系统（以旅游组织为主的地方旅游管理部门和有关立法部门）。

第二节　旅游规划概述

一、旅游规划的概念

（一）"规划"释义

"规"字的本义在古汉语中是画圆形的器具，"圆者中规，方者中矩"（《荀子·赋》），后来引申为计划、打算、规划等含义，如晋陶渊明《桃花源记》中的"南阳刘子骥，高尚士也，闻之，欣然规往"。在现代汉语中，规划则指"组织制订的长远的发展计划"。

现代学者给规划下了一个不带褒贬的定义，即未来行动的方案。而且这个规划一定要有三个主要的特点：第一，一定要跟未来联系在一起；第二，一定要联系行动；第三，这种未来行动的推动必须由一个机构负责。还有一些学者特别强调，策划是一种过程，即策划是人们安排自己行为的过程，建立在思考的基础上。主要有两个内涵：一种是对某一目标的追求或对某一状态的设想；二是动作的顺序和步骤，以达到一定的目的或达到一定的状态。

综上所述，规划应具有以下几个基本内涵：①规划的对象是未来状态；②规划要为实现某种目标设计出恰当的路径；③规划是一个过程。

因此，可将规划定义为：对未来状态进行设计、部署和安排的过程。

（二）旅游规划的概念

目前，国内外学者对旅游规划做了大量的定义。造成这些定义差别的原因主要是其出发点和侧重点各不相同。例如，有的定义强调旅游规划的内容，认为旅游规划是对旅游资源、旅游产品、旅游市场、旅游设施等进行系统分析和规划的过程；有的强调以实现旅游业可持续发展为目的，以提高经济效益和社会效益为目的，制订了旅游规划；有的强调旅游规划是一个动态的过程，包括制订规划、执行规划、监测规划、调整规划，是一个动态的过程。

综合各方观点，我们可以将旅游规划定义为：旅游规划是对旅游产业发展目标、旅游资源利用、旅游产品开发、旅游市场推广、旅游设施建设等方面进行系统分析、策划和部署的过程，旨在实现旅游业的可持续发展，提高旅游经济效益和社会效益。

二、旅游规划的分类

（一）根据旅游规划的范围分类

按照规划范围，旅游规划可以分为区域旅游规划、目的地旅游规划、景区旅游规划和企业旅游规划等。区域旅游规划主要是针对某一行政区域内的旅游业发展状况，有针对性地开展旅游规划编制工作；目的地旅游规划是针对某一特定旅游目的地的发展而制订的一项具体规划；景区旅游规划以开发利用景区内部旅游资源为主；企业旅游规划则是针对旅游企业的经营和发展进行规划。

（二）根据旅游规划的层次分类

按照规划层次，旅游规划可以分为战略性旅游规划、战术性旅游规划和操作性旅游规划。战略性旅游规划主要针对旅游业发展的长远目标和战略布局进行规划，战术性旅游规划则是针对实现战略性目标所采取的具体措施和策略进行规划，操作性旅游规划主要针对旅游业的日常运营和管理进行规划。

（三）根据旅游规划的内容分类

按照规划内容，旅游规划可以分为旅游资源规划、旅游产品规划、旅游市场规划、旅游设施规划等。旅游资源规划主要针对旅游资源的调查、评价和开发利用进行规划；旅游产品规划则是针对旅游产品的创新和优化进行规划；旅游市场规划主要针对旅游市场的调研、定位和营销策略进行规划；旅游设施规划则针对旅游设施的建设、改造和升级进行规划。

（四）根据旅游规划的对象分类

按照规划对象，旅游规划可以分为国际旅游规划、国内旅游规划和入境旅游规划等。国际旅游规划是以国际旅游市场、跨国旅游合作为主要规划对象；国内游规划是针对国内游市场规划国内游产品；入境旅游规划主要针对入境旅游市场、入境旅游产品等方面进行规划，并对入境旅游产品进行营销策划。

通过对旅游规划的分类，我们可以更加系统、全面地了解旅游规划的内涵和外延，为旅游规划的制订和实施提供理论指导和实践参考。

（五）根据旅游规划的时间维度分类

1. 远期旅游规划

远期旅游规划期限为10年以上，具有战略性、预见性、纲领性，旅游规划的不确定因素较多，对中短线旅游规划有一定的指导作用。

2. 中期旅游规划

中期旅游规划的规划期限为6～10年，相对于长期旅游规划而言，规划的内容更为具体和细化。主要任务是解决旅游业发展中的一些重大问题，如发展战略、发展速度、旅游布局和发展目标等。

3. 近期旅游规划

近期旅游规划将中期旅游规划的内容和时间更加具体化，规划期限为1～5年。近期旅游规划由于时间较少，不确定因素较少，对规划期内各种因素的变化和影响可以做出相对准确的预测。

有时候又将规划期限为一年的旅游规划称为年度旅游计划，为实现近期旅游规划目标而制订的具体实施方案，规划内容更为细致、准确。

（六）根据旅游发展的阶段性分类

郭康（1990）指出，旅游区的建设规划根据旅游发展的时期差异可分为三种类型：开发性旅游、发展性旅游规划和调整性旅游规划。

1. 开发性旅游规划

其是主要针对还没有开发旅游资源的地区，是旅游发展初期的规划。所要解决的问题是如何开发旅游资源，涉及的内容非常多，需要的投资很大，考虑的问题比较全面。

2.发展性旅游规划

其是旅游发展过程中所进行的旅游规划，主要解决旅游发展的战略、发展的协调和发展的保障等问题。

3.调整性旅游规划

其是旅游发展中期的规划，是在旅游发展具有一定规模和基础的前提下所进行的旅游规划。此类旅游规划主要是对过去的旅游开发进行调整和扩大，以适应新的旅游发展的需要。

（七）根据时空二维体系分类

吴必虎等（2010）提出，可以从空间（范围大小和产品功能）和时间（旅游产业成熟度）两个方面综合考虑，将旅游规划归纳为时空二维体系。从时间维度来看，其可以分为两大类：发展初期规划和管理成熟期规划，即发展规划和成熟期规划；从空间维度来看，基本分为三种类型：区域旅游规划、目的地（城市和社区）旅游规划、旅游区规划。

（八）国家标准分类方案

2003年，中华人民共和国国家旅游局（现为"中华人民共和国文化和旅游部"，简称"文化和旅游部"）制定的《旅游规划通则》（GB/T 18971—2003）（现已重新修订）将我国现阶段的旅游规划分为两大类：一是旅游发展规划，二是旅游区规划类。

1.旅游发展规划

全国旅游产业发展规划、区域旅游产业发展规划、地方旅游产业发展规划是按规划范围和政府管理层级划分的。地方旅游业发展规划又可分为省级旅游业发展规划、地（市）级旅游业发展规划和县（市）级旅游业发展规划等。

2.旅游区规划

按照规划等级，旅游区规划可分别为旅游区总体规划、旅游区控制性详规、旅游区修建性详规。这种旅游区规划的分类，是一个从宏观到微观，从浅到深，从粗到细，从抽象到具体，从概念到样子的过程。不同层次的旅游规划要解决的问题是不一样的，不可能期望一个旅游规划解决旅游地开发的所有问题。例如，对于景区游客中心的规划，在总体规划中，只是用文字简要描述游客中心的风格、大概位置等，没有游客中心的图纸；在控制性详规中，对游客中心的选址、高度、容积率、退路红线位置、道路开口等进行了详细说明，并对游客中心的示意图进行了勾勒；在修建性的详细规划中，平面、立面、剖面等游客中心的细节问题，都应该有所涉及。

三、旅游规划的利益相关者

（一）旅游规划的利益相关者类型

1. 旅游投资方

区域旅游开发建设的主要资金来源是旅游投资商，也是旅游开发的第一利益方。在旅游规划过程中，旅游规划编制方与投资方的沟通与交流十分重要，规划编制方应注重考虑投资方的价值诉求。一般来说，投资方更多地看重经济利益，因此，规划应为其明确指出未来区域旅游发展的盈利模式以及对盈利的初步估算。对于项目融资型的旅游开发而言，重要的是保证设计的项目与产品能成为未来市场中的热点，并实现预期的经济效益。

2. 区域旅游的管理运营方

对于区域旅游的管理运营方而言，其主要职责是对区域旅游发展实施日常运作和管理，保证旅游系统高质、高效地完成经营目标。因此，在规划编制过程中，旅游运营及管理部门主要关注旅游规划中各项设计的可行性、经济性、便利性、安全性。如果在规划中规划者能为其设计出相关的管理模式和流程，则更能获得管理方的认可。

3. 旅游开发区域所在的社区

社区是最根本的受益群体，旅游开发与社区发展两不误。从旅游发展的实际经验来看，游客与目的地社区的互动关系复杂，游客与目的地社区的互动关系十分复杂。旅游者代表了多种文化和经济背景，旅游者的到来会在经济上和文化上对当地社区产生一定的冲击。此外，旅游者的大量进入也会给目的地社区居民带来基础设施使用上的拥挤和不便。国内外也有不少旅游发展计划因为对目的地社区的利益带来冲击而受到当地居民的强烈反对。为此，旅游规划编制方应从旅游产业的长远发展考虑，从信息透明化、决策大众化的角度出发，加强与旅游开发区域所在社区居民的沟通与交流，鼓励社区参与规划。

4. 旅游者

旅游者是旅游活动的主体，同时是区域旅游发展的重点目标客户。因此，在编制旅游规划时应对目标市场群体的需求加以特别关注。对目标市场旅游者的行为模式分析无疑是实现双方沟通的重要方式。近来的研究结果表明，越来越多的潜在旅游者不会被区域内单一的旅游项目所吸引，除了旅游吸引物以外，他们还较为关注旅游地的环境与氛围。因此，旅游规划对旅游者的人文关怀应体现在线路、项目、设施和环境设计等方面，在细微之处体现出人性化、便捷性和出其不意的服务。

5.旅游资源

旅游资源是旅游开发与规划的客体，也是区域旅游的核心吸引力所在。旅游资源应在保护的前提下妥善开发，为当代以及后代人永续享用。因此，旅游规划者提供的方案应是在当前技术和资金条件允许情况下的合理开发，防止出现不顾后果和不负责任的盲目开发和一次性开发。目前，在旅游开发规划时普遍采用分阶段开发的模式，这是对旅游资源合理开发的方式之一。

6.旅游规划的审批部门

旅游规划审批部门通常是文化和旅游部、地方旅游局、旅管委等各级旅游行政部门。这些规划审批部门的职责在于保证旅游规划与相关政策法规的融合和协调，并最终能够有效地促进区域的发展。因此，旅游规划制定过程应与相关部门保持联系，以保证规划在符合标准和规范要求的前提下，尽量符合旅游主管部门对旅游业发展的总体诉求。

在分析了旅游规划中涉及的相关利益群体后，可以看到，旅游规划过程实际上是协调各方关系和利益的过程。规划编制的过程就是将上述六大利益群体通过相关利益联系在一起。规划者此时所要做的就是将各利益群体始终保持在均衡状态。只有保持这种动态的平衡，旅游规划才能受到各方的认可。因此，旅游规划不仅是一门科学，而且还可算作一门协调的艺术。

（二）各主体间利益平衡与协调的途径

虽然规划中涉及的利益群体较多，关系较为复杂，但是只要进行了及时沟通，应该能够获得较为理想的效果。一般而言，旅游规划过程中可以采取下列方式与相关利益群体进行沟通。

1.召开座谈会

举行相关会议，将相关利益群体的代表召集起来共同商议规划事宜是常见的沟通途径。这种会议能够让各方面对面地提出问题并讨论解决问题的方式，能为规划者提供一定的建议。但是，由于利益群体之间的关系复杂，比较可行的方式是先就单个利益群体召开咨询论证会，再聚在一起综合讨论。

2.聘请专业顾问小组

聘请相关的职能管理部门成员组成规划的专业顾问小组，能够为旅游规划的标准化和规范化提供保障。同时，该专业顾问小组成员也扮演了相关利益群体代表的角色。

3.聘请规划领导小组

规划领导小组的成员大多是由当地政府、企业等旅游投资方的代表组成，他们的意见对于旅游规划的内容具有较大影响。在大多数情况下，项目、产品、主题等设计方案都要得到他们的认可，因此，规划过程中要多听取规划领导小组成员的意见。

4.实行区域公投制度

在涉及某些对于区域社会产生长远影响的问题时，规划的管理者可以适当采用全民公投制度，即在充分公开信息的前提下，让社区居民利益群体自己选择需要的结果，让社区居民充分参与规划。例如，在《福州市旅游发展总体规划》的编制过程中，当地数家媒体就福州市旅游形象的提案发起了公众投票活动，市民参与的热情很高。国外也有研究显示，居民对旅游的态度和支持程度会受到规划和决策中公众参与的影响。规划的社区参与度从我国社区参与规划的实践来看尚属初级。学界开始重视并做出了这方面的成就。例如，杨兴柱、陆林（2005）在《旅游规划》中将公众参与的旅游规划归纳为四种模式：传统型、行政主导推动型、公众政府共同参与型、旅游规划中的旅游规划——公众全程主导参与型；胡洋（2005）对庐山风景区，刘德云（2008）对金门金湖镇旅游规划中的公众参与问题进行了研究；文彤和陈杰忻（2009）针对香港大澳发展规划的公众参与进行了研究，并认为合理控制参与时限、提供规划专业人员的解释服务、多元化的参与人士以及全程参与的理念对规划社区参与的效果有较为直接的影响。

5.进行市场统计调查

对于目标市场潜在旅游者而言，最好的沟通方式就是进行详细的市场调查，对其人口特征、消费行为方式、旅游消费偏好等进行统计，为旅游项目、产品的设计提供充分的决策依据。

四、旅游规划的内容及成果形式

（一）旅游规划的内容

旅游规划的内容、成果形式，以及具体规划范围、目标各不相同，但从总体上看，旅游规划涵盖了以下方面的内容。

旅游资源调查与评估：对规划区域内包括自然人文资源在内的旅游资源进行详细的调查和评估，对潜在的旅游资源进行调查评估。

旅游市场分析：对目标市场的旅游需求、消费行为、竞争态势等进行深入分析，为旅游产品的设计和营销策略提供依据。

旅游发展战略与规划目标：制定包括发展目标、定位、规模、时间安排等在内的适合旅游发展战略和规划目标，以旅游资源和市场需求为基础。

旅游产品设计与开发：根据旅游资源和市场需求，设计开发具有吸引力和竞争力的旅游产品，包括观光、休闲、度假、探险等。

旅游设施与服务规划：规划建设包括住宿、餐饮、交通、娱乐、购物等符合旅游需求的设施与服务，提升接待能力，提升旅游场所服务品质。

环境保护与可持续发展：注重环境保护，注重可持续发展，在旅游发展过程中确保旅游活动与自然环境和谐共存。

（二）旅游规划的成果形式

旅游规划的成果形式通常包括以下几部分。

规划文本：详细阐述规划的内容、目标和实施方案，包括规划说明、规划方案和实施计划等。

策划图件：将策划内容和成果以直观的方式展示出来，包括旅游资源分布图、旅游市场分析图、旅游产品开发布局图等。

数据库：收集整理规划过程中产生的数据和信息，建立数据库，为后续的监测和管理提供数据支持。

附件：包括规划过程中的调查报告、分析报告、专家意见等，以及相关的政策文件和法规依据等。

总之，旅游规划的内容和成果形式需要综合考虑多个因素，确保规划的科学性、合理性和可操作性。

五、旅游规划的编制步骤

旅游规划的编制步骤通常包括以下几个阶段。

准备阶段：在这个阶段，规划者需要收集和整理与规划相关的各种信息和资料，包括旅游资源、市场需求、政策法规等。同时，需要进行初步的现场勘查，了解规划区域的实际情况。

制订规划目标：根据收集到的信息和资料，制定适合的旅游规划目标，包括发展目标、定位、规模等。

制定规划方案：根据规划目标，制定具体的规划方案，包括旅游产品设计与开发、旅游设施与服务规划、环境保护与可持续发展等方面的内容。

评审和修改：将制定的规划方案提交给相关的利益群体进行评审，收集他们的意见和建议，对规划方案进行修改和完善。

审批和实施：经过评审和修改后，将最终的规划方案提交给相关部门进行审批，获得批准后开始实施。

在编制旅游规划的过程中需要注意以下几点：

（1）保持与相关利益群体的沟通和协调，充分考虑他们的利益和需求。

（2）遵循科学、合理、可操作的原则，确保规划的科学性和实用性。

（3）确保旅游活动与自然环境和谐共存。

（4）及时跟进监控计划的执行情况，及时调整、完善发现的问题。

总之，旅游规划的编制需要综合考虑多个因素，确保规划的科学性、合理性和可操作性。同时，要确保规划目标的实现，还需要在实施过程中持续跟进、持续监测。

第三节　旅游开发概述

一、旅游开发的概念

"开发"一词可以理解为对新资源或新领域进行开发、发现、利用，并利用新资源、新领域进行研究或努力。由此可见，开发这一概念的重点在于对资源进行价值的挖掘和变现，对资源所处的状态能够起到改变的作用。对于旅游资源而言，要实现蕴含其中的各类价值就需要对其实施相应的开发。

因此，旅游开发一般是指为了实现旅游目的地的经济、社会和环境效益，对旅游资源进行系统的、有计划的挖掘、利用和转化的过程。旅游开发不仅包括对旅游资源本身的开发，如景区建设，配套设施等，还包括对旅游产业链的拓展和优化，如旅游产品设计、市场营销和旅游服务等。旅游开发需要综合考虑资源、市场、政策、经济、环境等多方面因素，是一个涉及多领域、多层次的综合性过程。

二、旅游开发的内容

旅游开发是以产生效益为目标的系统性行为，总体来看，旅游开发的内容有以下四大方面。

（一）旅游资源的开发利用

开发利用旅游资源，就是要把资源变成各种旅游吸引的东西，比如，把资源的吸引力显性化的过程。应该注意的是，这里的资源开发必须将可持续发展的思想运用于实际工作中。

（二）旅游地的交通安排

旅游地的交通安排主要指在旅游开发过程中对进出旅游地的交通条件和设施进行投入，对旅游地内部的旅游交通环境进行改善和优化的工作。旅游交通的发展一般包括交通路线的设计、配套旅游交通设施、选择交通工具等方面的内容。

（三）旅游辅助设施的建设

旅游辅助设施涵盖的内容非常广泛，吃、住、行、游、购、娱等环节都涵盖在旅游的各个环节中。这些设施在提升游客感受的同时，极大地促进了当地的社会发展，提升了人们的生活品质。因此，旅游开发还包括旅游所需的旅游辅助设施的整体规划和建设，以改善旅游场所的硬件环境。

（四）旅游市场的开拓

为实现旅游发展的经济、社会和环境效益预期，还应密切关注旅游市场的需求及其变化。因此，旅游开发要根据当地旅游资源的特点和优势，确定自己发展的目标市场，要在扩大客源和开拓旅游市场上下功夫，同时进行有针对性的开发和市场营销。

三、旅游开发的类型

资源开发：主要包括发现和挖掘新资源，整合和提升现有资源。

产品开发：以创新升级旅游产品为主，要针对不同游客的需求。

开拓市场：主要包括旅游市场的拓展与营销、以旅游为目的的品牌的打造等方面。

产业链开发：主要包括旅游产业链的拓展和优化，以提升旅游目的地的整体竞争力。

四、旅游开发的步骤

一般来说，旅游开发按照以下步骤进行。

（一）旅游资源的调查

对旅游资源的考察是旅游发展的一项基础性工作。其目的是通过考察了解本地区旅游资源的种类、数量、规模、布局及开发利用现状，交通、水电等基础设施现状，以及与旅游相关的配套服务设施（如住宿、通信、娱乐、购物等）的情况，通过考察了解本地区旅游资源的种类、数量、规模、布局等情况，掌握本地区的旅游资源概况，为进一步开发该地旅游资源做好准备。

（二）旅游资源的评估

旅游资源是否具有开发价值，能否成为旅游区，要根据资源考察情况进行分析、评估。这就需要分析、评估六个基本条件，包括旅游资源的自然状况、可进入性状况、客源市场状况、基础设施状况、服务设施状况和投资状况。

（三）制定旅游开发规划

根据旅游市场的最新动态，结合本地旅游业发展的基本情况，确定本地区旅游发展总体方案，制定本地区旅游发展总体方案。并编制控制性详规和修建性详规，以总体规划为指导。合理、科学的规划可以为旅游地带来经济（经济）、环境（娱乐）、富裕（娱乐）、交流（交流）四方面的良好效应，即"4E"效应，能为工程项目的旅游业发展做好准备。

（四）具体实施计划

制订具体的实施计划，这是进入研制阶段后最重要的工作，其中包括：确定研制范围和研制目标；开发模式，对项目提出用地要求等；资金来源和财政预算的确定；进行项目具体设计，提供施工图纸；进行项目投资招标及施工；开展市场营销和策划宣传；反馈和评估；完善管理和服务。

五、旅游规划与开发的原则

（一）特色原则

在旅游规划制定和实施过程中，特色是构成核心竞争力的旅游产品的关键要素，也是基础抓手，要在旅游规划中保证特色，实现差异化，就必须坚持创新的理念，做到"人无我有，人有我优，人优我新，人新我专"，避免简单重复、模仿雷同，打造真正有特色的旅游产品。

（二）系统原则

旅游事项涉及的部门、行业众多，综合能力非常强。旅行计划需要整合和协调所有旅行活动涉及的流程和内容。在这个协调的过程中，就需要坚持系统原则，如同齿轮契合转动，只有使旅游的各个子系统围绕旅游这个大系统正常运转，才能保证旅游活动的正常运转，进而实现旅游规划的基本作用。

（三）实事求是原则

旅游规划编制会受到各种各样因素的影响，在规划的编制过程中，排除干扰因素，做到实事求是，做出真实、客观的规划就成为评判旅游规划质量高低的关键。在旅游规划中坚持实事求是原则，就是要站在客观的立场上分析各种条件，分析优势时要看到劣势，分析机遇时不回避困难和挑战（张广瑞，2004）。在旅游规划中，当一些地方政府领导要求一些既定的但不可实施操作的项目，规划者应当保持清醒和理性，通过对这些项目进行调研、分析，如果确实不科学、不可行，规划编制者要敢于说"不"。

（四）资源与市场相结合的原则

旅游资源是区域旅游发展的基础，对于区域旅游资源的深入分析会对旅游发展起到事半功倍的作用，而其中客源市场是旅游资源中不可忽视的一部分，如果市场的需求潜力没有被发现，一些可以开发成产品的资源没有被发掘，那么旅游业的发展也不会取得理想的效果。因此，在旅游规划过程中，不仅要认真分析资源优势，还要认真分析市场需求和潜力，根据具有竞争优势的资源和市场的实际需求规划出有效的产品。在旅游规划中，不能只强调旅游资源的专业价值，还必须考虑它能否为市场所接受，不能重资源轻市场。

当然，只追市场也是不正确的，为遵循市场原则，不能完全不顾及资源情况，不能放弃有发展潜力的资源，而去开发一些只有短期发展前景的人造景观，这也是很多区域在旅游开发时容易犯的错误，完全跟风赶潮流。因此，在旅游规划中不能片面地强调资源导向或市场导向。虽然这两种理念的旅游规划在我国旅游规划发展过程中都有成功的先例，但以其特定的历史背景，未必能在未来的旅游规划中游刃有余。单纯的资源导向或市场导向都是不可取的，应当将两者结合起来编制旅游规划。

（五）可持续发展原则

世界旅游组织规划专家因斯克普在《旅游规划：一种综合性的可持续的开发方法》中指出，"可持续发展作为一种重要的方法，在不破坏环境的前提下实现发展目标，而又不损失自然和人文资源，现在正逐渐被人们所认识"。可持续发展是人类经过长时间思考后得出的未来发展理念，旅游业的发展也不能例外，必须坚持这一原则。"既符合当代人的需要，又不危及后代人的需要"，这是可持续发展的本质所在。在旅游规划中，必须科学地利用土地，保护水源，节约能源和其他资源，充分考虑环境的可持续性发展。

（六）可操作性原则

旅游规划应当注重具体方案的实施，不能成为理论概念的解释或探讨。目前，我国许多旅游规划在理论阐释上占据较大的比重，但具体如何做的部分却显得很苍白。这样的旅游规划显然不是委托方需要的。世界旅游组织编写的《地方旅游规划指南》中指出，"不付诸实施且不具备可操作性的规划是没有价值的"。它强调，"在规划的制定过程中应始终考虑采取什么措施贯彻实施规划目标，并在规划大纲中分别予以说明"。因此，在编制旅游规划时，对一些近期要实施的活动计划、方案应当有具体步骤、具体目标和时间安排。

六、旅游开发的策略

政策扶持：为旅游发展提供良好的政策环境，积极争取政府的相关政策支持。

市场导向：要根据市场需求，科学规划旅游产品，提升旅游目的地的市场竞争力。

技术创新：要引进和运用先进的旅游开发技术，提升旅游开发的科技含量。

企业参与：形成多元投资格局，鼓励、引导企业参与旅游开发。

通过上述分析可知，旅游发展需要各方力量的合力，是一项系统性、综合性的项目。在旅游开发过程中，我们要注重经济、社会、环境三个方面的效益均衡，实现旅游资源的可持续利用，推动旅游产业的良性发展，这使我们在发展旅游产业同时，能科学合理、可持续地保障旅游事业的发展。

在开发的同时，也要注重对开发旅游业的方针和策略的把握，使潜在的旅游资源优势转化为现实的经济利益，使旅游资源对旅游者的吸引力得到发挥和增强，从而使旅游活动的技术性经济行为得以实现。旅游开发的本质是通过一定形式的挖掘、加工，达到资源经济、社会和生态价值的目的，以旅游资源为"原材料"，满足旅游者的各种需求。

七、旅游规划与开发的意义

旅游规划与开发的意义主要体现在以下几个方面：

促进地区经济发展：旅游规划与开发可以挖掘和利用地区的旅游资源，将其转化为实际的经济效益。旅游业作为国民经济的重要组成部分，具有较高的产业关联度和乘数效应，可以带动相关产业的发展，创造更多的就业机会，提高地区经济的整体竞争力。

提升地区形象：旅游规划与开发有助于提升地区的知名度和美誉度。一个地区的发展离不开外界对其的了解和认可，旅游业的发展可以吸引更多的游客，进而传播地区的文化、历史、民俗等特色，树立地区品牌，为地区的长远发展奠定基础。

保护与传承文化遗产：旅游规划与开发可以在一定程度上保护和传承地区的文化遗产。通过对旅游资源的合理开发，引导游客参观和了解文化遗产，提高文化遗产的保护意识，使这些宝贵的历史遗产得以传承和发扬。

改善生态环境：在旅游规划与开发过程中，要注重生态环保和可持续发展，可以促进地区生态环境的改善。旅游业作为一种绿色产业，其发展模式和产品结构对生态环境的影响较小，合理规划与开发可以实现经济发展与环境保护的双重效益。

提高人民生活水平：旅游规划与开发可以提高当地居民的生活水平。旅游产业的发展带动了相关产业链的发展，为当地居民增加收入来源提供了更多的工作岗位。同时，旅游业的发展可以促进基础设施建设和公共服务水平的提升，为居民创造更好的生活环境。

促进文化交流：旅游规划与开发有助于促进地区与外界的文化交流。旅游业的发展吸引了大量游客，使得地区的文化、民俗等特色得以传播，旅游业的发展也可以借鉴和吸收其他地区的先进经验，促进自身文化的丰富与发展。

总之，旅游规划与开发对于地区的发展具有重要意义。通过科学合理的规划与开发，可以实现旅游资源的可持续利用，推动旅游业的健康发展，为地区的经济、社会、文化、生态等方面带来综合效益。因此，各地区应高度重视旅游规划与开发工作，结合自身实际，制定出符合可持续发展要求的旅游规划，为地区旅游业的发展提供有力保障。

课后思考

1. 请简述旅游规划与开发的步骤。

2. 请简述《旅游规划通则》（GB/T 18971—2003）对我国旅游规划的分类。

3. 请简要说明旅游规划与旅游策划有何区别与联系。

4. 请举例说明旅游规划与开发对于旅游目的地的发展有何意义。

第二章　旅游规划与开发的理论基础

学习目标

掌握旅游规划与开发的理论体系结构，了解区位理论的发展及空间结构理论的演变，了解旅游人类学和社会学的主要研究对象及对旅游规划者的启示，掌握可持续发展理论的缘起及内涵。

第一节　旅游规划与开发的理论体系

科学理论可以根据不同的认知领域被分类为自然科学理论、社会科学理论、思维科学理论、边缘学科理论以及综合学科理论。其中，以"自然—社会—经济"为对象的综合性理论称为交叉学科理论。边缘学科理论指的是研究两个或更多学科交汇的科学理论，如生态经济学等。目前，我国正处于经济转型时期，旅游业已成为国民经济中最具活力的增长点之一。旅游规划呈现出明显的边缘学科特征，因此在进行旅游规划研究时，有必要深入吸纳和参考相关学科的思维方式和技术手段。从某种意义上讲，旅游规划的研究成果对旅游业乃至整个国民经济都有重要意义。因此，随着规划的主导思想发生转变，旅游规划的理论框架和技术手段也在持续地丰富和发展。目前，国内外学者对旅游规划进行了大量的实证与探讨，形成了一些比较成熟的理论体系，为我国旅游规划的开展提供了有益的经验和启示。在旅游规划的初期阶段，地理学与经济学的各种理论和研究手段为旅游规划的进步提供了推动力，如旅游资源的评估和区域发展的空间布局等研究手段都得到了广泛的采纳。接下来，诸如市场分析、区域旅游的形象、生命周期以及可持续发展的理论和研究手段也逐渐被整合进旅游规划的方法论框架之中。

如今，旅游规划的研究和实践吸引了众多学者的参与，与此相关的学科理论也在不断地为旅游规划的制定提供指导，旅游规划的理论基石和技术手段也日益丰富和多样。其中，对于旅游规划理论方面的讨论尤为热烈，在此领域出现了很多有代表性的成果。通过对文献的深入检索，我们可以观察到，大约从 2000 年开始，中国的旅游规划学者对旅游规划的理论框架进行了深入的研究。到目前为止，关于旅游规划理论的讨论仍没有形成统一的意见。刘锋结合了国外学者 Paris 的观点，提出旅游规划的理论体系大致可以分为两大类：一类是旅游规划所使用的理论，即将地理学、社会学、经济学、心理学、人类学等与旅游相关的学科的理论引入并指导旅游规划的实践；另一类是关于如何编制旅游总体规划以及如何实施的理论，包括旅游资源评价理论、区域经济一体化理论、旅游业空间结构优化理论及旅游地生命周期管理理论等。第二种类型是关于规划本身的理论，主要涉及规划过程中的各种方法和技巧。目前，国内关于旅游规划的研究基本上属于这两种类型，但也存在着一些不足之处，比如，缺乏系统性，没有形成一个比较成熟的理论体系，缺少相应的方法论，等等。基于此，刘锋进一步强调，旅游规划的理论基础应至少来源于三大领域：首先是可持续发展的理念和系统性的科学研究；其次，涉及的学科包括旅游学、经济学、地理学、生态学、社会学、文化学、风景园林学、市场营销学、美学、艺术学、心理学、行为科学和未来学等，这些学科之间的相互融合产生了如旅游经济学、休闲游憩学、旅游地理学和生态经济学等多个交叉学科和综合学科；第三点涉及具体的专业技术理念，例如，交通规划和建筑设计等方面。这些理论都可以作为指导我国当前及今后一段时间内旅游规划设计工作的重要依据。吴人韦对旅游规划的理论框架进行了更系统的总结，将其分为横向的四个主要部分和纵向的四个科学维度。在这一体系中，纵向的四大科学领域是指旅游规划设计与管理的基本内容和相关知识。在横向上，可以看到四个主要的板块：经济板块、环境板块、人文板块和规划理论板块。在纵向上，四个主要的科学维度包括旅游系统及其演变的理论、旅游规划的相关理论、旅游规划执行的理论，以及旅游规划研究方法的相关理论。

虽然上述学者在解释旅游规划理论体系时有各自的侧重点，但他们都将旅游规划的理论体系划分为两大部分：一是旅游相关学科的理论，二是规划研究及实践的理论。在这两大部分中，旅游规划基础理论是核心和关键。接下来，我们将以吴人韦的旅游规划理论为核心，对其旅游规划的整体理论框架进行概述。

一、旅游规划与开发理论的四大板块

旅游的规划和开发可能会对社会的经济、文化和环境等多个方面带来一定的影响。所以，旅游规划是一项复杂而庞大的系统工程。因此，策划者需要对前述系统的进展模式有深入的认识。目前，我国的旅游规划体系还存在着许多不足和缺陷，需要进一步完善。因此，我们可以将旅游规划理论体系中与旅游发展相关的各个领域的理论视为一个横向的四大板块理论。在此基础上，再根据不同地区或行业的实际情况进行细分和整合，形成一个相对独立完整的旅游规划理论体系。这部分的理论观点与刘锋所描述的"旅游规划所采用的理论"是一致的，并且随着人们对旅游业的了解逐渐加深，其内涵也在不断扩展。另外，笔者还提出了关于旅游规划基础理论研究的若干问题，并指出其中存在的一些不足及今后需要进一步探讨和完善之处。这些理论基石与位于核心的规划理论部分共同组成了旅游规划的四大理论领域，如图 2-1 所示。

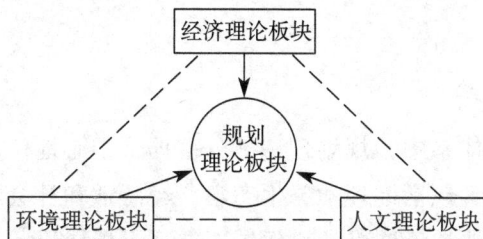

图 2-1 旅游规划与开发的理论板块

（一）经济理论板块

旅游规划与开发的经济理论部分主要涵盖旅游经济学、旅游市场营销学以及旅游管理学等领域。其中，经济理论板块具有很强的实用性。经济理论领域的核心目标是为规划专家在研究利益相关者之间的互动时，提供有力的策略和工具。它可以分为两大类，一类是从宏观上对旅游资源进行整体布局，另一类从微观角度探讨旅游产品在不同时期所呈现出来的特点及变化规律。例如，对旅游业的供需关系、投资机遇、投资回报以及市场战略等方面进行深入分析。

（二）环境理论板块

环境理论这一板块主要从人与自然的互动关系出发，辅助旅游规划的制定者在旅游开发与环境保护、游客的行为与资源保护以及景观视觉环境设计等方面找到平衡，以促进旅游与其周围环境的和谐发展。其核心理论为"生态—社会"复合系统思想。旅游地理学、生态环境学、风景园林学以及旅游工程学等多个学科领域构成了该板块理论基础的主要学术来源。

（三）人文理论板块

人文理论这一板块致力于从多个学科的视角出发，帮助旅游规划者更加深入地理解旅游经济参与者的动机、需求和行为模式，同时能更加专业地把握旅游对象的文化内涵，从而使旅游规划能够更有效地满足旅游发展的各个利益相关方的需求。人文理论是在研究旅游活动中所产生的社会问题及解决这些社会问题的方法过程中形成的理论体系。在人文理论的领域中，经常涉及的学科有游憩学、旅游政策学、旅游法学、旅游社会学、旅游心理学、旅游文化学、历史学、人类学以及考古学等。这些学科知识交叉融合形成了较为全面的知识体系，成为人文理论板块不可或缺的组成部分。这一理论领域为旅游规划和开发中的人文资源评估、旅游项目的设计、旅游路线的选择、游客体验的优化、社会关系的和谐以及特色和品位的塑造等提供了丰富的思想、理论和技术支持。

（四）规划理论板块

在旅游规划的理论体系中，规划理论部分占据了中心地位。它由基础理论与应用理论两大部分组成，前者包括地理学、生态学、经济学和社会学理论，后者则涉及哲学、心理学、管理学和法学等诸多学科领域。在这个板块里，相关理论的核心作用是基于旅游规划的实际需求，对前述三个板块的理念进行融合，进而提高旅游规划制定的效率。因此，必须在梳理现有旅游规划理论基础上，建立一个以"系统"为视角来分析旅游规划体系的新模式。这个板块的理论功能主要可以划分为两大类：首先，是为旅游规划制定者提供世界观指导的理论框架，例如，系统论、可持续发展理论和集成规划理论等。这类理论规定了规划者在编制过程中对外部世界认识和理解的基本原则。这些建议有助于规划者更好地理解旅游经济的真正含义。这类理论指导下形成的旅游开发理念以及相应的旅游规划内容，在一定程度上提高了旅游资源开发和利用的合理性。其次，为规划制定者提供了一系列的技术和方法指导，包括但不限于各种数据调查技术、信息处理技术以及发展决策方法等。这些技术有助于提高规划者对旅游业发展趋势的判断和预测能力。这些先进技术不仅提升了规划人员处理信息的效率，还显著增强了旅游规划的科学依据。

二、旅游规划与开发理论的四大层面

在对旅游规划的相关理论进行分类时，主要关注的是旅游系统和旅游规划发展的认知方面。从系统论出发可以将旅游规划视为一个由多个子系统构成的复杂的大系统，它是以人为核心要素，以经济为目的，通过人与环境相互作用而产生出效益的综合性系统工程。制定旅游规划的人员必须在旅游规划研究方法的应用、旅游系统的准确理解、旅游规划技术手段的掌握和应用、旅游规划的质量和过程控制等方面获得系统的理论指导。这些理论构成了一个完整而科学的理论体系，也是制定旅游规划方案时必须遵循的原则之一。因此，旅游规划的理论可以被划分为四个不同的层次。

（一）关于旅游规划研究方法的理论

旅游规划与开发的理论基础主要集中在研究方法上，也就是旅游规划与开发的方法学。随着旅游业在全球范围内的蓬勃发展，对于旅游规划和开发领域中各种不同层次问题的解决也就成为必然的发展趋势，因此建立一套系统科学的研究方法体系显得尤为重要。一个成熟学科的显著特征是它具备了系统化的研究手段。目前，国内学者对于旅游规划与开发研究方法体系的探讨多集中于定性或定量分析方面。在旅游的规划和开发过程中，建立研究方法体系不仅有助于提升研究的效率，还能极大地减少个人意愿所带来的局限。

（二）关于旅游系统及其发展的理论

旅游规划与开发理论的第二个维度涉及旅游系统以及其未来发展的相关理论。在这一层次上，人们不仅从不同角度去研究旅游问题，而且还把目光转向了整个社会，包括旅游活动本身。随着时间的推移，人们对于旅游规划的目标有了更为深入和全方位的了解。旅游规划在本质上是一个复杂的社会系统工程，需要运用多学科的知识体系来进行综合研究和分析评价。现代的旅游行业构成了一个庞大的系统，涵盖游客、旅游目的地、旅游公司等多种参与者和众多的产业经济元素。旅游活动作为一种特殊的社会活动，具有整体性、开放性、层次性、动态性和复杂性等特点。从一个系统化的视角来看，了解旅游业对规划和编制人员来说是至关重要的基石。旅游系统作为一个复杂的巨系统具有自身的特点与规律性。因此，旅游系统的理论研究实际上是对旅游系统内涵、特性和规律等方面进行深入理论探究的成果。其中，包括系统论、结构功能主义、耗散结构理论、协同演化理论以及可持续发展理论等方面的基本理论。这些基本的理论知识有助于规划者对旅游系统有更深层次的了解。本文基于此，以系统论为视角构建了旅游规划理论框架体系，并分析了其在旅游开发与管理中的应用。这一理论层次为旅游规划的理论框架提供了关键的支撑，并使得旅游规划的独特性更加突出。

（三）关于旅游规划的理论

旅游规划与开发理论的第三个维度是关于旅游规划的各种理论，这主要涵盖旅游规划的评价理论、预测理论、模拟理论以及决策理论等方面的内容。这些理论为我国的旅游业提供了科学指导和决策依据，也对旅游规划实践起到了积极的促进作用。在进行旅游规划和开发时，应依据规划目标的特定发展模式和当前状况来确定其未来的发展方向和途径。目前，国内学者对旅游规划与开发中存在问题的研究多集中于经济利益最大化方面，而忽略了旅游者作为社会成员应该享有的权利以及他们对于旅游活动所产生的影响。因此，在进行旅游的规划和开发时，我们应该努力消除人们的主观偏见，并在方法上严格按照规划制定的标准来操作。旅游规划的实施过程应该是一个不断修正、完善的过程。关于旅游规划的理念，其核心目标是增强旅游规划的科学性和效率，尽可能超越个人意愿的限制，并确保旅游规划学科朝着健康的方向发展。

（四）关于旅游规划实施的理论

旅游规划与开发理论的第四个维度专注于旅游规划的执行理论，其核心目标是探究旅游规划内容与实际执行行为之间的相互关联和固有规律。旅游规划的主要目标就是为实现这一目的而进行的一系列活动的安排与组织，其中最重要的一个方面便是对旅游规划实施的有效控制与评价。现阶段，旅游规划在其制定、审核、执行和调整的各个环节中，其质量管理和监控机制仍需进一步加强和完善。只有加强对旅游规划实施效果评价方法、指标体系的研究，才能实现对旅游规划进行有效监督和监控。旅游规划实施的相关理论旨在不断优化旅游规划的研究流程，建立旅游规划及其实施的质量控制体系，从而提高旅游规划的实际效益，如图 2-2 所示。

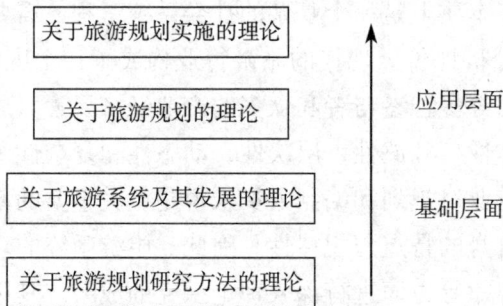

图 2-2　旅游规划与开发的理论层面

三、其他视角下旅游规划与开发的理论体系

由我国台湾学者李铭辉和郭建兴所提出的观光资源规划的理论框架，为我们提供了一个从多个视角去理解旅游规划与开发理论结构的机会。在此体系中，有三个重要部分对旅游规划和开发具有指导意义。他们所构建的理论框架主要由两大部分构成：其一是旅游规划与开发的核心理论部分，其二是与旅游规划与开发相关的衍生理论部分。这两部分都属于旅游规划的范畴。其中，基础理论部分可以进一步细化为程序性理论、规范性理论、分析性理论及实体性理论。本文将以程序性理论指导旅游业发展的具体实践——"旅游规划师"培训项目为例进行阐述。图 2-3 展示了该模式下旅游

规划的理论结构。

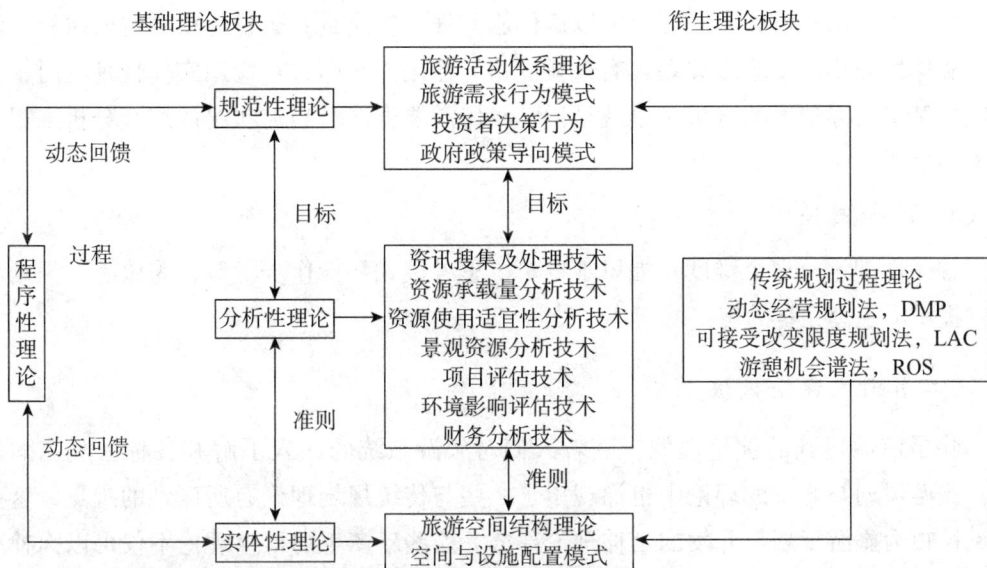

基础理论板块   衍生理论板块

```
                        ┌──────────────────┐
                        │  旅游活动体系理论   │
              ┌────────┐│  旅游需求行为模式   │
 动态回馈  ┌─→│ 规范性理论├┤  投资者决策行为    │←┐
          │   └────────┘│  政府政策导向模式   │ │
          │             └──────────────────┘ │
          │                   ↑ 目标          │
          │       目标         │              │
          │                                   │
┌──────┐  │             ┌──────────────────┐ │  ┌──────────────────┐
│      │  │             │  资讯搜集及处理技术  │ │  │  传统规划过程理论   │
│ 程序  │  │  过程        │  资源承载量分析技术  │ │  │ 动态经营规划法，DMP │
│ 性    ├─→│  ┌────────┐│  资源使用适宜性分析技术│←┼─→│可接受改变限度规划法，LAC│
│ 理论  │  │  │ 分析性理论├┤  景观资源分析技术   │ │  │ 游憩机会谱法，ROS  │
│      │  │  └────────┘│  项目评估技术     │ │  └──────────────────┘
│      │  │             │  环境影响评估技术   │ │
└──────┘  │             │  财务分析技术     │ │
   ↑      │             └──────────────────┘ │
          │       准则         │ 准则          │
 动态回馈  │             ┌──────────────────┐ │
          │   ┌────────┐│  旅游空间结构理论   │ │
          └─→│ 实体性理论├┤  空间与设施配置模式 │←┘
              └────────┘└──────────────────┘
```

图 2-3　旅游规划的理论体系示意图

（一）基础理论板块

1.规范性理论

规范性理论部分是指在规划过程中涉及的各方利益相关者，如游客、政府、居民等，他们对旅游发展的价值观，包括需求与行为理论、旅游活动的体系、政府的决策、居民的态度等。在此体系中，有三个重要部分对旅游规划和开发具有指导意义。与利益相关者的核心价值观相呼应的是，如何通过精心的旅游规划来满足他们的预期和需求。由于不同的利益主体在旅游规划实践中有着各自不同的关注点，因而其对于规划结果也会有不同程度的影响。因此，规范性理论可以为旅游规划者提供明确规划目标的指导和帮助。

2.分析性理论

分析性理论为规划过程中的各种分析任务提供了理论指导，这种分析可以为规划的目标设定和实施提供重要参考。目前，在城市规划领域，分析性知识已经得到了广泛的应用。比如，与旅游承载力测量相关的各种理论都是分析性的，环境影响评估技术等，也是这类理论的一部分。

3.实体性理论

实体性理论从详细的设计和布局角度出发，为旅游规划工作提供了方向性的指导。目前，在城市规划领域，分析性知识已经得到了广泛的应用。因此，实体性理论，如空间布局和设施布局等，可以确保旅游规划在质量和数量上得到有效执行。同时，实体性理论对于旅游规划具有重要的指导作用。然而，在应用实体性理论时，我们应当基于实际情况的分析，也就是说，我们需要根据对当前状况的综合分析来规划未来的发展方向。

4. 程序性理论

程序性理论从多个维度，如思维逻辑、思考模式和操作步骤等，为旅游的规划和开发提供了一套完整的理论框架。

（二）衍生理论板块

除了前面提到的理论框架，随着人们对旅游系统的深入了解和各种新观念的涌现，旅游规划与开发的理论中也涌现出了一些与传统规划理论有所区别的观点，这些观点被视为旅游规划与开发的延伸理论部分。这些新产生的衍生理论不仅可以弥补现有旅游规划和开发理论中存在的缺陷，还能为我们提供更为丰富多样的理论指导，从而推动旅游业持续健康地发展。在此，我们为读者概述了一些在旅游规划和开发中具有关键启示作用的常见衍生理论部分。

1. 旅游与户外游憩规划系统

从旅游规划和开发的理论进展来看，一些较为传统的规划理论，例如，加拿大提出的旅游与户外休憩规划系统，可以被认为是旅游与休憩系统规划的先驱。其中，鲍德和莱森在1977年提出了"户外休憩规划之产品分析流程"，这被认为是关于区域旅游规划程序的最早理论阐述。该流程非常注重市场趋势和趋势的分析，以及资源分析、发展监控和修订。该流程的提出使得系统化方法能够更有效地应用于旅游休憩资源的规划实践中。

有关"户外休憩规划之产品分析流程"的具体内容，如图2-4所示。

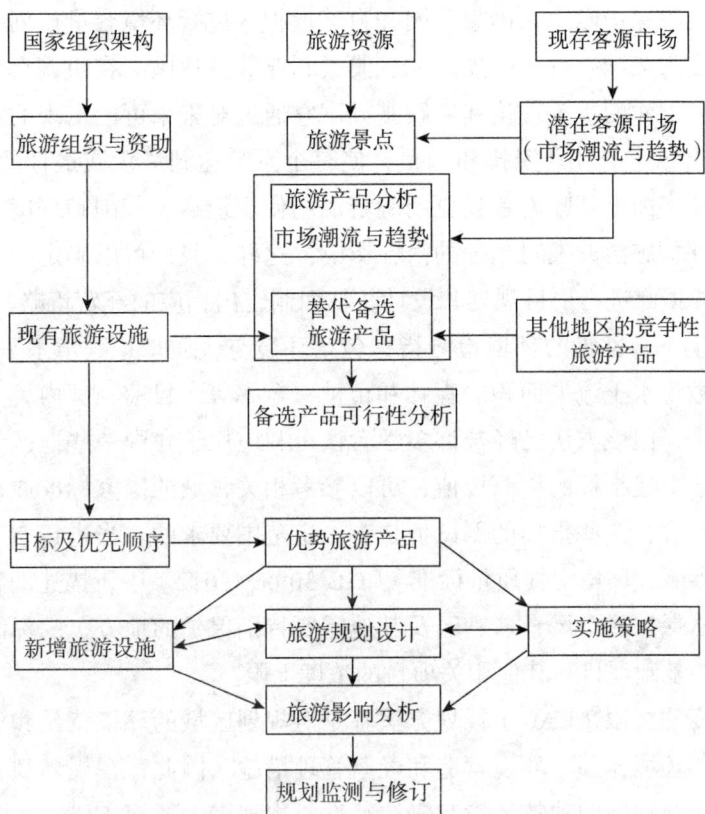

图 2-4 户外休憩规划之产品分析流程示意图

2. 动态管理规划法

动态管理规划法被广泛认为是一种众所周知的规划指导思想。它通过对未来可能出现的各种情况进行分析，从而做出相应的计划安排和调整，使整个系统达到最优或最佳效果。动态决策的核心思想是非线性的决策过程，这意味着规划管理者需要经历多个决策阶段，而在每个阶段完成后，都会产生新的决策需求。为了满足这些新的决策需求，就必须进行一系列调整与修正。在不断演变的背景下，一个更为理想的旅游发展策略应运而生。因此，动态管理规划法可以有效地帮助我们进行规划与预测并提供决策依据，以达到最佳效益。动态管理规划法将整个规划流程划分为五个主要阶段：研究、规划设计、执行与经营管理，以及后续的评估追踪。在这些不同的规划阶段，经营者、研究者、规划师、设计师和实践者都会参与其中。

3. 可接受的改变极限法

杨锐在 2003 年提出的"可接受的改变极限法"和"可接受改变的极限"是在继承环境承载力概念和对环境容量模型方法进行革命性批判的过程中产生的。这一方法已经成为美国资源保护专家在国家公园和自然保护区进行环境容量规划和管理的重要工具，并逐步成为美国、英国、加拿大、澳大利亚等发达国家在协调自然资源、环境保护和旅游发展方面的重要理论和实践基础。它通过对未来可能出现的各种情况进行分析，从而做出相应的计划安排和调整，使整个系统达到最优或最佳效果。"可接受改变的极限"在字面上意味着首先更明确资源的使用地点、范围和程度，并使用具体的环境指标来评估旅游开发对当地的潜在影响。这样，我们可以确定一个可接受的环境变化界限，并据此进行项目规划和设计，从而制定出相应的经营策略。

在自然环境下，常见的环境检测指标包括环境空气质量、噪声水平、水体质量、生物多样性指数、水土流失面积、森林和植被覆盖率等。目前，国内关于可接受改变极限法研究较少，但该方法已经被许多学者认可和应用于我国一些地区的景区规划与管理当中。对于上述指标的检测极值，可以参考相关领域的国家标准或规定。对于一些特定的环境而言，这些指标的测试值是有一定范围要求的。当进行空气质量的检测时，我们可以参照《环境空气质量标准》（GB 3095—2012）中所描述的特定环境空气功能区（如自然保护区、风景名胜区及其他需要特别保护的地方）的标准，来确定环境空气污染物的基础项目和其他相关项目的浓度上限。

可接受改变的极限（LAC）规划方法基于对规划区域的环境背景和资源特性的深入分析，整合了环境体验、环境营造和经营管理措施。因此，在规划观光和休闲资源时，应特别关注规划区的独特环境和资源特性。规划者需要深入研究和掌握该地区的关键课题，以实现环境体验、实体环境塑造和经营管理措施的有效整合。

在实际操作中，可接受的改变极限法可以被划分为几个主要的步骤。

（1）规划项目组在进行区域旅游的规划和开发时，必须明确识别那些在规划和开发过程中需要特别关注和思考的关键问题；

（2）对该区域内可供利用的休闲机会或发展方向进行了深入分析；

（3）我们选择了社会和自然环境的评价标准，并对该区域的社会与自然条件进行了深入研究；

（4）为未来的社会与环境确定一个可接受的变化准则；

（5）基于前述的准则，我们制定了一套可供利用的资源方案；

（6）根据资源的开发和利用计划，我们制定了相应的经营和管理策略；

（7）挑选出最合适的解决方案，并在执行过程中对社会与自然环境的各项指标进行持续的观察和反馈。

在环境依赖型旅游区的规划中，可接受的改变极限理论具有很强的针对性。因此，一些学者开始研究地质公园旅游规划中如何应用 LAC 理论和生态旅游区规划中的应用。本文从这两方面入手，对国内相关文献进行综述。易平对 LAC 理论在地质公园旅游规划管理中的应用步骤进行了分析，并建立了一个由现状、规划、监测和响应组成的相互关联的地质公园旅游规划管理体系。学者们的研究成果揭示，LAC规划理念实际上是可持续发展观念在地质公园旅游规划管理方面的一个具体应用实例，这对于地质公园旅游业的持续发展具有参考价值。

4.反规划理论

反规划这一概念是由俞孔坚等人首次提出的，它最初是在城市规划的领域内提出的。"反规划"方法强调了一种"逆向"的规划过程，即"负"的规划成果，即生态基础设施，用它来引导和限制城市的空间发展。近年来，随着我国经济的持续快速增长和城市化进程的加速推进，许多大城市面临着人口急剧增加、用地规模不断扩大以及生态环境日益恶化的困境。一些相关的理论指出，人与土地之间的和谐关系是解决所有城市问题的核心所在。反规划作为一种新的思维方式和方法，将成为今后我国城市规划设计工作的主流方向之一。所谓的"反规划"并不是反对城市规划，而是针对过去在城市建设和开发规划中对自然系统的忽视和不尊重，以及以牺牲自然过程和格局的安全与健康为代价的城市化路径。它是一种强调通过优先控制非建设区域来进行城市空间规划的方法论，也是对快速城市扩张的一种应对策略。本文从生态学视角探讨了反规划与可持续发展之间的内在联系。反规划方法旨在通过构建一个能够确保自然和人文过程的安全与健康的景观安全结构，从而全面地应对国土生态安全、城市功能布局、交通状况、城市独特性以及城市外观等多方面的问题。

反规划理论的出现促使人们开始对旅游开发中出现的各种问题进行深入思考，如文化遗迹遭受的建设性损害、千城一面的旅游城市规划以及旅游景点的都市化进程等。这些问题的产生是由于传统旅游规划方法存在着诸多弊端所造成的，如只注重短期利益而忽视长期效益、片面追求经济效益而忽略社会效益等。因此，许多学者建议应该将反规划的思维和程序应用到旅游规划和开发中，从而建立一种新的旅游规划模式。目前，国内外已有一些关于反规划思想的文章出现在期刊、书籍及会议论文之中。最早的研究者们建议在森林旅游规划中引入反规划原则，因此，他们从理论角度对森林旅游规划中的反规划模式给出了自己的见解，如安永刚。随后，学者们进行了一系列实证性的研究和讨论。以自贡市飞龙峡森林公园的旅游规划为例，唐建兵首先构建了一套反规划流程，然后通过实例展示了反规划思维下的森林旅游规划新模式。

黄万鹏和方仁总结了在反规划模式下的区域旅游规划的五个主要特点：①其中"软"规划应被优先考虑。所谓"软"规划就是不追求经济利益，而是强调对社会发展有重要意义的非经济性规划。所指的软规划实际上是一种非建设性的规划方式，涵盖了生态环境保护、文化遗产维护以及旅游资源的整合等方面的内容。因此，在对区域旅游规划进行研究时，首先要确定哪些是可实施的项目。在对上述事项有了清晰的认识之后，我们可以开始进行"硬"规划，也就是进行建设性的规划。②优先考虑不进行建设的区域规划。紫线——界定自然保护区和风景名胜区的边界以及其他重要景观资源保护区之间的界线。红线——划定重要文物建筑保护区和风景名胜区内的建设用地范围。这主要涉及划定如绿线、蓝线、紫线等非建设性质的区域，而绿线的定义则是确定绿地的边界；蓝线定义了河流的水域范围；紫线代表了对历史文化遗产的定义；红线所指的是具有建设意义的区域。③我们需要高度重视对目的地居民意向的研究，并提高社区居民在旅游策划过程中的参与度。④我们要高度重视客户市场和社区提供的反馈意见，并通过收集这些反馈来对现有的规划进行适当的调整。⑤我们应当高度重视对乡土文化的守护和深挖。在区域旅游的规划中，关于反规划的方法和步骤，可以查阅 2007 年黄万鹏和方仁所绘制的流程示意图，如图 2-5 所示。

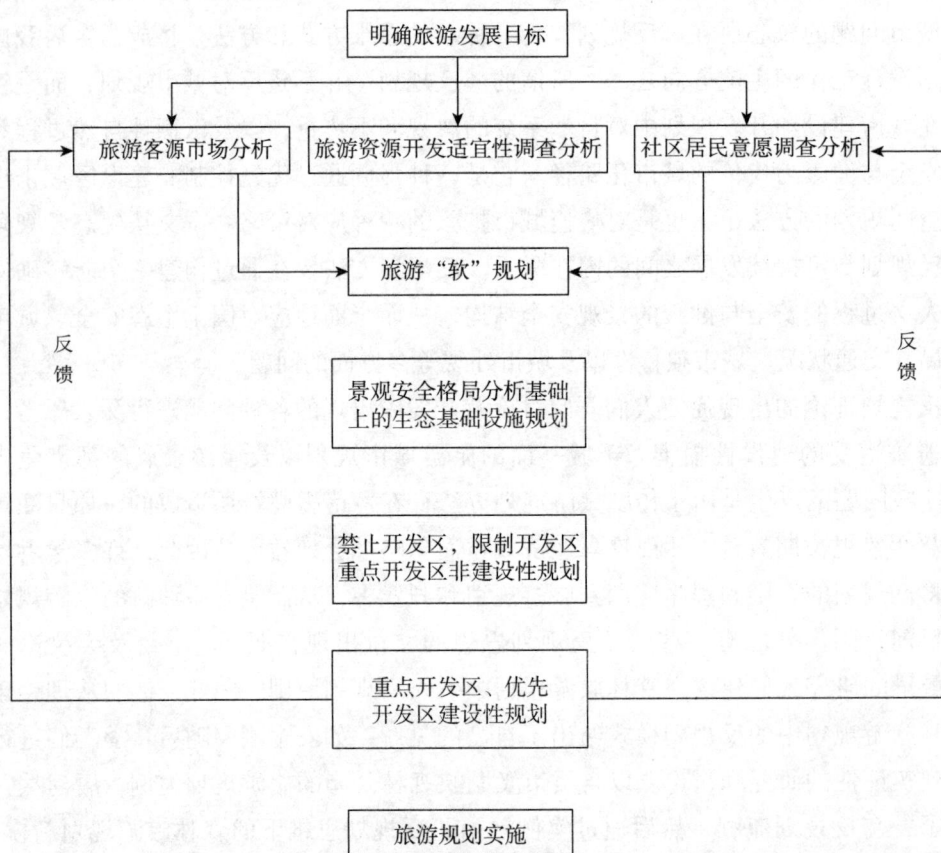

图 2-5　反规划流程示意图

反规划理论为从事旅游规划的专业人士提供了一种全新的思考角度和方法，这有助于他们在明确了景观和生态环境发展目标之后，更有效地组织和策划游憩设施和项目，从而更好地实现区域旅游的发展目标。

5. 游憩机会谱

20 世纪六七十年代，游憩机会谱理论由美国林业局首次提出，并被视为促进世界国家公园进步的关键技术工具。该研究方法最初主要用于旅游资源评价及区域生态旅游开发与保护方面。自从 ROS 框架在美国被首次提出以来，澳大利亚、新西兰、日本、加拿大和英国等国的林业管理部门和政府机构也开始在休闲规划和自然资源管理方面应用这一管理策略。游憩机会谱就是对旅游目的地提供的各种资源进行分析后得出的一组具有特定价值或特征的潜在游憩对象集合，它可以帮助管理者了解旅游者的行为模式并制定相应的开发策略。这里提到的游憩机会是指游客有一个真正的选择机会，可以选择在他们喜欢的环境中参与他们喜欢的活动，以实现他们期望的满意体验。

根据美国林业局官方网站上关于 ROS 的描述，游憩机会谱的系统结构通常是通过以下方面来划分的：可进入性、游憩地的偏远程度、自然程度、设施及场地管理、游客接触、游客影响和游客管理。

所谓的可进入性，主要是指旅行的方式。这种高可入性对旅游目的地来说是一种挑战，因为它意味着游客可能要面对来自各个方面的压力。高度先进的可访问性通常有助于减轻个体的孤立感、降低风险和减少挑战。然而，它有助于提高社交的机会，并带来安全与舒适的体验。

游憩地的偏僻程度描述的是游客觉得自己与人类的活动和声响之间的距离有多远。

游憩地的自然度是指环境设计的自然度，这会通过享受大自然来影响心理感受。在研究中引入了一种新方法——视觉质量评价法，它是以一个人对风景的知觉和感受作为标准来衡量的，而不是用其他因素如气候、温度等来决定。为了实现这一指标，我们设定了适当的视觉质量目标。

由于设施和场地管理的不足，人们能够更好地实现自给自足和独立，同时能享受高度自然的体验。在城市中，人们通常会选择更多的空间来满足他们对环境舒适程度及生活方式的要求。高度先进的设备不仅能提升舒适度和便捷性，还能增加社交互动的机会。

游客接触主要描述的是在旅途中与其他游客相遇的次数和种类，或者是在露营地中可以看到或听到的人类行为。文章从理论上对其进行了初步探讨并提出一个新的评价指标——"孤独指数"。这一指标有助于量化个体在体验过程中感受到的孤独和社交互动的体验。

游客影响指的是游客在进行旅游休闲活动时，对周围环境及其氛围所带来的变化。

根据上述的分类标准，游憩地可以被细分为六个不同的类别：分别是城市 uran

（U）、农村 rural（R）、自然 natural（N）道路区域、半原始的机动车区域 semi-primitive motorized（SPM）、半原始的无机动车区域 semi-primitivenon-motorized（SPNM）以及原始地区 primitive（P），如图 2-6 所示。

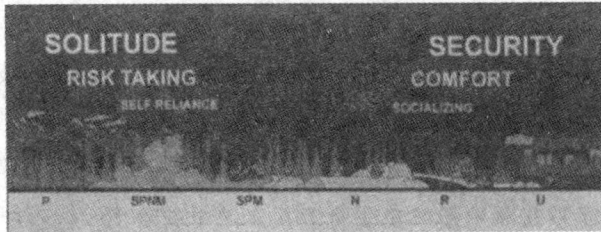

图 2-6　ROS 中的六类区域之划分

　　上面提到的各种地域，为游客带来的感受各不相同。例如，在原始地区，游客可能会感受到孤独、冒险、自我依赖和与大自然的亲密接触，而在城市地区，游客更可能体验到安全感、舒适度和社交互动的感觉。

　　在旅游规划过程中，游憩机会谱有助于进行游憩机会的全面审查，从而更加合理地规划各种游憩资源，并确保游客所期待的体验与他们的游憩机会能够高度匹配。因此，许多学者采用游憩机会谱这一方法进行了深入的研究和实验。例如，方世明选择了 7 个自然环境要素、4 个社会环境要素和 13 个管理环境要素来对环境进行分类，并对游客在各种环境下的休闲体验进行了问卷调研。基于这些数据，他试图构建了嵩山世界地质公园的休闲机会谱，该机会谱涵盖了三种不同的环境类型及其在各种环境中的活动和体验。韩德军和他的团队采用了 AHP 和熵值法对贵州省的旅游游憩机会谱进行了深入研究，并据此将贵州省的风景名胜区细分为五大类别：民族风情小城镇、郊区半自然型景区、郊区自然型景区、偏远半自然型景区以及偏远自然型景区。此外，本文还从时间维度上探讨了游客的游憩行为与环境之间的关系。除了前面提到的研究以外，国内外学者也对各种游憩领域进行了创新性的游憩机会谱研究。他们构建了如城市社区游憩机会谱、滨水游憩机会谱和生态旅游机会谱等具有独特地域特色的游憩机会谱。这些游憩机会谱的建立为旅游规划提供了坚实的理论基础。

　　总的来说，旅游的规划和开发涉及的领域非常广泛，因此，相关的理论框架也显示出很强的综合性。在众多理论之中，旅游规划理论体系是一个较为复杂而系统的研究体系。在这一节里，我们列举了一些具有代表性的学者对旅游规划理论体系的详细解释，相信这将对读者产生一定程度的启示。另外，旅游规划是一个复杂而庞大的系统，在其发展过程中不可避免地会遇到各种问题和困难，这就要求规划者必须具备良好的理论素质。与此同时，鉴于旅游规划与开发的观念和方式正在经历变革和更新，其理论框架也显示出强烈的可扩展性，因此需要持续地关注和刷新。

第二节 旅游规划与开发的基础理论

从旅游规划核心元素的认知角度，旅游规划的基本理论为规划专家提供了明确的方向。目前，我国学术界对于旅游规划的研究主要集中于其基本概念、特征、作用机理、方法以及发展趋势上。在国内外的旅游规划进程中，我们已经形成了一个以区位和空间结构理论、竞争力理论、消费者行为理论、生命周期理论、社会学与人类学理论、门槛理论和社区理论为核心的旅游规划基础理论体系。这些基础理论对于指导旅游规划设计实践具有一定意义。另外，随着社会对旅游经济和旅游活动的理解逐渐加深，可持续发展、体验经济和循环经济等理论也逐渐成为旅游规划基础理论中不可或缺的一部分。

一、区位和空间结构理论

（一）区位和空间结构理论的发展及内涵

1.区位理论

区位可以理解为"场所或位置"，它涵盖了某一事物的具体位置或该事物与其他事物在空间中的相对位置。目前，我国学术界对于旅游规划的研究主要集中于其基本概念、特征、作用机理、方法以及发展趋势上。在社会经济的范畴内，区位不仅仅是空间位置的表示，它还隐含了空间位置的规划和设计的深层意义。因此，在经济活动中需要确定一个最优的区位以实现经济效益最大化。区位理论旨在为经济活动确定最佳的地理位置。它是指人们根据一定的目的和要求，对所选择的地理区域进行综合分析和评价后确定其地理位置的一门学科。从18世纪下半叶初期的区位理论思想诞生至今，区位理论已经经历了近300年的演变和发展，其最初的出现主要是为了解决生产布局的最优问题。后来，随着地理学研究范围的不断扩大，人们开始把经济学、社会学、管理学等学科中有关区域或地方的概念运用于区域分析中，从而逐步形成了具有自己特色的现代区位理论体系。在早期的学术研究中，区位仅仅被视为影响生产流程的一个要素，并没有建立起一个完整的理论框架。例如，1767年，英国学者斯秋阿特在研究地域分工时，特别关注了区位这一关键要素。他认为，市场价格与运输成本之间存在着某种关系，这种关系使得市场上的产品具有相对的价值差异。亚当·斯密也探讨了地租与运费如何影响地理位置。

随着经济的持续增长，地理位置的因素在生产活动中逐渐展现出其关键性的作用。区位是人们认识和处理地理对象时最重要也最常用的概念之一，它不仅影响地理现象的理解，而且会影响人类生活中所需要考虑的许多问题。德国的农业经济学者杜能、韦伯、劳舍、萨福雷、龙哈德以及美国的经济学家拉斯帕勒斯等人，都对农业和工业的生产布局问题进行了深入研究。他们从各自不同的角度出发，分析和论证了区位因素对于企业经营决策的重要性。他们付出的辛勤工作最后塑造了区位论的一系列经典观点。这些理论从宏观角度探讨了一个国家或地区的产业布局和产业选择问题，为区域经济学的兴起奠定了基础。然而，目前关于区位的研究主要集中在企业生产活动的微观层次上。

进入近代，区位理论的研究焦点已经从最小化生产布局的成本转向了最大化生产布局的市场覆盖范围。在这个过程中，区位论得到了进一步发展，并与区域经济学相结合产生了新的地理学流派——区位经济学派。在这个时代，学者们主要关注空间布局如何影响市场竞争。其中，德国的地理学家克里斯泰勒、经济学家廖什、地理学家高兹，瑞典的帕兰德、经济学家俄林，以及美国的费特和胡佛等都是较为知名的学者。

克里斯泰勒的中心地观点和廖什的市场位置理论均被视为具有深远影响的学术研究。区位理论已经从探讨选址问题扩展到研究区域生产力的合理布局问题，这进一步增强了区位理论对社会经济发展的影响力。

在最近的几年中，由于各个学科在知识结构上，区位理论得到了进一步的完善。这主要是因为区位理论的研究焦点从单一的经济因素逐渐转向了政策、文化等社会层面的因素。

例如，在选择国际旅游项目的投资地点时，由于政策和文化背景的不同，项目的运营成本开始被视为投资者需要考虑的非经济因素之一。在我国，由于受地域经济环境等客观条件的制约，许多投资者都将目光集中到具有一定优势的地区进行考察，以寻找更适合于自己企业经营管理需要的区域。例如，中国社会的各个领域对于上海迪士尼乐园的投资项目的讨论，都展现了区位研究的综合性质。在美国以外的同一国家，首次在迪士尼的发展史上建立了两个迪士尼乐园。随着 2011 年 4 月 8 日上海迪士尼乐园的正式开工，中国正式步入了香港和上海两大迪士尼乐园共同竞技的新时代。那么，对于这两个不同城市之间的竞争是否会带来新的机遇呢？实际上，在 2009 年 11 月 4 日，当迪士尼公司与上海市政府签订协议时，已经有众多的学者和专家从经济、政治、社会和文化等多个维度对中国第二个迪士尼乐园项目在上海的潜在优势和劣势进行了深入探讨。

2.空间结构理论

空间结构描述的是社会经济实体在空间内的互动与联系，以及因这种互动而产生的多种形态在空间上的聚集模式。我国经济地理研究中所采用的是微观和中观两种类型的空间结构。从空间尺度来看，空间结构可以被划分为三个不同的层次：微观空间结构（企业与企业之间的关系）、中观空间结构（城乡之间的关系）和宏观空间结构（国家之间的关系）。通常，在各个不同的发展时期，区域的空间布局都会展现出其独特之处。

在集聚与扩散机制、空间近邻效应等多种机制的共同作用下，该区域的空间布局可能会经历一次升级和优化过程。我国经济地理研究中所采用的是微观和中观两种类型的空间结构。通常情况下，空间结构会经历从原始均衡结构到增长极结构，再到核心—边缘—外围结构（或点—线—圈结构），最后到网络一体化结构的各个阶段，正如图 2-7 所示的那样。本书主要探讨了经济地理学中"中心—外围"模型及其应用问题。具体来说，（a）代表原始的均衡结构，（b）代表增长极结构，（c）代表核心—边缘—外围结构，（d）代表网络的一体化结构。

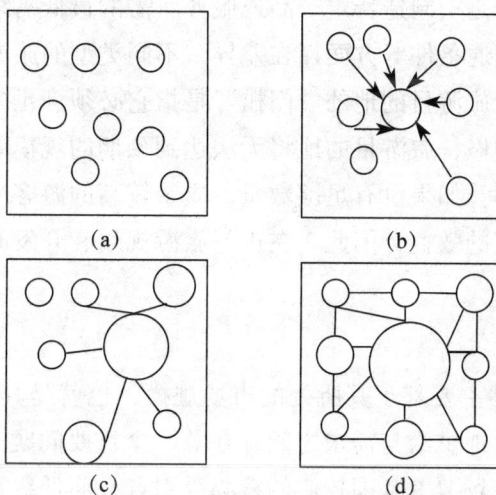

(a)   (b)

(c)   (d)

图 2-7 区域空间结构的演化

观察区域发展的趋势，从混乱无序的状态向网络化的系统化发展转变，是区域经济发展的主要方向。从历史演变来看，区域内部经济活动也是如此，随着时间的推移，各地区之间的距离越来越小，这种现象称为"极化"作用。这样的区域经济发展模式变化，既可以由区域经济体系自行完成，也可以通过人为的规划和设计来实现。在进行空间开发和建设时应该以一定的方法来指导，这样才能达到预期目标。空间结构理论在旅游规划方面的最大助益在于，它能根据不同区域发展的具体阶段，提出优化空间结构的具体方向，从而确保社会经济各主体能维持在最佳的互动状态。

（二）区位和空间结构理论对旅游规划与开发的意义

1.确定旅游地的市场范围

旅游目的地的吸引力程度直接影响其在市场中的作用范围。在这个过程中，区域之间形成了不同程度的网络联系和紧密结构。通常来说，市场的范围可以分为最大和最小两个部分。

旅游目的地的市场范围上限是由其资源的吸引力、社会的承载能力、经济的承载能力和生态环境的承载能力共同确定的，这涉及客源市场的范围或游客的接待数量，但这个上限不能超出上述四个因素中的最小值。

市场的下限范围与克里斯泰勒的中心地理论中定义的门槛值有着相似之处。在此基础上，我们进一步讨论了旅游地供给与需求之间存在的一个重要问题——门槛效应问题。所谓的"门槛"是指制造特定产品或服务所需的最低需求量。在一个特定地区内，由于资源禀赋、交通条件等方面存在差异，不同类型的旅游地可以形成各自独特的区域经济发展模式。旅游目的地的"门槛"是指它必须满足的旅游产品和服务的最基本需求。如果不这样做，旅游目的地将无法达到预期的规模效益，从而导致其运营成本无法得到有效补偿。如果没有足够数量、质量较高的游客来满足他们的需要，旅游资源将难以发挥应有的效益。因此，在进行旅游规划和开发时，必须考虑旅游开发所需的"门槛"因素"。

2.确定旅游地的等级

旅游地的等级分类主要基于其所处的市场规模，也就是其吸引力。在此基础上，我们进一步讨论了旅游地供给与需求之间存在的一个重要问题——门槛效应问题。高级别的旅游目的地是市场覆盖范围较广的核心吸引点，而低级别的旅游目的地则是市场覆盖范围相对较小的旅游吸引点。不同地区的资源条件、经济发展水平和社会文化习俗存在着差异，这使得各地所提供的旅游产品和服务质量也有明显区别。一般来说，高等级的旅游地所提供的商品和服务都是高品质、功能丰富、种类繁多和质量上乘的，而低等级的旅游地所提供的产品和服务则显得较为单调。因此，如何科学、合理地对不同级别的旅游地进行分类与分级，成为规划工作中必须解决的一个重要问题。策划者在规划时，首先需要明确旅游目的地在市场上的位置，这样才能对项目、设备和服务设计进行恰当的规划。

3.制定旅游地的均衡布局模式

各个等级的旅游目的地在服务功能和市场覆盖范围上都有所不同，这导致了旅游地在各个级别上的均衡分布问题。在对旅游资源进行评价时，应考虑不同级别旅游地所提供的各种产品和服务的数量、种类及其质量等因素，并以此作为确定其价值大小的依据。在一个特定区域内，通常会有多个不同级别的旅游目的地，只有通过合理的布局设计，才能确保该区域旅游业的健康成长，并最终促成该区域旅游业的持续发展。因此，在分析区域旅游空间结构时，需要考虑到各个旅游地之间的相互关系以及相互之间的影响因素。除此之外，旅游地的平衡布局也着重于旅游地内部各个功能元素之间的平衡配置。

二、消费者行为理论

（一）消费者行为理论的内涵

消费者行为理论专注于研究消费者的心理状态和行为模式。在一定条件下，旅游资源禀赋是决定区域旅游空间布局结构的关键因素，而区位因素则影响着区域旅游空间格局及其演化规律。18世纪的英国是最早开始关注消费者行为的国家。随着旅游业的发展和人们生活水平的提高，旅游者作为一种特殊的社会经济现象逐渐受到研究者的重视。观察国内外关于旅游者行为的研究，我们可以发现其主要集中在三个核心领域：旅游者在空间上的行为模式、旅游者的消费习惯以及旅游者的消费心态。其中，旅游者的空间行为模式和旅游者的消费行为模式是两个重要而又容易混淆的概念。旅游者在选择旅游目的地时，他们的空间行为模式主要描述了他们的空间方向。旅游者的空间规划和时间安排是影响旅游者选择旅游目的地的重要因素。旅游者在旅游目的地的消费行为模式是指他们的消费行为是如何构成的。旅游者的空间与行为之间存在着密切的关系。旅游者的消费心理模式实际上是对不同种类旅游者的消费行为进行心理学上的解析。

在研究旅游者的消费行为模式时，传统的研究方法主要涵盖了访谈、市场样本调查、统计数据的分析、实地观察以及实验研究等。由于这些传统研究方法在时间成本以及人力成本方面存在不足，因此，越来越多的研究者开始采用更为先进的技术手段来探索旅游消费行为规律。近年来，随着信息技术的持续进步，关于消费者行为的新理论和研究方法层出不穷，例如，利用GPS数据和大数据分析技术来研究旅游者的行为模式。随着各种便携式消费电子设备（如数码相机、手机和便携式计算机）的广泛应用以及网络技术的不断进步，互联网上积累了大量带有地理参考信息的图片。这些由公众独立创作并公开分享的地理数据，为研究游客的时空行为提供了丰富的数据支持。同时，由于游客自身的特征以及所处社会环境的不同，他们对同一地点所产生的认知也是不相同的，因此，可以利用这些具有地域代表性的照片来研究旅游者的空间分布情况。我国学者李春明和他的团队利用Panoramio网站收集的10年间447名游客在厦门市拍摄的2 272张照片作为基础数据，分析了游客在鼓浪屿景区的时间变化（日变化、周变化和月变化）、停留时间、日均游客量、游客流向图和旅游热点区域等。

（二）消费者行为理论在旅游开发规划中的应用

1.旅游产品及线路设计

在消费者行为理论的引导之下，设计人员能够依据当前游客的消费习惯和未来消费者可能的购买趋势，来设计相应的旅游产品和路线，以满足市场需求的持续变化。由于这些传统研究方法在时间成本以及人力成本方面存在不足，因此，越来越多的研究者开始采用更为先进的技术手段来探索旅游消费行为规律。在设计旅游路线时，与旅游者的消费心理相关的研究，例如，旅游的兴奋度和疲劳度曲线，可以为旅游路线和行程的规划提供更有力的指导。

以全球知名的美国迪士尼乐园为例，这个乐园在最初的设计阶段并没有专门为游客设置步行道，而是允许游客在开阔的草地上自由行走。随着时间的流逝，这些草地会逐渐演变成一条自然形成的道路，最终迪士尼乐园才决定将这条道路改造为游客的专用步行道。通过分析影响旅游者购买动机的因素，可为旅游目的地的选择提供依据。显然，迪士尼乐园的步行道设计是基于对游客消费习惯的深入研究而形成的。

2.市场营销策略的选择

在制定旅游市场的营销策略时，除了要满足游客的购买需求以外，还需要引入新的概念来引导游客的购买心态。这一做法不仅使园区内的交通得到了极大改善，而且也促进了当地经济发展，增加了就业机会和提高了旅游吸引力。因此，在消费者行为理论的引导下，旅游规划可以在市场推广策略设计方面，根据目标市场中旅游者的心理特点，设计出能够有效引导消费需求的市场营销策略。

三、竞争力理论

（一）竞争力理论的内涵

从心理学角度分析，旅游消费行为具有很强的目的性和选择性，这也决定了其营销活动必须围绕着特定目的进行。竞争力到底是什么呢？那么竞争力的概念究竟如何界定呢？在全球范围内，竞争力有超过10种不同的定义，其中世界经济论坛、瑞士国际管理与发展学院和美国知名的竞争学者迈克尔·波特对竞争力的描述尤为显著。

根据世界经济论坛和瑞士国际管理与发展学院的观点，竞争力描述的是一个国家或公司在市场中能够平衡地创造出比其对手更多的财富的实力。资产与生产过程之间的结合是由竞争力所驱动的。资产可以是固定的（如自然资源）或者是创新的（如基础建设）。生产过程则取决于企业对资源和劳动力的有效利用。在生产流程中，资产被转化为经济成果（如制造业），并通过市场的检验来确定其竞争优势。

知名的竞争力理论权威迈克尔·波特持有这样的观点：一个国家产业在国际舞台上的竞争力主要是由需求状况、与之相关的辅助产业的现状、企业的战略方向、组织结构与其竞争对手、潜在的机会以及政府六大因素共同决定的。其中，供给因素是最基本和重要的要素，也就是通常所说的资源禀赋。国际竞争力的定义是由这些要素共同形成的。从这一定义中可以看出，产业国际竞争力是一个综合指标。我们通常把波特的竞争力理念称作"国家钻石"的竞争模型（见图 2-8）。

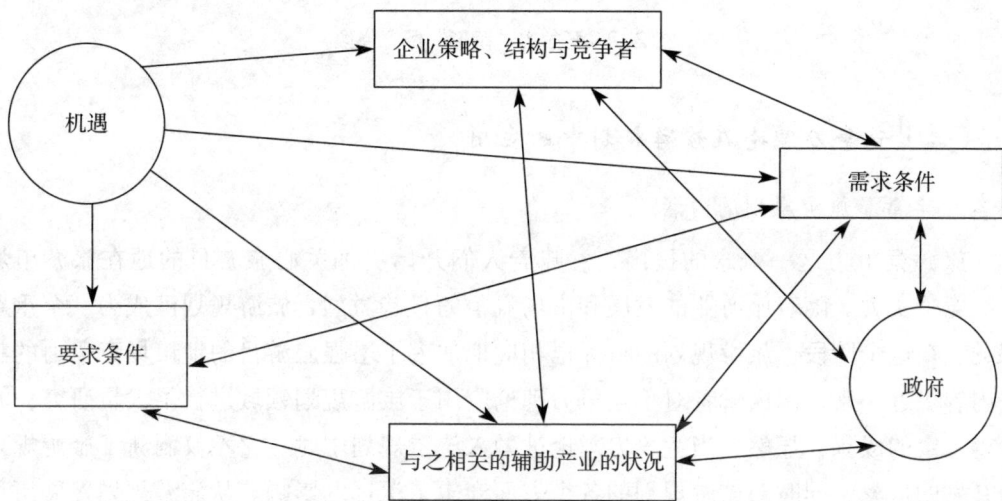

图 2-8 波特的竞争力"国家钻石"模型

基于对上述两种竞争力的深入理解，本书提出了一个名为"箭形"的竞争力概念模型（见图 2-9）。首先，竞争力应被视为经济实体的一种能力，而这种能力与经济实体本身的品质密切相关；其次，经济实体的这种能力不仅体现在拥有具有相对优势的生产资源上，还体现在通过利用这些生产资源来创造更有竞争力的资源和环境；最后，经济实体的这一能力旨在为市场提供既高效又令人满意的产品和服务，从而实现更高的回报。

显然，竞争力描述的是经济实体通过拥有相对有优势的资源，并在此基础上创造出更有竞争力的生产要素和环境，从而为市场提供更高效、更受欢迎的产品和服务，并实现更高的盈利。

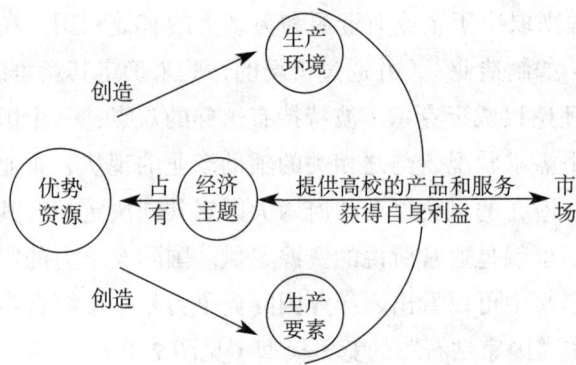

图 2-9　竞争力"箭形"概念模型

（二）竞争力理论在旅游规划中的应用

1.丰富了旅游规划的内涵

旅游竞争力这一概念的提出，意味着人们开始更加关心旅游目的地在旅游市场上的竞争实力。随着旅游业的发展和市场竞争的日趋激烈，旅游规划已成为一个重要课题。在这个阶段，旅游规划的目标也相应地加入了增强旅游目的地市场竞争力的相关内容。近年来，国内学者对于竞争力理论应用于旅游规划领域进行了大量研究，并取得一定的成果。显然，当竞争力理论被融入旅游规划中时，它不仅刷新了旅游规划和开发的理念，同时对旅游规划的各个方面产生了深远的影响。从旅游规划发展历程来看，竞争力理论的引进为其注入了活力。在旅游规划和开发的理念创新中，竞争力理论加强了规划者对市场和竞争的看法，将增强市场竞争力视为旅游规划和开发的中心任务，这对传统的旅游规划和开发观念构成了挑战。此外，竞争力理论强调通过政府行为提高资源利用效率以达到优化配置的目的，这也为旅游业提供了新的研究视角和思路。在旅游规划和开发的创新内容中，对竞争力的深入分析变得至关重要。从目前我国已有的一些城市的规划实践来看，很多规划师都运用了竞争力理论，例如，在《福州市旅游发展总体规划》这份文件中，规划编制团队采用了竞争力理论来探讨福州都市旅游的竞争实力，并取得了令人满意的成果。此外，其还提出"城市生态""休闲娱乐"等新概念。在评估过程中，专家们对这部分内容给予了极高的评价，他们认为这是规划制定过程中的一个显著创新。

2.为区域旅游发展战略的制定提供了依据

区域旅游的发展策略为旅游地的未来发展提供了整体方向。因此，制定区域旅游的发展策略时，应以确保旅游地的持续发展和整体效益为核心，从而真正增强旅游地的市场竞争力。目前，我国许多地区已经开始了相关的研究工作，为了进行以竞争力为核心的规划，首先需要调查和了解规划区域的当前竞争力状况。目前，国内外学者对于区域旅游业竞争力的研究多集中于产业竞争力方面，较少关注其与空间结构之间存在的关系。因此，在竞争力理论的指导下，进行区域旅游竞争力的结构性分析可以为制定旅游目的地的发展战略提供强有力的支持。

四、旅游生命周期理论

（一）旅游生命周期理论的内涵

"生命周期"这一术语最初在生物学中被用作专业术语，用以描述某一生物从其诞生到最终灭绝的整个演化历程。随着时间的推移，市场营销、国际贸易等领域开始采用这个词来描绘与生物学相似的进化历程。

在旅游研究领域，利用生命周期理论进行的研究可以追溯到 1963 年克里斯泰勒对欧洲某些旅游目的地的深入探讨。在英语世界，"生命"一词指的就是动物或植物的一生。研究完成后，克里斯泰勒发布了一篇题为"对欧洲旅游地的一些思考：外围地区—欠发展的乡村—娱乐地"的文章，文章中提出了旅游区生命周期的通用概念。

直到 1980 年，加拿大的学者巴特勒才开始系统地解释旅游目的地的生命周期。此后，许多学者运用该方法进行过一系列相关研究。目前，三种较为代表性的旅游生命周期模型是巴特勒模型、普罗格模型和双周期模型。

1. 巴特勒模型

1980 年，巴特勒在他的论文"旅游区发展周期概述"中，将旅游地的生命周期变化划分为六个不同的阶段，分别是探索阶段、起步阶段、发展阶段、稳固阶段、停滞阶段以及衰落或复兴阶段，这些阶段在图 2-10 中有详细的展示。

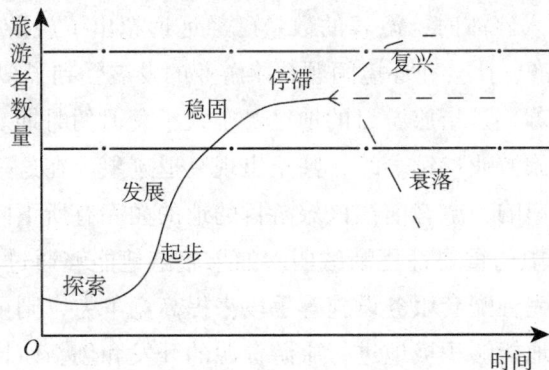

图 2-10　巴特勒旅游地生命周期示意图

所谓的旅游地探索阶段是指旅游地发展过程中的初始阶段。在这个阶段内，旅游者对目的地有初步认知，但还不能完全满足其需求，他们希望通过与其他旅游者进行交流来获取新知识、了解新文化，从而获得进一步增长的动力。在这个时期，旅游目的地主要接待的游客是零星和自发的，数量相对较少。南极洲的某些区域以及拉丁美洲和加拿大的北冰洋地带都正处于这一发展阶段。

旅游地发展的初始阶段是指，随着人们对旅游地的认知逐步加深，越来越多的游客选择到这里旅游，因此，当地的居民开始逐渐为游客提供一些简单的设施和基本的服务。在这个阶段内，旅游者对目的地有初步认知，但还不能完全满足其需求，他们希望通过与其他旅游者进行交流来获取新知识、了解新文化，从而获得进一步增长的动力。目前，在太平洋和加勒比海，一些较小规模且发展相对较晚的岛屿正在经历这一发展阶段。

随着旅游目的地进入其发展时期，这个地方已经吸引了众多的游客，旅游市场也开始逐渐形成规模。在旅游的高峰期，游客的数量甚至超越了当地的居民数量。在旅游业蓬勃发展的同时，旅游地的环境也遭到破坏和污染。随着大量的外部资金被用于旅游地的建设，这些旅游地的基本设施已经得到了显著的改善。旅游目的地内已形成一定规模和特色的旅游景点群。当地的居民已经开始热心参与。在他们看来，旅游是一项非常有吸引力的经济活动和休闲娱乐方式。在旅游接待的各种活动中，旅游接待甚至被视为一个关键的职业领域。

当旅游目的地正处于一个稳定的状态时，其经济增长与旅游业紧密相连。尽管游客数量的增速有所放缓，但游客的总人数依然庞大。在这种情况下，为了维持旅游地的稳定状态，旅游企业必须进行大规模投资以增加当地人口和提高当地收入。大量的游客已经给当地居民的日常生活带来了不小的冲击，许多居民甚至对这些游客持有敌意。

当旅游目的地陷入停滞时，游客的数量已经远远超出了旅游目的地的承载能力，这导致了一系列的经济、社会和环境问题，旅游业的发展受到了多方面的阻碍。

所谓的衰落或复苏，是指旅游目的地已经步入了衰退的时期。在这一阶段，由于旅游吸引力下降导致旅游业持续萎缩，甚至出现衰退迹象。在这一阶段，由于受到其他新兴旅游吸引物的影响，游客前往该旅游目的地的频率有所下降，从而使得旅游业在当地国民经济发展中的重要性逐渐减弱。如果旅游地能够通过不断调整产业结构、加强基础设施建设和完善配套服务设施等手段来提高竞争力，则可避免衰退甚至重新繁荣。如果旅游目的地能够积极地进行旅游资源的开发和创新，比如创建新的人造旅游景观或者开发新的旅游资源，那么在经历了停滞阶段之后，有可能进入一个复兴的阶段，从而引发新一波的旅游发展热潮。

2.普罗格模型

1973 年，普罗格基于旅游者的心理特点，提出了一个关于旅游地生命周期的心理图式理论，他认为旅游地所经历的生命周期阶段与旅游者的行为模式密切相关。

游客根据其心理特点被分类为五种类型：多中心型、近多中心型、中间型、近自我中心型以及自我中心型。其中，多中心型旅游者在数量上最多，其次是中间型，最后是近多中心型。在通常情况下，多中心型的游客具有广泛的兴趣和冒险精神，而以自我为中心的游客则相对更为谨慎。在旅游目的地生命周期过程中，各类旅游者之间会形成竞争与合作关系。旅游地的生命周期发展阶段实质上是旅游地对各种类型的游客吸引力在不同阶段发生变化的过程。

多中心型的旅行者拥有冒险的精神，并对新奇的体验情有独钟。鉴于旅游目的地还未被充分开发，其对多中心型的游客具有显著的吸引力。随着经济和社会的发展，人们开始追求更高层次的生活方式，多中心型旅游者成为一种新的旅游需求群体。随着多中心型游客的涌现，旅游目的地已经步入了其初始的成长时期。

随着越来越多的多中心型和近多中心型的游客加入，旅游目的地的发展逐步走向成熟，旅游设施和接待服务也日益完善。在这个时刻，这个旅游目的地成功地吸引了占游客总数大多数的中型游客。在此情况下，中间型旅游者开始成为旅游消费的主要群体。这批中间型的游客期望他们的旅行地点交通流畅且环境宜人。因此，中间型游客的大规模参与推动旅游目的地进入了一个成熟的发展阶段。

随着旅游目的地逐渐成为大众喜爱的目的地，原先以多中心为特点的游客将会逐渐放弃这个旅游目的地，转而寻找新的目的地。由于其自身所具有的优势以及在此过程中形成的一些劣势使得多中心型旅游者对其产生了排斥心理。因此，随着多中心型游客数量的逐步减少，这个旅游目的地将会进入一个衰退期。

3.双周期模型

我国学者余书炜提出了一个关于旅游地生命周期的双周期模型，如图 2-11 所示。

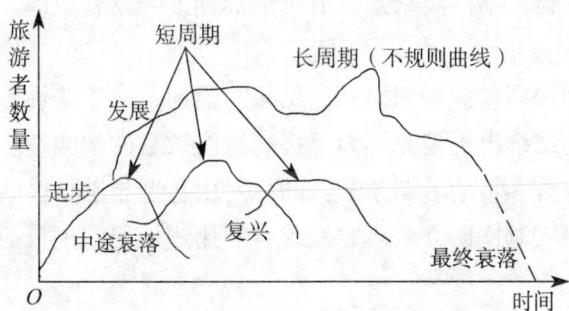

图 2-11　旅游地生命双周期模型示意图

双周期是指旅游目的地在不同的时间段内有两种生命周期模式，分别是长周期和短周期。

所谓的长周期，是指旅游目的地从其初始阶段到最后的衰退和消失的长时间循环，这与巴特勒和普罗格描述的旅游地生命周期是相似的。

所谓的短周期，是指在旅游目的地的吸引力环境保持稳定的一段时间里所经历的循环，它可能是完整的，也有可能是不完全的。长周期则是指当旅游地处于成熟阶段时的一段时间内，其旅游业的发展具有持续性和稳定性的特点。在旅游目的地的短期发展过程中，其变化主要体现在旅游接待条件的调整上。

双周期模型的价值体现在：如果旅游目的地在短期内没有进行复兴的努力，那么它最终可能会在"中途"走向衰退；长周期的存在意味着在旅游目的地最终走向衰退或消失之前，其复兴的机会是永恒的。

除了对上述旅游生命周期概念的分析之外，还可以利用经济学的某些理论来阐述旅游地生命周期的生成和发展的内部机制。在对相关文献进行综述之后，本书从游客角度出发构建了一个基于"需求"与"供给"两个维度的模型框架，并以此为基础探讨了不同类型景区的生命周期差异及其成因。从宏观角度看，旅游景区的生命周期是由游客的边际效益下降、相似景区产品的替代，以及技术和制度创新触发的经济周期共同影响的结果。在此过程中，不同类型的游客具有不同的需求偏好，从而影响其行为选择。在这其中，游客的边际效益递减被视为景区生命周期的驱动力，同类型景区产品的替代是市场内部因素的互动，而技术和制度的创新则是外部推动因素。

（二）旅游生命周期理论在旅游规划与开发中的应用

1.预测客源市场规模

预测客源市场是旅游规划和开发过程中的一个关键环节。在对相关文献进行综述之后，本书从游客的角度出发构建了一个基于"需求"与"供给"两个维度的模型框架，并以此为基础探讨了不同类型景区的生命周期差异及其成因。现在，许多旅游开发和规划在预测游客数量时，通常简单地采用一元线性回归方程来进行趋势的外推。这种方法虽然可以使短期预测得到满意的结果。然而，由于线性图的归型拟合不够精确，经常导致预测的结果出现偏差。为了提高游客数量的预测精度，必须采用多元非线性逐步回归法进行游客量的短期预测。陆林对山岳型旅游景区的实际游客数量与预期游客数量进行了深入对比研究，研究发现，利用线性回归进行的预测结果往往存在较大的偏差。

生命周期理论阐述了旅游目的地在各个发展时期的独特性质，并为其未来的进展方向提供了有益的预测。通过分析影响旅游者出游行为的因素，可以确定旅游人数的主要决定因子，建立基于多元非线性回归模型的游客出行规律研究方法。因此，我们可以思考使用这一理论作为工具，来预测和引导区域旅游的发展和规划。在此背景下，本书尝试提出一种新的基于"生命周期"的旅游业可持续发展的动态评价方法。如果它能被用作验证工具，可以对使用各种预测模型得出的预测结果进行评估和检查，并对这些预测结果进行修正。

2.提供旅游规划调整的依据

生命周期理论为制定调整性规划提供了宝贵的参考和启示。在此理论指导下，通过建立旅游资源可持续利用指标体系来衡量旅游资源的可持续开发利用程度，从而实现对不同时期的旅游业发展状况做出合理评估的目的。调整性旅游规划指的是在规划执行一段时间后，根据旅游目的地的实际发展状况，对原有的规划进行相应的调整和优化，其核心目标是推动区域旅游从调整到扩大，再到深化和进一步发展。由于旅游活动与自然环境和社会经济条件密切相关，在不同生命周期阶段所表现出来的特征也有很大差异。因此，根据旅游目的地当前的生命周期阶段，我们需要适时地调整其开发策略和产品组合，优化旅游的发展环境，并调整市场推广策略，以最大限度地延长旅游目的地的生命周期。

3.指导旅游产品的创新开发

从旅游目的地的生命周期发展动因来看，游客的边际效益递减趋势会驱使他们不断地探索新的旅游产品，以满足他们不断变化的需求和欲望。这也在一定程度上证明了游客对于创新、奇特和新奇的偏好。同时，消费者的个性化消费心理使得旅游者在选择某种产品时往往具有较高的选择性。对旅行的目标地来说，这样的行为模式可能会减少游客购买旅游产品的频率和频次。同时，在整个生命周期过程中，由于旅游活动本身具有很强的不确定性以及不可预知性等特征，游客在消费过程中面临着极大风险，极易产生损失。因此，如果旅游目的地的功能和产品设计保持不变，那么其生命周期中的衰退阶段将不可避免地出现。旅游地在经历过一段成长期之后，必然要面临一个由成熟期向衰退阶段转变的过程。要想延长旅游目的地的生命周期，关键在于持续推动全面的创新活动，这样可以增强旅游目的地对游客的吸引力和在市场上的竞争力。

4.生命周期理论应用的困境

生命周期理论以其描述性和滞后性为特点，在实际应用过程中遇到了一些困难。在生命周期模型的建立过程中往往需要对不同阶段进行划分以适应实际问题的要求。盖茨持有的观点是，尼亚加拉瀑布在其初始和发展阶段之间并没有明确的分界线，同时没有一个完全独立的稳定、停滞、衰退和复苏阶段，这些阶段是共存的。在研究旅游过程中，人们往往将其视为一个连续的整体进行考察，而忽略了各个时期的特征以及变化情况。生命周期中的关键转折点只能在事情发生后才能被确定，而不是预先知道的。同时，对旅游业的研究大多局限于定性分析，很少涉及定量方法，这就使得许多人无法进行定量分析来说明问题。所以，旅游生命周期的预测模型在这方面并不实用。此外，生命周期的曲线会受到多种因素的影响，这些因素也都展现出了它们的多样性和不确定性。所以，旅游产品生命周期模型在描述旅游产品特征时并没有考虑到这些复杂因素对其造成的变化。因此，许多学者对旅游生命周期模型的预测能力表示怀疑。目前，国内关于旅游生命周期模型的研究主要集中于定性的描述和定量的分析上。例如，杨效忠和陆林认为，在生命周期理论的实际应用中，确定各个阶段的时间跨度和转换点是非常困难的。邹统钎表示，他无法对周期曲线的具体形态和各个阶段的时间跨度进行规律性的总结，更不可能将一个旅游目的地的生命周期理论应用到另一个旅游目的地。

尽管面临诸多挑战，国内外的学者依然努力寻找将生命周期理论融入旅游领域实际研究的方法。从 20 世纪 70 年代开始，许多国外的学者逐渐开始研究旅游业的发展与目的地的社会居民之间的互动关系，以此来推测目的地的旅游发展的不同阶段和方向。目前，已有一些研究者使用这种方法来分析旅游活动对社区居民产生了哪些影响以及如何改变这一过程。这批研究主要聚焦于居民对旅游的感知和态度，以及影响居民旅游感知的各种因素和相关的理论探讨。其中，有一些成果从不同角度进行了实证分析。除此之外，Lundtorp 和 Wanhil 也尝试通过构建数学模型来阐释生命周期的理论。已有研究表明，旅游地发展具有明显的阶段性特征，即一般认为处于成熟阶段的地区往往是最适合开展旅游业的。然而，很少有主流的研究能够为旅游地的生命周期阶段提供明确的分类准则。因此，本书提出了一个基于旅游者感知与态度以及居民对于不同旅游目的地感知差异基础上的"综合模型"作为判断旅游发展阶段划分依据。与仅仅依赖生命周期理论来评估旅游发展阶段的方法相比，结合居民的感知和态度以及生命周期发展理论来判断旅游地发展阶段的方法，得到了学术界的广泛认可。在此基础上，本书提出了一种新的方法——基于生命周期理论的旅游目的地可持续发展水平评价模型。显然，这一理论的核心应用是如何科学地区分旅游目的地的生命周期各个阶段。

五、可持续发展理论

（一）可持续发展理论的发展

在 20 世纪 70 年代的初期，全球正面对三个主要的焦点议题，分别是南北之间的问题、裁军与安全的议题以及环境与发展的问题。在此前提下，旅游社会学与人类学结合成为一种趋势。为了应对这些挑战，联合国大会成立了三个高级专家委员会，由当时的联邦德国总理勃兰特、瑞典首相帕尔梅和挪威首相布伦兰特领导。他们从各自国家的利益出发，提出了一系列应对危机的政策建议，并就如何解决问题达成共识。经过深入的共同研究，三个专家委员会分别发布了关于"我们面临的共同危机""我们共享的安全保障"以及"我们共同的未来展望"的三份指导性文件。在这些文件里，委员会普遍达成了这样的共识：为了应对危机、确保安全并迈向未来，我们必须采纳可持续发展的策略。这就是所谓"可持续性发展战略"。专家委员会也强调，"持续发展"是经济发达和发展中的国家在协调人口、资源、环境与经济增长之间关系时必须遵循的策略。这一战略强调要以一种新的方式来解决人类社会面临的各种重大挑战。这一战略方案的推出迅速吸引了全球发展议题的高度关注。

关于旅游行业的持续性发展，最初是在1990年于加拿大举办的国际旅游大会上被明确提及的。这三大问题在国际关系中具有特殊重要地位。在会议的最后阶段，通过了一份名为《旅游业可持续发展行动纲领》的纲领，该纲领明确了旅游业可持续发展的核心目标：深化人们对城市旅游所带来的环境和经济影响的认识，并加强他们的生态保护意识；推动旅游行业朝着公正的方向发展；实现环境与社会之间的平衡以及协调人类活动对自然生态环境的影响等。努力提高旅游目的地居民的生活水平；为大家带来高品质的旅行体验；为游客创造良好的环境，舒适的住宿条件和安全的服务体验。确保未来旅游业发展所依赖的环境品质。

在1992年6月14日的联合国与发展大会（也被称为"地球高级会议"）上，参会的国家达成了一个全面的行动方案——《21世纪议程》。此后，世界各国纷纷响应，并相继出台一系列有关政策，法规及措施来推动旅游产业的健康稳定发展。接着，世界旅游理事会和世界旅游组织地球理事会将《21世纪议程》进一步转化为关于旅游业的具体行动计划，即《关于旅游业的21世纪议程——实现与环境相适应的可持续发展》。1995年4月28日，西班牙举办的全球可持续旅游发展会议进一步批准了《可持续旅游发展宪章》以及《可持续旅游发展行动计划》。

在1994年的国务院第十五次会议上，我国正式批准了名为《中国21世纪议程——中国21世纪人口、环境与发展白皮书》的文件。这是我国在国际上首次制定出关于环境保护和社会经济协调发展的国家战略文件，是一个具有里程碑意义的纲领性文件。关于旅游行业，白皮书明确指出需要"创建新的旅游专线，强化旅游资源的保护措施，推动不污染和不破坏环境的绿色旅游发展，强化旅游与交通、机场建设以及其他服务行业（如饮食业）之间的合作关系，解决旅游区的污水处理、垃圾收集、运输、处理和处置等问题，并妥善处理和控制旅游区内可能造成危害的污染源"。可见，可持续旅游是一个全新的概念和理念。这将可持续旅游的发展提升到了一个极为关键的位置。

（二）可持续发展理论的原则

可持续发展的理念为旅游的规划和开发提供了理论支撑，其深远的影响主要可以归纳为三大核心原则。

1.公平性原则

公平性原则意味着每个人都有平等的机会来满足自己的需求。可持续发展的基本内涵之一就是实现社会成员间利益分配上的公平性。在实际生活中，人们满足自己需求的能力存在很多不平等之处。这种不公平不仅影响个人的生活质量和社会经济的发展，而且会给全球带来诸多危害。因此，为了理解可持续发展的公平性，我们需要从以下三个维度进行探讨。

（1）同代人之间应享有平等的待遇。可持续发展的基本内涵之一就是实现社会成员间利益分配上的公平性。与我们同龄的人都享有同等的机会来满足他们的基本生活需求和追求更好的生活品质。这说明在经济全球化进程中，发达国家和发展中国家都存在着严重的贫富分化问题。然而，在这个现实世界中，有一部分人生活得非常富裕，与此同时，大约占全球人口五分之一的人仍然生活在贫困之中。如果不解决这些问题，人类社会就难以生存和延续。这样一个有明显的贫富差异和两极分化的世界，为可持续发展带来了巨大的阻碍。因此，消除贫困应被视为实现可持续发展的首要任务，要确保地球上的每一个人都能共享满足基本生活需求的机遇。

（2）不同代际的公正性。在现代社会中，人们可以享受与自己同等程度的经济和物质保障。各个时代的人们都生活在这片土地上，他们应当享有与前代人相同的机会来满足自己的需求。但是，考虑到地球资源的有限性，选择哪种方式来开发和利用资源，既能满足我们的需求，又不会损害人类代代相传的需求满足权利，这是确保代际公正的核心问题。

（3）公平地分配有限的资源。每个人的发展空间是平等的，不会因为自己拥有更多而剥夺他人。尽管地球上的每一个人都对有限的资源拥有同等的使用权，但在实际生活中，只有极少数人使用了大量资源，而大部分人只能获得有限的资源分配。例如，发达国家在能源、矿产等有限资源的拥有和使用上明显超过了大多数发展中国家，而全球的大部分人口都集中在这些国家，这种情况导致了不平等的现象。

显然，为了实现可持续发展的公平性，现代人在思考自己的需求和消费模式时，也需要对未来几代人的需求和消费承担起相应的责任，以确保所有人都能享有平等的发展机会。

2.可持续发展原则

可持续性原则描述的是生态系统在遭受外部干扰时，仍能维持其生产效率的能力。它既包括自然界本身所具有的生态功能，也包括人与自然之间相互作用过程中产生的各种关系以及由此而引起的经济、文化等方面的发展。资源与环境构成了人类社会生存的根基，因此，确保其可持续性是人类社会能够持续存在的基础条件。可持续发展的核心是人与自然的和谐统一。为了实现资源和环境的持续性，人们需要在日常生活和生产活动中对环境和资源进行保护性的开发。为此，必须坚持人与自然和谐相处的生态文明发展理念。更具体地说，可持续性原则呼吁人们摒弃传统的高消耗、高增长、高污染的粗放式生产和高消费的生活方式，而应鼓励实现生态友好的生产和适度的消费。

显然，可持续性原则的核心思想是确保人类社会的经济增长和社会进步与环境的承受能力保持一致。

3. 共同性原则

可持续发展的共通性原则涵盖了双重意义：首先，人类社会的发展目标是一致的，那就是追求公平和持续的进步。在此前提下，经济增长与人口、资源、环境保护之间存在着一种协调关系。其次，由于人类共享相同的环境和资源，为了达到可持续发展的愿景，我们必须进行全球性的联合努力。

（三）可持续发展理论的内涵

可持续发展涵盖了三个主要领域：生态的持续性、经济的持续性以及社会的持续性。

1. 生态可持续发展

我们应当以自然保护为核心，确保与资源及环境的承载力保持一致。坚持以人为本，全面、协调、可持续的发展观。在追求发展的过程中，环境保护是不可或缺的，这包括但不限于控制环境污染、提升环境质量、维护生物多样性以及地球生态系统的完整性，并确保可再生资源能够以可持续的方式被利用。实现经济增长与环境保护协调发展，要考虑到人口、资源等因素对社会进步所产生的影响，确保人类的进步始终在地球的承载力范围内。

2. 经济可持续发展

为了展现国家的力量和社会的财富，我们应当鼓励经济的持续增长。坚持以人为本，全面、协调、可持续的发展观。我们不只是关注数量的增长，更应致力于提高产品质量、增加效益、节省能源和减少废弃物，转变传统的生产和消费方式，采纳清洁的生产方法并促进文明消费的提升。

3.社会可持续发展

我们的目标是提高人们的生活水平，并与社会的进步保持一致。发展循环经济是我国转变经济增长方式、实现可持续发展的必由之路。社会可持续发展的深层含义应当涵盖提升人们的生活品质，增进人们的健康状况，并构建一个确保每个人都能平等、自由和受教育的社会氛围。

从根本上讲，可持续发展的理念实际上是一种观念上的创新，即在价值观上由过去的人与自然的冲突转向了人与自然之间的和谐相处。实现经济社会全面协调可持续发展是我国社会主义现代化建设新时期提出的一项重大战略任务。这一发展观念是一种新型的文明发展模式，它以知识为核心，以人的全面成长为基础，并以社会文明为根基。

（四）可持续发展理论在旅游规划与开发中的应用

旅游业不仅是一个消耗大量能源和资源的行业，因此，在进行旅游规划时，除了关注游客和旅游业外，还应重视当地社区的居民，确保自然和文化资源得到保护和可持续利用。它不仅强调经济增长与资源环境之间的协调，更重视对人类生存和发展空间的关注，并把这一理念贯彻到整个经济社会发展中去。可持续发展的理念为实现旅游规划和开发的上述目标提供了坚实的理论基础，也就是分阶段的开发思维。旅游开发应根据不同阶段制定相应的政策以保证其健康、有序发展。在进行旅游开发时，我们必须重视经济、社会和生态效益的融合，并在选择开发方法和控制开发规模时要格外小心，以避免出现过度开发的情况。目前，我国许多城市都面临着严重的交通拥堵问题，这不仅影响交通出行效率，也给人们的生活带来了不便。在满足现代人的需求的基础上，我们还需要考虑未来几代人对旅游的期望和需求。因此，在旅游的规划和开发过程中，我们必须保持一定的灵活性，实施分阶段和局部的开发策略，以便为旅游目的地的未来发展预留更多的空间。旅游规划必须以当地社会经济条件和环境现状作为基础，充分考虑区域内各种自然因素以及人文要素的影响。此外，为了支持旅游资源的质量监督和保护性开发，我们还需要在可持续旅游规划中积极融入现代科技工具。

六、体验经济理论

（一）体验经济的发展

1.体验与体验经济

在人类社会经济的演进中，体验与体验经济成为继服务经济后的新的发展方向。体验经济以消费者作为市场活动主体，其核心在于满足消费者需求，而不是单纯地提供产品或劳务。阿尔文·托夫勒，一位美国知名的未来学家，是首位提出体验业这一概念的人。他认为，在人类社会经历了农业经济、工业经济和服务经济等多个阶段之后，将会步入体验经济的新时代。体验经济的出现给企业带来机遇，也使消费者面临挑战。约瑟夫·派恩与詹姆斯·吉尔默认为，体验是一种全新的价值观念，它是从提供的服务中精炼而来的。他们把体验定义为"以满足人的需求为目的而提供的一系列行为"，即"通过感官获得信息、参与创造活动以及由此产生的感情上的愉悦"。他们通过以下实例来展示体验经济所带来的经济收益："使用相同的咖啡豆制作的咖啡，每杯的成本为 5 ～ 25 美分；而在街头的小型餐厅和杂货酒吧，每杯的售价是 0.5 ～ 1 美元；在五星级的酒店，每杯的售价是 2 ～ 5 美元；在意大利威尼斯圣马可广场的弗劳里安咖啡馆，顾客络绎不绝地愿意为这杯咖啡支付 15 美元……"这表明，在体验经济的影响下，消费者在购买时不仅仅是考虑产品或服务的价值，他们更加关心在消费过程中的情感需求、产品和服务的个性化和消费过程（而不是结果），他们更倾向于参与产品和服务的生产过程。例如，在旅行中，越来越多的游客喜欢亲手为家人或朋友制作一件独特的纪念品，而不是购买标准化的模具。

2.体验的内涵及实现

基于对体验经济的定义，约瑟夫·派恩和詹姆斯·吉尔默进一步明确了体验是由娱乐、教育、遁世和审美四大部分构成的。随着科学技术的飞速发展以及人们物质生活水平的日益提高，消费者对产品或服务质量提出了越来越高的要求，体验消费成为现代营销领域最重要的手段之一。若某一产品或服务能同时拥有前述的四项功能，那么它将能为消费者提供最为客观和满意的体验。这种旅游活动可以是以感官刺激为主的体验性活动，也可以是非体验性活动，但更倾向于非体验性旅游活动。例如，在最近几年，澳门新建的威尼斯人度假村酒店和澳门银河综合度假城等多功能酒店度假村娱乐项目，不仅规模庞大、功能丰富，还在娱乐、教育、隐居和审美等方面实现了良好的平衡，因此吸引了越来越多的游客前来体验。

除此之外，他们还从体验经济的角度出发，将体验生产划分为三个"S"：满意度、成本和惊喜，即在消费过程中，体验者获得满足其需要或享受到愉悦性情感的产品和服务后，就会产生一种价值补偿。在这其中，满意度体现为消费者的预期与他们的实际感受之间存在的差异。惊喜是消费者在经历了产品使用过程中对产品和服务的价值认知产生的变化。所需的代价是客户的需求与他们所支付的成本之间存在的差异。惊奇则是消费者期望与现实之间的差值。令人惊讶的是，消费者最后的感受与他们的预期之间存在的差距。惊奇是消费者心理上一种强烈而又持久的感受，是企业获得市场成功所必须具备的条件之一。因此，在推动体验经济的进程中，我们应当首先确保消费者的满意度，接着降低他们为此产品或服务所需支付的成本，从而达到真正的惊喜效果。体验营销强调通过提供新的体验来提高消费者满意度和忠诚度，从而增加企业利润。因此，一些学者认为，体验即是消费者对某一产品或服务的记忆和经验。

3. 旅游与体验

旅行和体验在很多方面都有相似之处，例如，它们都呈现出无形的特质，更多地强调某种经验或回忆，而更多地关心的是消费的全过程，而不是最终的结果。谢彦君持有这样的观点：旅游体验研究构成了旅游学的根基，而旅游体验则是游客在旅行中对所经历的各种事件、旅游景点和其他现象的个人体验。体验经济学则把旅游作为一个特殊的商品来进行分析，并以此为切入点提出了"体验"这一概念。不同的游客在旅行中会有不同的体验和感受，因此，从体验经济的视角来看，旅游可以被总结为离开常住地去追求多样化体验的过程，如回归自然的体验、求知学习的体验等。

随着社会对体验经济越来越多的关心和重视，体验式旅游这一概念也随之诞生。国外学者从不同角度提出了一些关于体验式旅游的定义，但没有一个统一的定论。斯塔波力斯和斯凯尼斯持有这样的观点：体验式旅游是一种事先经过精心组织和设计的、遵循特定流程进行的旅行方式，它需要游客主动地投入时间和精力，以寻找一种既愉悦又特别的体验。目前，国内外学者关于体验经济时代下体验式旅游的理论与实践成果丰硕，主要集中于旅游者需求变化、消费者行为分析、体验价值评估及产品创新四方面。基于之前的研究成果，徐林强和黄超超等人简洁地总结了体验式旅游的核心特质，包括对人性的重视、个性的展现、游客的积极参与以及以快乐为导向。他们还从体验经济视角提出了旅游者需求层次理论，即消费者需求由低级到高级依次分为物质层面、精神层面、文化层面。从这一点可以看出，在体验经济的背景下，旅游开始展现出更为明显的个性特点。

从游客的视角出发，旅行体验无疑是一种令人自豪和值得分享的体验，这种体验给游客留下了深刻的印象。国外学者从不同角度提出了一些关于体验式旅游的定义，但没有一个统一的定论。因此，那些被誉为"世界之最"的吸引物，常常能为游客留下深刻的印象。例如，智利的圣阿方索德尔玛度假村是目前全球最大的人造游泳池的所在地。它由一个巨大的天然水池构成，池边种植了很多植物，并设有各种设施供人们使用，其中包括游泳池、滑梯、旋转座椅等设备。这座长达 1 013 米的游泳池覆盖了 8 公顷的面积，其最深的部分达到了 35 米，能够容纳高达 25 万立方米的水，这相当于 6 000 个家庭泳池的标准，甚至在其中划船也是完全可以的。此外，该游泳池还具有自动喷水系统和防雾功能，即使进入夏天，也不会因阳光直射而使池水变凉。在这个世界上最大的户外泳池中畅游，无疑是一生中难以忘怀的经历。

（二）体验经济在旅游规划中的应用

对旅游规划来说，体验经济的相关理念主要在以下几个方面展现出其实际应用价值。

（1）这有助于使旅游规划更加凸显其独特性，并避免规划过程中的模式化。这就要求我们在进行旅游开发时必须注重满足消费者的需求，而不能只考虑经济效益，使旅游业成为单纯追求利润最大化的产业。体验经济更倾向于强调人的需求、个性和参与性。游客不仅关注目的地本身的文化内涵与自然景观，而且还关心当地居民生活方式及社会环境等因素，希望通过对目的地进行全面、深入的了解来满足自己的精神需求。因此，在体验经济相关的理论指导下，旅游规划更多地强调了区域旅游发展中的主题个性。在这个阶段，旅游规划的一个主要目标是为前来该旅游目的地的游客提供一种与众不同的旅行体验。

（2）为旅游项目策划提供了明确的方向性建议。经过对个性化体验的深入研究，一些学者建议，为了为游客提供最佳的旅游体验，我们应该从确定主题、利用正面元素来塑造他们的印象、减少负面元素的影响、充分使用旅游纪念品以及整合游客的感官体验等方面入手。

除此之外，也有研究者对如何有效地体验主题的准则进行了深入探讨。目前，国内学者对于旅游体验主题的探讨主要集中于旅游者的心理感知方面。胡燕雯持有的观点是，旅游体验的主题应当与其独特性和吸引力相匹配；旅行的体验主题应该在时间、地点和资源上达到和谐，并可以通过各种途径展现出来；旅游体验主题要与当地文化相融合等。为了深入体验主题，我们需要彻底地改变游客对于现实世界的观感。因此，旅游体验主题的设计要以满足旅游者的需要为目的。黄鹏持有的观点是，优质的体验主题首先应当选择具有创新性的主题。旅游目的地的体验主题可以有多种类型，如自然景观类、人文景观类及历史文化类等。接下来，我们可以从规划区域的独特资源中深入探索体验主题。体验主题应符合旅游者需求和心理认知规律。设计的体验主题必须与旅游地产业的核心竞争力相匹配。本书还提出了旅游体验主题设计应遵循的基本原则和方法。关于旅游体验的主题选择和设计的相关理论，为旅游规划的制定过程提供了新的思考方向。

七、其他具有重要影响力的规划基础理论

社会经济的进步和不同学科的整合，为旅游规划的基本理论引入了更多的创新元素。目前，国内学者对于旅游体验主题的探讨主要集中于旅游者的心理感知方面。循环经济理论和智慧旅游理论是近几年在学术和旅游行业中受到广泛关注的两大理论支柱。

（一）循环经济的概念及其对旅游规划的启示

循环经济的相关学说是基于人们对社会经济增长模式的深入思考而提出的。它是一种以"减量化、再利用、再循环"为原则的新型可持续发展理念和实践形式。循环经济这一观念最初是由美国的经济学者波尔丁所提出的。他认为，人类是以一种特殊的方式生活于这个星球上的，因此，必须把人和自然界看成一个整体来，才能真正实现可持续发展。他将地球比喻为一艘在宇宙中航行的宇宙飞船，它依赖不断地消耗有限的资源来维持生命。如果对资源进行不合理的开发和破坏环境，那么它将会像宇宙飞船一样走向毁灭。于是，他设想出了一个全新的理念——"宇宙飞船经济"。这一观点被广泛认为是"宇宙飞船经济学"的著名理论。在我国发展循环经济已经成为政府的重要工作之一。循环经济的核心目标在于创建一个物质的闭环流动经济模式，通过回收和再生等手段，将生产所需的资源重新利用，从而达到资源的循环再利用，并减少废物的排放。因此，循环经济与传统的工业经济有本质上的区别，其最重要的特征在于减少资源消耗和污染物排放，提高资源利用率，最终达到节约资源，保护环境的效果。李昕和他的团队对循环经济的定义进行了较为全面的阐述：循环经济的核心理念是资源的高效和循环使用。以环境与社会综合效益最大为目标的经济发展模式遵循减量化、再利用和资源化的原则，并以低成本、低消耗、低排放和高效率为其核心特点，这与可持续发展的理念是一致的。它强调在人类社会与自然环境之间建立起相互协调的良性循环机制。这代表了对传统的大规模生产、消费和废弃增长方式的深刻改革，它是一种资源节约和对环境友善的经济模式，也是一种追求更高的经济回报、减少资源使用、降低环境污染以及增加劳动力就业机会的前沿经济策略。

循环经济的相关理念为可持续发展提供了更深入的解读。因此，在旅游规划的研究和实际应用中，这有助于规划者从旅游地发展的整体视角出发，推动旅游目的地走向可持续发展的道路。

（二）智慧旅游理论及其对旅游规划的启示

随着现代信息技术的迅猛进步，传统的社会发展方式受到了深刻的挑战。在这种背景下，网络成为人们获取知识和资讯的主要途径之一，并以其特有的方式影响着人类社会生活的方方面面。诸如各种创新的信息传播路径、先进的信息硬件设备以及先

进的信息处理技术，都将现代社会带入了一个智能化的新时代。在此背景下，人们获取信息的途径更加多样化、便捷化，从而也使信息传播方式发生了巨大转变。从信息传播的媒介视角出发，Web 2.0 的媒体形态目前已经达到了相当成熟的阶段。Web 2.0 是指那些旨在缩小信息传递和接收的界限的技术，如博客、实时通信、社交网络、网站摘要、百科全书和对等网络等。这些新技术使得人们能够以更多的方式参与到信息内容的创造中来，并由此形成一种全新的信息传播方式。在 Web 2.0 的时代背景下，信息的接收者在信息传递中的角色日益突出，他们的主动性也随之增强。他们不再只是被动地接收信息，而是主动参与其中。广泛的受众群体也逐渐成为信息传递的核心力量。

随着大数据技术的持续进步，网络媒体中的观众个性化需求越来越受到重视，Web 3.0 也在逐渐发展。在这种背景下，网络成为人们获取知识和资讯的主要途径之一，并以其特有的方式影响着人类社会生活的方方面面。Web 3.0 意味着网络平台已经变成了用户需求的解决者和供应者，网络对用户非常了解，知道用户的需求、愿望和行为模式，进行资源筛选、智能匹配，直接给用户答案。这种基于互联网的新型传播方式改变了传统的人与人之间信息交流方式，使信息传播变得更加快速准确且具有互动性。这导致了 Web 2.0 时代的"人—人"交流方式转变为"人—网络—人"的模式。

从信息数据的分析和处理技术角度来看，网络传播技术正经历着快速的变革。3G、4G 和 5G 移动网络平台的建立和发展，以及云计算、物联网、泛在网的逐步完善，都为智慧旅游的进一步发展创造了有利条件。在这种背景下，互联网企业逐渐将注意力转移到了如何通过服务来满足用户个性化信息需要上，即所谓的"人—网络—人"关系。云计算代表了一种创新的计算方式，它为我们带来了更加稳定和安全的数据储存、强劲的计算实力以及高效便捷的网络服务体验。随着大数据时代的来临，云计算技术被广泛应用于各行各业中。物联网系统是通过各种感知和识别工具，将物品的各种信息，如位置、温度、重力、声音、压力、文字和图像等，经过处理中心，并利用信息网络进行传播而构建的。泛在网则是一种基于互联网的广域互联系统，其目标在于让人们随时随地都能享受到无处不在的信息。目前存在的通信网络、互联网和正在逐渐发展中的物联网预计将联合形成一个泛在网络。泛在网不仅包括物理上无处不在的网络，还包含用户自身等所有个体。利用泛在网技术，我们可以实现人与人、人与物以及物与物之间的信息互换。

显然，虽然当前对于智慧旅游发展模式的研究还处于初级阶段，但我们已经能够模糊地感知到未来旅游消费模式可能会发生的变化。在这种大背景下，智慧旅游成为旅游业新的增长点和发展趋势，而"互联网＋"时代的到来更是让这一趋势得以实现。

得益于智慧旅游的硬件设施和软件决策支持，旅游规划的各个环节都将经历深刻的变革。随着信息技术的进步，智慧旅游中所涉及的内容更加丰富、技术应用层面不断深化，这使得传统旅游业向现代旅游业转变成为可能。例如，在进行旅游市场的分析和旅游项目的策划时，我们将更加依赖游客的行为模式数据，并在智能旅游数据的帮助下，达到市场细分和项目策划的精细化。因此，智慧旅游时代的到来为旅游业带来了巨大机遇。与此同时，将有更多的基于智能技术和智能旅游的体验项目不断出现，这将极大地提升旅游者的体验品质。

课后思考

1. 旅游规划与开发理论的四大板块及四大层面是什么？
2. 如何看待旅游规划与开发的理论体系结构？
3. 可持续发展理论在旅游规划与开发中的应用。
4. 循环经济的概念及其对旅游规划的启示。

第三章 回顾和展望中外旅游规划与开发

学习目标

熟悉中外旅游规划与开发的发展变迁，了解当前旅游规划与开发的发展趋势，理解旅游规划与开发的热点领域及其规划设计的主要内容，掌握生态旅游在区域发展中的重要性及其规划内容要点。

第一节 论述国内外旅游规划与开发的历史回顾

旅游活动起源很早，最早可以追溯到几千年前古代文人游山玩水的现象。旅游是人们为了感受独特的经历，前往常住地以外的地方参观、游览。旅游规划与开发正是基于可持续发展理论的背景产生的旅游新产物，通过了解国内外旅游规划与开发的未来趋势，能够促进未来旅游业的全面发展。

一、国外旅游规划与开发的回顾

外国的旅游规划和开发起源较早，1959 年美国夏威夷州就已经进行了这方面的工作。随着经济的快速发展，世界各国开始重视对当地旅游的规划和开发，推动了旅游规划与开发相关理论及技术的完善。国外的旅游规划和开发大致可以划分为五个阶段。

（一）20 世纪 30 年代至 50 年代末，国际旅游规划与开发刚刚起步

20 世纪早期，国外经济发达的地区开始出现了现代旅游活动，随着人们对旅游需求的增多，出现了一些专门为旅游者提供服务的相关企业和单位。20 世纪 30 年代，英国、法国和爱尔兰等国家已经启动了旅游规划。这些早期的旅游规划主要是对相关

的旅游产业进行研究，并对特定地区的旅游路线、娱乐项目以及旅游接待设施所对应的市场和区域进行分析和评价。从本质上看，这种旅游规划类似于当前部分旅游企业的发展计划和项目设计，并不是真正意义上的旅游规划与开发。

自 1959 年以来，美国的夏威夷州已成功实施了一套全面且精确的旅游相关计划，这使得其著名的卡纳帕利度假区得以建设并持续成为游客们的理想休闲胜地。这一举措被视为现代旅游规划设计的起点，因为它的实际操作步骤及细节安排都非常类似现今的旅游规划设计。在夏威夷旅游策略的发展规划里，强调保护当地文化的价值，并将这种独特性转化为引人入胜的元素。早期阶段的旅游规划通常包含在地区整体规划内，主要依据旅游经济学的原理（旅游活动的经济发展）、休假与放松的研究成果以及旅游地理学等相关知识来展开讨论。

（二）20 世纪 60 年代至 70 年代初，国外旅游规划与开发的推广阶段

20 世纪 60 年代，法国和英国开始了现代意义上的旅游规划。1963 年，联合国大会明确指出科学的旅游规划对于区域发展具有重要意义，并导致许多国家开始了旅游规划的热潮。例如，法国的郎济岛海岸、印度尼西亚的巴厘岛以及澳大利亚中部都制定了相应的旅游发展规划。从 20 世纪 60 年代中期到 70 年代初，世界旅游业发展迅速，推动了相应旅游地区的开发需求。在强大的市场需求推动下，旅游规划在全球范围内迅速发展，跨度较大。旅游规划者基于实践经验，以旅游学相关理论为基础，主要对不同类型的旅游资源进行开发和利用，特别是新旅游区的开发以及旧旅游区的更新。学术界也开始涌现与旅游规划和开发相关的研究成果。1960 年，沃尔夫发表了《安大略旅游地》，斯坦费尔德发表了《美国海滨度假胜地》，这些文章从不同的角度探讨了不同地区旅游资源开发的相关问题，显示出旅游规划研究主要集中在旅游资源的开发方面。

（三）20 世纪 70 年代至 80 年代，国外旅游规划与开发发展进入了综合阶段

20 世纪 70 年代，更多的国家和国际组织开始认同旅游规划的概念。世界旅游组织等国际组织参与了菲律宾、斯里兰卡、尼泊尔、肯尼亚等国家的旅游规划编制工作，不断推动世界各国的旅游规划发展。1977 年，世界旅游组织统计了 43 个成员国的旅游开发规划现状，发现 37 个国家已经开展了旅游发展总体规划。在这个阶段，旅游规划逐渐呈现出边缘学科的性质，将心理学、社会学等学科融入实际应用，进一步促使旅游规划从静态和确定性的规划方式向动态、不确定性的规划方式转变。

在这个时期，我们看到了关于旅游规划与开发系统的整理及归纳的大量书籍。其

中，由世界旅游组织发布的《综合规划》主要用于向发展中国家提供旅游发展的规划指南。而《旅游开发规划明细录》一书则全面地研究并收集了全球超过一百多个地区的相关旅游管理部门及他们的旅游规划结果。1979 年，世界旅游组织开始对全球的旅游规划进行实地调研，最终整理出首份全球旅游开发经验报告。根据报告可知，大多数的旅游规划方案能真正实施，但也有一些旅游规划的制定与实施存在差距。旅游规划的区域性跨度较大，旅游规划方法各不相同，旅游规划对社会因素的考虑程度较少。世界旅游组织发布的旅游规划发展经验性总结，不仅有利于当时世界的旅游规划发展，而且指导并推动了近现代的旅游规划发展。此外，1979 年出版的《旅游规划》是早期有关旅游规划思想体系的典型代表，成为日后推动旅游规划与开发领域的经典著作之一。

（四）20 世纪 80 年代至 90 年代，国外旅游规划与开发的发展水平正在逐步提升

随着旅游规划的制定国家和地域数量逐步扩大，旅游规划与开发的速度也在加快。旅游规划是一个系统性较强的范畴，相关理论研究呈现爆炸式增长。

20 世纪 80 年代初始，一些先进国家的旅行计划推广与深度化使得之前已经制订了旅游规划的地区或国度依据实际情况对其做出了调整、修订。比如，美国夏威夷将 1959 年的最初版本更新到了 1980 版；同样地，印尼也在 1981 年再次针对诺沙—塔纳区做了新的策划。

伴随着对旅游规划理念的深度解析与旅游规划实操经验的持续积累，旅游规划的内容框架逐渐显现出其全面和系统的特性。1988 年，甘恩在他的著作《旅游规划》里首次提出了"旅游系统"概念，并强调这个系统具备独特的性质且涵盖了多样的元素。旅游规划与开发的内容不断完善，相关理论加速了旅游规划的快速发展。

在这个时期，相关理论的发展及研究手段变得越发多样化。同时，有关旅游规划与开发的研究书籍也在持续增长，如 1985 年墨菲所著的《旅游：社区方法》、1986 年盖茨提出的"结合理论与实际操作的旅游规划模式"以及 1989 年由皮尔斯撰写的《旅游开发》等。众多专家对旅游规划与开发有了更深入的理解，也提出了一系列全新的分析技巧和规划策略。在这个阶段中，旅游界积极吸取并且运用来自各个领域的研究成果，其中最显著的是把心理学理论和旅游目的地生命周期理论融入旅游规划。旅游规划的基础理论已经呈现出丰富的多维度特征，这也表明其具备跨学科的特点，从而深远地影响着旅游规划的理论构建及其实践进展。

（五）20 世纪 90 年代以来，国际旅游规划与开发已经进入了高品质的发展阶段

历经 60 余年的演进，旅游策划及发展的理论体系和实际应用已相对成熟，这标志着旅游策划的标准流程架构基本构建完毕。美国的知名旅游策划专家爱德华·因斯凯普对这一标准的形成做出了重要贡献，他在作品《旅游策划：集成且持续的方式》和《国家或地区的旅游策划》中详细地介绍了旅游策划的技术原理和实施策略。此外，由联合国世界旅游组织发布的《可持续旅游策划：社区规划者的指引》和《综合型旅游度假区模型》等书籍则更深入地定义了旅游策划及其开发的具体要素、手段和步骤。

同时期，旅行策划行业更加强调旅行的自然资源开采及维护之间的关联度并深化其可持续发展的观念于旅行方案制定及其实施过程中运用。比如，大洋洲的研究人员道林把生态学融入他的行程设计当中来探讨如何平衡生态环境的需求，米尔和莫里森的文章也强烈地表达出他们关于自然界出行策略的重要性观点。1995 年 4 月 27 日，西班牙举办的世界级旅游可持续发展会议通过了《可持续旅游发展宪章》和《可持续旅游发展行动计划》提议，有效改善景区的环境质量并对景点有积极的影响力。另外，值得一提的是，我们发现人们越来越注重游客市场的需求从而将其纳入我们的旅游规划之中。国外的旅游规划与开发不断创新，规划内容也逐渐完善和系统化，整体呈现的是深度发展态势。

二、中国旅游规划与开发的回顾

中国的旅行业务始于 20 世纪中后期，其增长速率相当惊人。自 1960 年以来，我们国家的旅行业逐渐壮大起来并取得了显著进步，我们的国家计划也已成功地实现了由单个机构（主要是中央或地方行政部门）领导转向多方参与的情况——包括公共及私人组织。目前，从事这一行业的专家们有着广泛的专业知识基础并且他们的教育经历往往是跨领域的或者具有多样性的特征，这使得他们能够紧跟世界领先的技术水平并在理论上有所突破。总的说来，我们可以把当前的中国国内旅游规划业务发展的历程划归为如下几个主要时期。

（一）20 世纪 70 年代至 80 年代，中国的旅游规划和开发处于初级阶段

中国的旅游发展历程与其相关规划及开发任务呈现出类似的关系。1982 年，中华人民共和国国家旅游局正式设立，此后，国家的建筑设计机构便开始了对城市的地区性和景点进行了系统化的规划。同时，林务部门在其管辖范围内对森林旅行的潜在价值进行了预先评估，从而催生了诸如旅游城镇、旅游景点的各类形态。早期的区域规划编制，基本上属于政府行为，主要由政府部门直接参与。由于初期的旅游规划专业性较弱，对旅游的研究和实践并不重视。这个阶段的城市旅游开发计划只是城市建设的一部分，它标志着中国旅游规划及发展的初始阶段。

（二）20 世纪 80 年代中期至 90 年代末，我国旅游规划与开发的深化阶段

在这个阶段，我国的旅游业主要是以观光为主，旅游产业的系统性结构存在缺陷，而对于旅游交通和吸引人的物品需求的建设相对滞后。在这个阶段，关于旅游规划研究和实践，主要集中在资源开发和旅游产品设计上。地理学背景的学者为这阶段旅游规划贡献了巨大力量，该阶段以旅游地理学者对旅游资源及其开发规划研究为主。

中国成立了旅游地理学科组，标志着中国已进入了旅游地理学系统化研究的阶段。随之而来的是大量从事旅游开发规划的专业人员的涌现，他们将旅游地理学科的区域性与规划开发的实践性相结合，组织了国内旅游开发规划的实际行动。郭来喜学者在 1983 年的全国保护长城工作会议上提出了"保护长城，研究长城"的口号，并通过集资修复长城的代表性区段，推动了旅游业的发展。1985 年，郭来喜学者在开发河北昌黎黄金海岸项目时，合理地规划了一片荒凉的沙碱地，使其成为新兴的旅游热点，从而实现了当地经济、社会和生态效益的可持续发展。

同时，许多在国内有重大意义和象征价值的项目也已经完成或正在实施中：例如，于 1985 年的"秦皇岛市老岭旅游资源的开发策略"；又如，同一年里"福建省厦门城市整体发展计划"；再如，同样是在那段时间内"广东省陆丰地区（现在的陆丰市区）"的海洋度假区建设方案；最后是关于这几个项目的研究总结报告——《中国的休闲经济》这本书是由张建国教授编写的。以上提到的所有案例都对我们国家未来的旅行业产生了深远的影响并推动着其不断向前迈进。

（三）20 世纪 90 年代到 21 世纪初，中国旅游规划和开发进入了快速发展的阶段

1985 年，旅游业成为正式的产业部门，旅游业的快速发展促进了国家对旅游资源的合理规划与开发，我国旅游规划与开发成为以市场为导向的产业化阶段。这一时期的旅游规划开发，以市场需求导向为主要内容，注重对旅游客源市场的分析。随着旅游规划的成果数量逐步上升，专门负责旅游规划制定的机构开始展现出多元化的发展趋势。

1999 年，旅游业被正式确认为国民经济的新增长点，这推动了我国旅游行业的快速进步。许多省市将其视作主要和领先的产业，并在政策上提供了大量支持。旅游业的快速发展推动了旅游规划与开发的井喷式需求，全国各地开始进行旅游发展规划编制的热潮。这一时期参与到旅游规划编制中的人员较多，不同学科背景的专家学者参

与到旅游规划之中，这说明旅游学科具有综合性特征。1992 年出版的《中国旅游资源普查规范（试行稿）》，成为制订和实施旅行计划的重要理论基础。

（四）21 世纪初到现在，中国旅游规划和开发的标准化及创新发展阶段

中国旅游规划与开发进入规范与创新发展时期，呈现出了规范和创新两大特征。政府相关部门通过建立一些完善的规范和制度来对旅游规划与开发领域进行规范。2000 年，中华人民共和国国家旅游局相继发布了一系列规范文件，包括《旅游发展规划管理办法》《旅游规划通则》《旅游规划设计单位资质认定暂行办法》等，这些文件标志着旅游规划工作具备了综合性，对规划的内容和深度有明确的规定和要求，从事旅游规划的相关单位必须遵循这些规范。在这套规划的约束下，旅游规划市场运作良好，避免了无序发展的问题。2001 年，中华人民共和国国家旅游局根据《旅游规划设计单位资质认定暂行办法》，评选出了 9 家甲级旅游规划设计单位，这表明我国的相关管理机构对旅游规划提出了具体的要求标准和管理办法，使得旅游规划进入了规范有序的发展轨道。政府、企业和规划机构之间的良好互动和限制，让我国的旅游规划发展走向了市场化和国际化。

我国的旅游规划工作者在参考和关注海内外先进理论和方法的基础上，开始对我国的旅游规划与开发进行因地制宜的创新。将网络信息科技、大数据处理科技、3S 科技（包括全球定位系统、地理信息系统、遥感科技）以及系统理论和控制理论等融入旅游规划中。

我国旅游规划与开发的理念在这一时期发生了较大的变革与发展，2015 年以来我国进入全域旅游发展阶段，非常重视全域旅游发展高质量发展，开始构建系统化的全域旅游发展目标，即旅游发展全面化、旅游供给高质量、旅游参与大众化、旅游治理规范化、旅游效益多样化。对旅游目的地来说，新的理论与目标带来了一些需要解决的新问题。因此，全域旅游发展规划的相应需求也逐渐增多。2017 年，国家旅游局正式发布《全域旅游示范区创建工作导则》，适用于全国范围内的县（市、区）级行政区域开展国家级或省级示范区的申报与验收活动，同时可供各级政府部门及企事业单位等机构借鉴和应用。各地在进行全域旅游示范区争创大的过程中，不断有新的企业和机构开始参与到旅游规划与开发的咨询服务领域之中。

随着我国旅游业的快速发展，旅游规划与开发开始进入国际市场，很多省份通过要求国外著名的规划公司和国际组织，使他们参与到地区的旅游规划编制之中。国外旅游规划公司为我国旅游规划做指导工作，使我们能够近距离学习国际旅游规划理论和方法，在一定程度上促进了我国旅游规划整体水准。因而，该阶段的旅游规划属于我国旅游规划的快速发展阶段。

第二节　旅游规划与开发的发展趋势

一、全球化发展趋势

（一）日益全球化的旅游市场区域性竞争

经济全球化的加快使得世界经济呈现出紧密的融合状态，国际的交流与合作不断增多，这导致国际旅游业发展速度加快。据世界旅游组织的数据统计，全球的国际游客总人数在 50 年前是 2 500 万，但现在已经超过了 12 亿。20 世纪末，国际旅游业的收入达 4 760 亿美元。2017 年全球旅游收入超过 5.3 亿美元，大约占全球 GDP 的 6.7%，全世界平均每 11 个人中从事旅游相关工作就有 1 人。

依据全球旅游协会公布的数据，2017 年底全球旅行者人数已经超过了 11 亿，而且国际游客的数量也在逐步增长。国际旅游发展快速，机遇和挑战共存。

国际旅游市场的快速增长势必影响我国旅游市场的竞争形势。根据 2014 年世界旅游组织的统计数据，我国在全球十大旅游目的地国家中，接待游客数量位列第四，旅游收入位列第三。我国澳门特别行政区的旅游收入排行第五位，香港特别行政区的旅游收入排行第十位。未来我国旅游业的发展将会面临国内和国际的巨大竞争压力。

在全球化发展背景下，我国区域旅游发展挑战颇多。高质量的规划，将民族化和特色性全面融合，将会成为提升旅游产业国际化的关键。

（二）全球化的旅游规划编制模式和全球化的规划团队

国际旅游发展加强了各地区旅游的交融，国际旅游组织不断推动旅游规划全球化发展。国际旅游组织通过整理旅游规划类文章，梳理旅游规划理论和案例，为部分国家和地区旅游规划的发展提供了帮助。这一时期全球范围的旅游研究人员相互交流，为特定区域的旅游发展贡献了可持续性建议。

在此阶段，我国的旅游规划取得了全球旅游规划专家和学者的支持。比如，四川、山东、云南、海南、安徽、贵州、黑龙江等省份，以及厦门市，都邀请了世界旅游组织的专家为他们的旅游发展规划提供指导。

全球范围内的旅游策划制作方式及其相关工作人员的发展，推动了旅游策划标准化的提升并促使地区旅游发展向国际化迈进。借助来自世界各地的专业人士的支持，地区的旅游策划和开发工作可以从更高的视角出发，减少了过多的相似产品产生的可能性，从而使各地方独特的文化和特点得以显现。未来，我们将会看到更多来自世界各地的专家和研究人员加入旅游策划和开发工作中来，实现更加紧密的协作。

二、市场化的发展趋势

目前，旅游规划与开发的主体以市场为主，市场化运作已经成为旅游产品开发和旅游规划与开发的趋势。

（一）旅游产品项目的市场化开发

初级阶段竞争主要以资源取胜，高级阶段则以项目为导向，市场竞争需要项目创新设计的支撑。通常来说，国内外旅游业的发展历程可以分为四个关键步骤：首先是资源驱动期，其次是市场驱动期，再次是品牌驱动期，最后则是项目驱动后期。在这个过程中，旅游市场的竞争力逐渐从依赖于自然资源转向对项目的重视和利用，而这个转变则是在第四步完成的，即项目驱动期的到来。这一阶段的竞争不仅仅局限于旅游资源本身，更重要的是借助网络技术来实现创新的设计。旅游项目不仅要符合旅游市场的需求，还要具有特色和创新性。当前，旅游业的发展是项目导向阶段，这一阶段的旅游规划与开发以市场需求为主，不仅要主动寻求市场潜在发展的现状和需求，而且要寻找潜在机会，通过开发新产品、新概念，引导未来市场的消费，从而满足市场的需要。

1.适应市场需求，指导产品开发

从市场营销的视角出发，旅游规划和开发会关注市场的发展走向，这意味着传统意义上的"卖家市场营销理念"已经演变成了"买家市场营销理念"，即根据市场需求来决定我们的产品和服务。这种变化都是基于对"无形之手"的研究结果。

伴随着时代的进步，世界旅行的主要模式已然发生变化：21世纪初期的主要旅行方式是传统式的观光游览，而近些年来的趋势则是度假旅行的崛起，越来越多的游客更倾向于在目的地逗留较长时间，这样可以让他们有更多时间来享受生活并获得身心的愉悦。所以，在制订旅游计划时需要深入了解旅客对于度假游的需求，增设满足现代旅客需要的旅游商品和服务，并且依据全面均衡的规划结果，提升如攀爬、快速下降等冒险型旅游产品的数量。

2.创新产品概念，引导市场需求

主动应对市场变化的策略主要依赖于理解和满足市场需求，这种策略可能会使旅游产品和项目出现追赶市场需求的情况。只有将主导权握在手中，先行一步，才能让旅游规划在市场需求出现之前完成。只有找准切入点，对旅游产品相关概念进行创新，满足旅游者的需求心态，才能使旅游产品和项目更好地适应市场的需求。

（二）旅游规划和开发组织过程的市场运营必须遵循市场化的方式

旅游规划要实现综合效益，这就需要在规划的编制期和实践期都能够实现市场化运作。

1.旅游规划编制过程的市场化运作

随着政府让市场进入旅游规划与开发的制定过程中，市场化的运营方式使得编制人员更具专业性，这保证了旅游规划的质量。旅游规划与开发主要以公平手段进行招标，合同条款保证能够合作完成规划的制定工作。市场化的运作手段是广泛采用的方式，能够有效地保障规划编制过程的公平性。

2.旅游开发管理的市场化运作

旅游规划与开发贯穿一个区域旅游产业可持续发展的全过程，旅游规划与开发的市场化运作，不仅要着眼于规划文本的撰写，更要延伸到规划与开发的管理层面。旅游规划与开发的市场化管理主要具有以下特征。

第一，资源配置是旅游开发市场化的主要特征。全面的市场经济可以通过对项目建设和基础设施建设的关注来推动发展；同时，我们需要恰当地运用各种形式的项目筹款方式，如合理的使用各类金融工具等手段去解决这个问题。从中国旅游业的发展趋势来看，其大部分建设项目是由地方或相关部门共同资助完成的。这些大型景区或者度假区的建造往往耗费大量资本资源，可能会导致一些公司出现财务困境。但是，如果采用一种更灵活且高效的方式——由三方的力量（包括公共部门、私营机构和社会组织）参与到这个过程中并提供必要的支持，那么这种新型的管理方法可以有效地缓解上述难题并且保证整个过程具有可持续性和盈利能力的可能性大大增加。

第二，专业化是旅游开发经营管理市场化的表现形式。由于市场机制的运作，为了保证规划目标的有效实现，旅游规划与开发必须具备足够的专业化。部分区域的旅游规划管理人员缺乏旅游专业理论和实践应用，导致该区域的旅游规划与开发没有形成有效的反馈与控制机制。所以，从市场的视角来看，旅游规划与开发的管理必须基于市场化原则，适应旅游业的发展趋势。只有这样才能对旅游规划和开发进行专门的管理，并确保旅游规划和开发在市场竞争中的持续性。

三、创新化的发展趋势

旅游活动满足了人们追求新异体验的需求，自然资源或文化环境中具备新鲜感的旅游产品总能吸引旅游者的关注。旅游规划与开发的创新性发展主要体现在以下三个方面。

（一）规划理念的创新突破

设计思路引导了设计的制作过程和实施，不同的设计思维和观念会影响其具体的设计方式和关注的重点。比如，在早期旅游规划与开发的过程中，主要是通过有效地运用现有旅游资源来实现，这有助于提高旅游资源的使用效率和开发能力。随着旅游业的发展，根据旅游开发的研究成果和实际操作经验，规划人员逐渐形成了一套完整的旅游规划体系。此时的旅游规划对象不仅限于单一的旅游资源，而应是整体的地区旅游产业发展及其相关产业链，是从系统的视角构建这一地区的旅游发展战略。现代游客的亲身体验已逐步被纳入旅游规划的考虑范围中，因此，我们有必要调整旅游规划与开发的原则，使之更加人性化。2003 年发布的《旅游区（点）质量等级的划分与评定》中的新内容——针对 5A 级旅游区的描述，就体现了这种人性化的人文主义精神。这个标准的出台，意味着政府正式提出旅游规划工作者需遵循人文性的基本准则。随着旅游业的快速发展，新的理论涌现，旅游规划与开发的相关理念必须随着时代发展不断创新。

（二）规划项目的创新设计

对旅游业的发展和拓展来说，我们需要强调的是其计划内容的新颖程度，因为每个特定的旅行活动都有着各自的需求。如果我们的旅游方案是陈旧或者缺乏创意的话，那么它就无法长期保持游客们的兴趣。如今，世界各地的信息传播已经变得十分便捷，因此我们在制定旅游规划时所涉及的项目设计也越来越容易出现类似之处或是抄袭行为。实际上，许多实际执行中的旅游策划项目并不仅仅是对某国或地区的一个项目的简单复制粘贴，而是完全按照原本的形式将其应用于各种不同的旅游场景之中，这无疑会使得旅游发展呈现出一种短期的趋势。旅游规划者只有不断探索优秀的项目案例，深挖成功的旅游规划内部逻辑，才能在千篇一律的项目设计模式中脱颖而出。我们不仅需要积极学习和借鉴其他国家和地区的旅游发展成功案例，还需要科学地分析本地资源和市场需求，这样才能更有效地推进旅游项目的创新开发。资本能够推动旅游规划发展，加大对创新项目的研发投入，开发具有独创性的旅游项目，坚持进行项目设计创新，为旅游地的可持续发展和绝对竞争力提供保障。

（三）规划技术方法的创新

现代科学技术的发展推动了旅游规划与开发的专业化，在旅游规划的技术与开发方面也发生了巨大的变革。最开始的"3S"技术（GPS，GIS，Semote Sense）升级到如今的大数据分析方法，现代科技手段不断增强旅游规划在获取、分析、利用数据方面的能力。旅游规划不断应用一些新出现的技术，如高清影像、全息影响技术、

LBS 定位技术、移动技术、无人机、可穿戴设备及其他智能设备等。例如，利用地理信息系统（GIS）能对特定地区的空间问题做全方位的深入研究；科技进步使得旅游策划人员受益匪浅，其强大且多功能的数据分析工具也为旅游策划提供了坚实的技术支持。借助大数据分析技巧，我们可精确地了解当前市场的状况，预估旅客人数及需求，洞察消费者的行为模式等，这些都为我们制定详尽的策略提供了指引。由于旅游学具有明显的跨界特性，只有借助于其他领域的专业技能和理论，才有可能提高旅游策划的效果和品质。因此，旅游规划与发展需善用新颖的科研技术成果，吸收来自各界的先进技法，以创新的方式来推动旅游规划与发展的实践方式和研究路径。

四、生态化的发展趋势

旅游规划与开发的生态化趋势主要指旅游项目的生态化和旅游空间布局的生态化。

（一）旅游项目的生态化

远离喧嚣，回归生态田园是现代人的需求。随着生活节奏不断加快，大城市的竞争给人们带来了更多的挑战，越来越多的人们发现良好的自然生态环境可以使自己的身心愉悦。未来的旅游规划需要对自然旅游目的地和生态旅游目的地进行重点关注，今后的旅游项目设计在市场需求驱动下必然呈现生态化趋势。

生态化的旅游项目设计主要涉及项目主题和构成元素的生态化。项目主题的生态化能够提升游客对自然保护的认识，而项目构成元素的生态化则可以以自然为核心，不会对人类和自然环境带来负面效应。

（二）旅游空间布局的生态化

旅游空间布局要充分展现人与自然的和谐相处，必须坚持绿色规划理念。旅游项目的空间布局会直接影响旅游者的旅游体验。旅游市场需求的日益生态化，必须在旅游规划的空间布局中进行相应的调整。整体规划布局要重点营造环境与景观的适配感。生态区域的规划主要为核心区、外围区及边缘区，功能区域则依照多核式布局模式划分为观光区、游乐区和接待区等。

五、全产业链化趋势

从事旅游规划的企业或机构不断扩展他们的业务范围，逐渐实现了全产业链条的覆盖，这就是未来旅游规划与开发的全产业链化趋势。在旅游开发实践中，委托方不断增强对旅游开发的全程辅导和参与，这就实现了旅游规划服务的前期、招商引资和管理服务的后期的一站式投标。

目前，提供旅游规划咨询的单位不断增加，编制各类旅游规划的案例也越来越多，可供借鉴和参考的规划文本较多。随着旅游规划市场竞争的日渐激烈，旅游规划公司已经发展为全产业链的模式。部分旅游规划公司不仅提供咨询业务，而且将业务拓展到线上旅游推广、销售、景区管理、景区开发、区域规划、建筑设计、项目投资、旅游地产、旅游大数据、民宿业等领域。旅游规划企业不断在向旅游相关产业链方面拓展，规划管理公司能够获得更如多元的支持，已经从前期的开发咨询发展到后期的招商引资、管理运营等方面。

旅游规划只有实现项目落地和顺畅运营才能更好地发挥其效用。信息偏差、宏观经济形势影响投资者意愿等，可能会导致在旅游开发过程中的旅游项目投资与落地存在较大落差。目前，一站式旅游规划与开发咨询服务形式的出现在一定程度上改善了从规划设计、管理投资等环节的可行性。这也说明，旅游类专业需要重视对复合型人才的培养。

六、全域融合化的趋势

旅游业由许多产业构成，具有产业集群的性质，实际经济环节中的旅游构成要素范围较广。全域发展可以将众多行业与旅游产业相融合，使更多群体参与到旅游业的快速发展中。价值共创理念鼓励不同主题参与创造旅游业的丰厚价值。

融合发展作为旅游规划与开发的发展趋势，主要表现为区域发展的多规合一和"旅游+"发展模式。

（一）区域发展的多规合一

将现有一些松散和杂乱的诸多规划综合为一个整体的现象就是多规合一。由于管理模式，不同管理部门会根据该区域发展的差异性制定适宜的发展规划。不管是实务界还是学术界，"多规合一"一直都是中国规划领域的热点话题。中国的规划框架以"2+9"结构为主导，包括两个核心部分：空间规划系统与发展规划系统。其包含的主要规划有城市及乡村建筑、自然资源管理、环境保护、地区开发、基础设施建设、功能区划定、经济和社会发展等方面。在全域旅游发展背景下，旅游规划的研究视野已经扩展到旅游目的地的全局，全域旅游理念已被应用到城乡规划的各职能部门之中。

根据国家的全域旅游示范区规定，旅游规划部分对"以旅游引导的多规合一的全域旅游总规划"进行了详细说明，这表明旅游产业发展的关键在于遵循"多规合一"的原则。该原则旨在在一个特定地区内融合国民经济发展计划、社区建设策略、环境保护政策和城市规划等多种因素，生成一套统一的规划框架，解决现行各类型规划系统所面临的内容矛盾、连接不足及协作困难的问题。

（二）基于产业融合的"旅游+"发展模式

全域旅游发展使得旅游成为综合性目的地模式，并开始向产业经济发展，出现了开放的"旅游+"融合形式。未来的旅游规划与开发将会更加强调旅游产业同其他产业的相互融合，并逐渐出现旅游产业集群。旅游产业作为核心业态将不断转型升级，因此，要合理规划产业空间布局，集合多样性业态，推进多种产业的主动融合、充分融合和创新融合。大众对旅游业的融合发展模式普遍接受，其主要包括龙头景区引领型、城市全域辐射型、全域景区发展型、特色资源推动型以及产业深度整合型五种发展方式。

领导性的景点吸引着地区的经济整合进步并持续改善其基础建设及公众设施的服务水平，同时能提供更多的旅行体验选择以满足游客的需求。这便是"多元化的行业全面管理策略"，它能推进"风景城市一体式的发展进程"目标的达成。例如，湖南省张家界就是如此，它的主要景观对整个城市发展的影响深远且显著，也进一步加强了关联产业的发展并对该地的社区和社会繁荣产生了积极的影响。

城市全域辐射模式依赖于旅游城市的名声来吸引各种行业的参与。该策略遵循"旅游引导、综合进步、共同分享和提高价值"的原则，可以促进旅游地区的发展计划与土地使用规划及环境保护规划的整合，助力旅游业驱动城市化的进展。

特色资源驱动型以高品质的自然或人文资源为基础，以民族性和文化性为灵魂，促进旅游综合性开发，从而推动自然资源与民族文化的相互融合。这一模式能够推出一批康养旅游、休息避暑、冰雪旅游、体育旅游、精致露营等旅游新业态，带动区域旅游业的高质量发展，成为极具代表性的旅游目的地。

"旅游+"和"+旅游"模式下的产业深层次整合，往往表现为文化和商业、科技、运动健康、教育等多领域的紧密结合，由此产生的度假游览、商务会议、环保生态等多种复合型的旅游产品，有效增强了地区旅游发展的整体能力。

第三节　旅游规划与开发研究的热点

在新时期背景下，旅游目的地的发展出现了一系列新趋势及特性，所以对于旅游策划与发展的关注度和研究焦点也在不断增加。在本部分中，我们将概述近些年在旅游策划与开发行业内备受瞩目的一些热门话题，期望以此来让读者更好地理解旅游策划与开发领域的最新动态及其热议主题。

一、城市旅游规划与开发

（一）城市旅游规划与开发的背景

城市旅游对游客的吸引点主要集中在文化、景观和商务氛围方面，城市旅游是旅游者前往城市开展探访亲友、参加会议、感受文化、观光休闲及娱乐购物等活动。自20世纪60年代起，城市的旅行和观光业逐渐兴起。1995年，全国各地启动了"中国优质旅游城市"活动，标志着中国的城市旅游步入了稳定且蓬勃的发展阶段。城市旅游发展的主要原因如下。

1.大量城市的发展壮大

第二次世界大战后，很多国家重视经济的发展，大批工业化城市快速出现。这一时期一些具有特色的城市受到关注，著名的旅游目的地大多数是拥有历史悠久的建筑古迹或经济发达的现代都市。罗马、巴黎、纽约、巴塞罗那、雅典、北京等都是具有代表性的城市，它们吸引了大量的游客前来参观和游览。

2.城市旅游功能不断拓展

从世界旅游的发展现状来看，现代都市成为大量旅游者会聚区，现代城市的特色体现在功能的丰富性上，除了具有常见的居住、商业、文化、政治等功能以外，共还具有商务、休闲、观光、娱乐等功能。城市独特的景观和文化吸引着人们前来参观、游览。

3.城市成为区域旅游发展的中心

城市可以为人们提供最基本的饮食、居住、交通、游玩、购物、娱乐等方面的配套设施。许多城市在旅游发展方面仅起到较小的支持作用，只是短暂停留或转换的场所。未来的城市旅游资源要物尽其用，就需要不断提升城市旅游的竞争力，利用好城市的区域集散和扩展作用以引起人们的关注。

（二）主要包括城市旅游规划和开发的内容

城市是一个复杂的系统，经济、社会、文化、环境等使城市旅游研究具有多样性。中国的城市旅游研究已经对城市的分类进行了深入研究和探讨，其中包括以下几种类型：城市旅游的规划与发展、城市旅游品牌塑造、基本的城市旅游理论、城市旅游竞争能力分析、城市旅游构成、城市旅游区间的协作、城市旅游文化和城市旅游推广策略，以及城市旅游的产品设计等。城市的旅游规划与开发中，最重要的是协调好旅游功能与城市功能的关系，有序组织旅游规划与城市规划。

1.城市游憩系统的规划与开发

全球化影响下，城市的发展出现了"同质化"现象。需要思考，人们为什么来到城市？延伸出城市旅游中的吸引力要素是人们关注的重点，如何区分城市中的本地居民或旅游者。旅游者和本地人都会利用城市的公共设施，购物、用餐、体验景区等游览存在着互动和融合。这就要求应该基于旅游者和本地居民的需求，设计城市旅游吸引力要素。

在全球化背景下，城市的不断发展使得"同质化"现象日益为人们所关注。此时不禁要问，人们为什么要到城市里来？为此，对于城市旅游中的吸引力要素之构建是人们关注的重点内容之一。在城市中，要明确区分旅游者和本地居民较难，在设计城市旅游的吸引力要素时，应该兼顾旅游者和本地居民的需要。

城市游憩系统是一个综合吸引物，包括城市文化旅游产品、城市遗址旅游产品、城市事件旅游产品、城市夜间旅游产品等不同类型。城市游憩系统能够吸引人们关注的综合体，可以包括城市文化旅游产品、城市遗址旅游产品、城市事件旅游产品、城市夜间旅游产品等不同类型。城市游憩系统的规划开发可以划分为两个类别：

（1）建成区域的旅游规划与开发。城市人口集中区域属于已经定型的成熟区域，二次开发城市内的游憩系统，需要保证新建成的旅游吸引物适应周围环境，重视城市居民的利益。

（2）边缘区域的旅游规划与开发。城市边缘地带与市中心相距甚远，因此适合设立度假区、休闲农场和主题公园等旅游区域。这些设施能为人们提供优质的休闲娱乐体验。广东省首创了绿色生态廊道建设，将生态、社会和经济效益相互融合，推动了城市的可持续发展，深受人们的喜爱。

2.城市旅游服务系统的规划与开发

旅游服务系统主要是指旅游交通、通信、水电、环卫、邮电等部门，能够为城市旅游提供配套的服务设施。设计城市旅游服务体系时，以人为本能够促进旅游便利化，优化旅游公共服务体系。例如，北京建设旅游标识系统、安全救助系统；上海成立了咨询服务系统、旅游语音系统，杭州建立了旅游集散体系，等等，各大旅游城市不断完善设施为旅游者提供便利。随着网络信息时代的发展，公共服务要注重与时俱进，应该在特定区域随时随地为游客提供免费 Wi-Fi，设计综合 App 为游客提供公共服务平台。

3.城市旅游环境与景观的规划与开发

人们逐渐认识到健康的重要性，城市环境的规划与优化受到广泛关注。

城市旅游规划要科学评价城市环境质量，学者李锋提出旅游规划子系统是由景观环境、社会环境、生态环境、服务设施环境、旅游地信息环境五个元素构成的，并基于旅游环境质量发展水平和旅游环境质量整体结构协调性等方面开展了实证评估。

另外，规划者需要在现状分析的基础上，对城市旅游中的景观进行优化和设计。城市旅游景观是综合性的概念，除了传统的视觉景观设计以外，声景观其实也是景观中的重要组成部分。为此，在城市旅游环境景观设计方面，研究者逐步开始关注多角度的景观优化研究，不再仅仅局限于视觉景观部分。根据对城市音景的一般分类方式来看，我们可以把其简化为两类：自然的和人类创造的环境噪声场景。其中，前者主要由来自动物界的鸟鸣、树叶摇曳之声、微风拂过之感、下雨滴落的水珠响起等构成；后者的核心元素则主要是人造环境中的人工发出的各种嘈杂喧闹。例如，游客解说员的话语交谈或车辆行进时的喇叭轰鸣与引擎运转所产生的混合效应。在声生态学理论的支持下，规划者就可以对现时的城市声景观进行分析及开展优化设计。随着现代化都市步入生态环境发展的新时期，我们有能力通过各种方式构建人与自然的和谐相处景象。此外，城市规划主管人员需要在城市建造过程中增加绿化区域，控制城市的空气质量及噪声问题，以确保当地市民和来客能享受到完美的旅行体验。

二、生态旅游规划与开发

（一）生态旅游产生的背景

在工业化进程中，人类为了发展经济对资源进行破坏性的开发利用，造成了资源的浪费和环境的恶化等问题。这一现象使得人们逐渐重视环境保护，绿色意识不断增强，开始追求自然和人文可持续发展的生态旅游。随着环保机构的设立和绿色发展观念的普及，生态旅游这种新兴的旅行方式受到了人们的热烈欢迎。

（二）生态旅游的概念

生态旅游的宗旨就是人与自然和谐相处，而在旅游活动中人类是保护自然的主体。20世纪80年代首次提出了生态旅游的概念，在旅游活动中保护自然区域的环境，能够促进当地良性发展的旅游行为。生态旅游不仅能满足人们对大自然纯天然环境的深度体验，还能使人们通过可持续管理获取可观的经济效益，创造就业机会，推动当地经济的良性发展。

（三）生态旅游规划与开发的原则

尽管生态旅游是在现代环境中诞生的全新的旅行方式，但是经过近年来的发展，人们已经积累了一些知识。通常，生态旅游规划应该遵循以下原则。

1.整体优化原则

生态旅游资源开发需要全面考虑，综合平衡经济、社会和生态环境。这就要求对某地进行生态旅游规划的时候，一定要做好对当地的社会、生态环境的评估，以自然生态资源为准绳，对其进行保护性开发。

2.优势突出原则

生态旅游开发的资源基本属于天然类、自然类资源，需要评估该资源的特殊性，放大优势吸引物，向旅游者展示最原始的特色。

3.可持续性原则

可持续性是实现生态旅游资源价值的原则，它以保护自然资源为基础，鼓励经济良性发展。在执行旅游规划时，我们必须遵循可持续性的原则，既要满足现代人的需求，也不能妨碍未来一代的成长。

（四）生态旅游规划和开发的内容

生态旅游规划和开发主要包括生态保护、体验生态环境、认识生态环境以及进行生态教育四方面的内容。

生态旅游的规划阶段，首先是分析生态旅游区的自然社会现状、位置、交流等基础性情况；其次是初步对生态区空间进行功能划分，针对特定区域设计不同的旅游项目；再次是全面安排好旅游区的设施设备和服务人员；最后是制定区域内的管理保护方案，最大限度地加强对人们保护意识的提升。

三、主题公园的规划与开发

（一）主题公园的概念

主题公园的种类丰富多样，通常是在较大的区域内设置多层次的空间活动，为人们提供娱乐、休闲和接待的现代旅游目的地。

主题公园从游乐园发展而来，迪士尼乐园是现代意义上的主题公园的开创者。美国沃尔特·迪士尼于1955年在加利福尼亚建立了世界上第一个现代意义的主题公园。国外主题公园发展较早，距今已有近70年的历史。我国主题公园的历史可以追溯到1989年深圳锦绣中华民俗村的建成，该公园是我国最早的主题公园。主题公园一直备受世界各地的关注，旅游者对不同主题的大型游乐公园都充满了极大的热情。随着经济和文化的发展，我国著名的主题公园受到人们的追捧。对众多游客来说，他们可以在香港海洋公园、欢乐谷、长隆欢乐世界、世界之窗、万达主题乐园、东方明珠等景点中获得快乐的旅游经历。可以预见，主题公园将成为 21 世纪新的旅游增长领域之一，其与生态旅游和文化旅游齐名。

尽管国际上已经存在众多历史深厚的主题公园，但是它们的发展历程在中国还相对较短。自从中国首个大型旅游景区——深圳市的"锦绣中华"开园以来，国内开始逐步建立起一系列这样的景点设施，包括成功的例子，如苏州市区的"苏州乐园"。不过也有很多令人失望的情况出现，像是在某些地区设立的大型《西游记》博物馆并没有带来预期的商业收益反而是持续性的损失累积。位于海口市的中华民族民俗风情村的运营仅维持到其首年度结束就因无法承受压力不得不暂时关闭。此外还有一家名为广州市乐园区的娱乐场所也在 2005 年宣布停止营业。这使得中国的主题公园行业似乎陷入了一个寒冷时期。另外，我们也可以看到部分本土的企业正在快速壮大起来，如华人控股和杭州宋城集团有限公司等。我们也注意到了越来越多国外的顶级品牌加入进来，如著名的美国迪士尼已经在我国开设了不少分园。

近几年，在横琴国家级新区建成的珠海长隆国际海洋度假区也成为中国主题乐园发展的新的标志性地点。这个乐园是长隆集团投资的世界级超大型综合主题旅游度假区，包含长隆海洋王国和横琴岛剧院两个部分。2014 年，该主题公园荣获"杰出成就奖"。显然，主题公园仍有巨大的发展潜力，其市场也被众多投资者看好。然而，对于主题公园的开发和建设，我们不应盲目跟风，而是需要精心规划和管理。

（二）主题公园规划和开发的核心部分

以下四方面是主题公园规划和开发必须特别关注的内容。

1. 园区主题选择

国内学者保继刚认为主题公园开发成功的关键，主要受当地的客源市场、交通便利程度和区域经济发展等条件的影响。对大型娱乐场所类型的景区建设来说，其所需的大量投资是一个关键因素。一旦这些资源被注入市场中，它们的接受程度就取决于该景点所选择的核心概念，这决定着景点的生命力如何表现出来。所以，对核心内容的挑选就是这类目的地建设的首要课题之一。总的说来，我们应该从几方面来看待这个问题的解决方法：首先，要确保地域文化的融入和体现；其次，要满足旅客需求并激发他们的兴趣；最后，要注意保持景观与人造元素之间的和谐统一关系。

2. 园区功能分区

主题公园的功能分区必须综合市场规模和游客容量等因素。主题公园的区域面积较大，不同的功能分区要能适应旅游者的游玩状态，要根据旅游者在某一区域的停留时间来安排合适的休息区域。主题公园旅游项目的功能分区，第一，要最大限度地规划空间范围；第二，要提供完整的园区功能及设备；第三，要对空间进行科学统筹。

3. 园区游线设计

设计出的主题公园旅游路线将直接影响游客的体验，因此，优秀的路线规划能为旅行项目增添色彩，否则可能会导致游客产生不愉快的感受。

总体而言，主题公园游线设计可以采取整体环绕、分区辐射、有效连接的形式。在总体的布局上采取大环线可以让游客规划好游玩方向，每个区域的辐射是指在区域内有多条路径可供选择，有效连接可以使区域间的游客项目能够环绕统一，便于游客选择游玩。

4. 项目创新机制

对主题乐园型的旅行活动发展来说，其主要驱动力仍然来自园内提供的商品和服务。所以，各种不同的游乐设施是引导游客前来体验的关键因素，在规划时需要根据市场的调查结果来满足游客的期望，创造出独特且令人惊艳的产品。加强对主题公园的管理，需要根据未来的发展定位，制定一整套可持续的管理方式，从而保证主题公园的良性发展。

四、假日旅游规划与开发

（一）假日旅游的背景和概念

随着社会经济的快速发展，人们的生态节奏不断加快，休假在日常生活中极具必要性，因此假日旅游开始崛起。

假日旅游特指人们在节假日期间外出旅游，这一时期游客数量剧增，可以带动当地经济快速发展。假期旅行以寻求全新的生活体验、探索异地的民间风俗、转变全新的生活场景、调整身体及心理的健康状态为主要目的，以此来达到人们的情感享受和满意度。这种度假旅行的形式是在春节期间和国庆长假后，在中国消费者市场中产生的新趋势。关于假期旅行的定义可以分为宽泛和严格两方面。在广义层面，假期旅行包括了各类节日、纪念日、休息日以及寒暑期的出游行为；在狭义层面，专指中国民众在春节和国庆等长假期间的出行行为。

（二）假日旅游的特征

虽然我国的假日旅游还处于初级阶段，但其独特的经济现象已经显现出来，主要表现在以下方面。

1.旅游态势的"井喷性"

假期旅行的时间密集度较高。因为全国家庭都有相同的休息日安排，这种集中的程度更高，特别是在春节期间和"十一"的长假里，人们的出行次数大幅增加，导致旅行路线非常拥挤。

2.旅游主体趋于"大众化"

目前，旅游已经步入了大众化的阶段，普遍的消费已经变成常态。在假期旅行中，工薪阶层是主要的旅游者群体，而自助游和散客的数量也有了显著增长，家庭旅游的趋势更加明显。

3.旅游客源流向的"多样性"

在"金色假期"的旅行高峰期中，全国各大城市的旅游胜地和景点的游客数量都大幅度增长。除了热门的城市和景点以外，甚至连一些较远的地区，如西北部等地域的旅游景点也都出现了大量的人流。

4.旅游浪潮的"周期性"

中国的旅行活动每年会经历两次主要的高峰时期（"春节"和"国庆"），一次持续的繁荣阶段（"暑期"），以及50次较小的波峰时段（"周末"）。这些旅行的热潮将会循环往复地发生，并且每年的情况都相似。

（三）假日旅游的规划

假日旅游的策划应该重点关注如何多样化地开发假日旅游产品，如何规划假日旅游市场的营销路径，以及如何设计假日旅游的辅助服务设施，等等。

1.假日旅游产品的多元化开发

为了确保假期旅行的可持续进步，我们有必要积极研发新型旅行项目并寻找其独特的魅力所在，以不断地丰富与优化度假游的"全套菜谱"。对于旅游产品的创造，应基于地理环境的独特性来制订合理的计划策略，并强调多元化及创意元素。对传统的旅游产品而言，需依据市场的需求去深入研究文化的特质，使得虽然古老但仍具有吸引力的景区（点）能保持新鲜感。与此同时，需进一步探索新的附属景色，从而提升景区（点）的容纳量。大众熟知的常规旅游商品主要包括观赏型旅游商品、文化型旅游商品以及商业型旅游商品等。随着交通系统的不断更新，需要不断开发一些特色的新兴旅游产品。随着大健康战略的提出，近些年，受人们欢迎的有乡村度假产品、康养旅游产品、研学文化旅游等新的旅游产品。

2.假日旅游市场营销渠道的规划

在规划假日旅行时，需要对市场营销路径进行全面的策略。联合推广和扩大假期旅游产品的分销渠道被认为是最有效的方式之一，同样应该强化对假期旅游目的地形象的品牌塑造。旅游目的地在节假日期间游客人数较多，导致拥堵，情况非常糟糕，为提升游客的游览满意度及舒适度，各景区应该联合推广促销，合理进行旅游营销，推动假日旅游各市场的饱和度。

3.假日旅游辅助服务设施的规划

假期旅行是一种被大众广泛接受的旅行方式，因此对于旅游相关的辅助设施有着较高的要求，尤其在假日人流量大的情况下，设备和服务就会在很大程度上影响人们的旅游满意度。假日期间，各旅游主管部门就需要提前对旅游服务设施进行调整，完善假日旅游信息系统，为游客提供个性化服务。同时，随着近些年私家车的快速增加及租赁服务的日益成熟，假期里自行驾驶出游已经逐渐变成了一种流行的旅行方式。因此，在制订节假日旅游计划并开展相关工作时，我们需要充分考虑未来的自主驾驶游客市场的成长潜力，持续提升自助驾驶旅行的服务体系，并且改善路况和停车场设施。

五、文化古迹旅游规划与开发

（一）文化古迹旅游的概念

近年来，国内外的文化遗产地受到众多游客的关注，文化旅游已经成为现代人外出的必选旅游方式。我国西安、北京、敦煌等城市的文化旅游发展繁荣，国外的著名文化类旅游目的地有法国巴黎、丹麦、柬埔寨吴哥窟等，这些文化遗产都吸引着广大游客前往参观。

狭义的文化旅游是指人们为了深入了解某地的文化前往参观旅游，常见的有研学旅游、文化节事和参观博物馆等活动。宽泛地理解文化的旅行就是以独特的文化和自然风景为核心引诱力的旅程，它涵盖了各种与目的地相关的元素，如风土人情和生活习惯等娱乐项目，让游客能够更深层次融入本地居民的生活中去，亲身感受到该地区的独特魅力从而得到心灵层面的启发。由此可知，这种类型的游历不仅范围广大而且表现手法丰富多变，无论是抽象的精神享受，还是具体的行为观察或互动行为都可以被视为是此类活动的组成部分。

当前社会对各类文化的兴趣主要集中于历史遗址与文物之上。这个观念最早出现在 20 世纪 70 年代欧陆地区并逐渐引起了全球范围内的重视；到了 80 时代末期开始成为世界性的焦点问题，其特别体现在由 UNESCO 主办、旨在保护人类文明史上的重要成果及珍稀资源的"世界文化遗产"活动中。因此，随着时间的推移，我们越来越倾向把这些重要的文化和自然景观称为"文化遗产"，而这种趋势也催生了一种新的旅行方式，即以探寻人文底蕴为核心的旅程。

根据历史遗产保育协会的观点，文化古迹旅游是指游客通过亲身经历来感受人类的故事、文化和自然环境的过程，这包括各种文化的、历史的和自然的资源。

（二）文化古迹旅游的规划

1.制订保护规则和计划

文化遗迹旅游的核心在于对其进行有力的维护，并在此基础上进行深度开发。因此，在规划文化遗迹旅游时，应当提出有效的资源保护方案。比如，需要明确文化遗产的现状、维护策略和开发强度等。目前，文化遗迹旅游资源的保护正朝着强调综合保护、方法多元化、多学科交叉等趋势发展。所以，我们需要在计划阶段充分考虑现有的自然资源保育策略。同时，全球各地的文物遗产维护机构及各国的相应行政单位也发布了相应的纲领与法律规定，这些具有全球性和国内性质的规定可以被视为我们在制定文物遗产游览方案时和自然保护措施的重要依据。

2.实施严格的容量标准

为了创造出有价值的文化遗产游览产品，我们必须把本地居民的生活经济状况与自然资源利用情况相结合考虑。尤其是在一段时间里，游客数量的大小对文化遗产游览有着关键性的作用，因为他们的呼气会释放大量的二氧化碳，这可能会对一些历史悠久的建筑造成侵蚀。由于过度的旅游开发，文化遗产的品质逐渐下降，例如，耶路撒冷的老城区及它的城墙，正是因为游客人数众多才让这些地方的历史建筑变得破旧不堪。因此，在制订文化遗产旅游计划之前，应充分了解并研究当地的资源条件，采用合理的手段来评价开发策略，绝不容许牺牲资源作为发展的成本。开发设计时要制定措施规范旅游者的不当行为，加强管控文化地的丰富资源，促使旅游地可持续发展。

六、特色小镇旅游规划

（一）特色小镇的概念

艾比尼泽·霍华德是一位在建筑界有名的大师，他最早提出了小城镇的概念。小城镇所提供的是一个宽敞的空间，周围环绕着良好的绿化环境，并为人们提供农产品和娱乐场所。特色小镇并非一个行政区划，而是一个独立于市区之外的空间平台，拥有确定的独特产业、文化内涵和旅游特色等功能。国外的特色小镇发展较早，比如，英国的艾坪小镇、美国的格林尼治小镇以及意大利的波托菲诺小镇等，为我国特色小镇的发展提供了宝贵的经验。

我国的"十三五"规划纲要对特色小镇的发展提出了要根据不同地区的情况制定对应的发展模式，使其具备独特特色、融合产业和城市，具有吸引力。2016 年，我国发布了《关于开展特色小镇培育工作的通知》，明确提出到 2020 年培育约 1000 个具备不同特色、充满活力的休闲旅游、商贸物流、现代制造、教育科技、传统文化、美丽宜居等方面的特色小镇。然而，目前，我国特色小镇的发展存在着严重的同质化问题，缺乏地域性、民族性和文化特色。

（二）特色小镇的类型

目前，大家公认的特色小镇包括以下十种类型。

1.历史文化型

历史文化小镇一般具有较高知名度的历史背景，文化内涵非常突出，小镇的规划能够延续历史文脉，进而增强文化影响力。

2.城郊休闲型

城郊休闲型小镇距离市区较近，车程基本是一个多小时可直达，是依照城市人们的需求打造具有休闲风格的项目，并且城郊小镇能够为人们提供较好的基础建设和特色服务。

3.新兴产业型

新兴产业型小镇一般位于该地经济产业发展较高的地区，以高科技产业、互联网产业、新能源产业为主，并且该类型小镇的产业基础完善，集聚效应非常好。

4.特色产业型

特色产业型小镇一般以新颖、特殊、潮流等产业为主，小镇的规划基本上较小，比较精致，但功能相对齐全。

5.交通区位型

交通区位型小镇的交通条件良好，一般属于交通枢纽区，方便游客进去交通中转。小镇能够与周边的城市资源密切互动，可以使区域内的资源得到高效利用。

6.资源禀赋型

资源禀赋型小镇一般具有较广阔的发展潜力，需要突出该地的特色资源，能够深入挖掘并合理利用优势资源。

7.生态旅游型

生态旅游小镇的自然环境优越，主要由农业产品和绿色产业链构成，生态观光和康养休闲活动是其独特的标志。

8.高端制造型

高级制造业小镇的产品主要是尖端的，实行产城融合的策略，这个地区有大量的高级人才，建筑设施通常以智能化为主。

9.金融创新型

金融创新型小镇的核心区域往往经济繁荣，科学技术和金融产业不断支撑该地的快速发展。便利的区域和丰富的资源吸引着人才的加入，使得这一区域市场广阔，具有便利的区域优势。

10.时尚创意型

时尚创意型小镇自然是以时尚为主，引领国际时尚潮流。此类小镇应该加入文化内涵，深度融合产业发展，吸引国内外时尚行业的关注，并加强彼此间的交流互动。

（三）旅游特色小镇的规划要点

1.注重规划的体系性和结构性

旅游特色小镇的规划应该根据当地人文环境设计空间结构，基本包含多种元素。交通系统主要是街道、广场、车站等，标志性建筑物通常位于区域的中心地段，休闲区域有公园、酒吧、街区等。公共道路、景区线路等均会对旅游特色小镇的发展产生影响，因而一定要系统化设计和投资区域内外的连接道路。

2.注重产业特色塑造与旅游体验结合

特色小镇的范围没有特定的区域界限，产业定位和发展特色成为特色小镇的重要标志。特色小镇的产业特色必须符合国家的产业政策导向，并且具有竞争优势、知名度。在全域旅游发展背景下，特色小镇可以与生态资源、产业资源、研学资源、会展资源等多业态旅游资源融合发展。丰富产业的支撑，走产旅融合路径是其发展的必然之路。

3.打造舒适的高品质生活环境

高品质生活环境为人们出行带来了诸多便利，和谐美好的环境是特色小镇建设的基本要求。小镇以自身的特色风貌为主线，在整体格局中突出小镇的与众不同。特色小镇的辐射范围较广阔，其辐射到的乡村也应具有美丽乡村的特点。因而，特色小镇在设施与服务方面，需要为人们提供完善的设施设备，如无线网络覆盖、商业服务设施、休闲游憩设施等。

课后思考

1. 简述一下国际旅游规划和开发的发展历程经过了哪些阶段。

2. 请简要说明现阶段我国旅游规划与开发规范性和创新性的具体表现。

3. 你认为在旅游地的发展过程中，旅游规划者应该如何应对生态旅游发展的趋势？

第四章　旅游资源的分类与评价

学习目标

本项目分为四个学习任务，分别为旅游资源分类、旅游资源的类型、旅游资源调查、旅游资源评价。旅游规划前期需要掌握旅游资源的概念及主要特征；掌握旅游资源的分类原则；了解出于不同研究目的的旅游资源分类方法；掌握国家标准旅游资源分类方法；掌握旅游资源调查的原则及基本流程；掌握旅游资源评价的概念及其主要内容；通过定量及定性方法对旅游资源进行科学评价，进而展开旅游资源的开发与利用环节。

第一节　旅游资源的分类

一、旅游资源的概念

以往的人们通常只从两个角度去看待旅行景点：一是它们的魅力如何激发旅客的兴趣；二是它们是否具有成为视觉艺术品的能力，也就是从被视为游赏场所或者休闲胜地等这些直白的目的地的概念方面思考问题。但是，伴随着时代的进步和社会的发展，旅行的含义也随之变得更加丰富且广泛起来。尤其现在我们更倾向于将其视为整个社群的生活方式与文化的体现而不是一种单纯的"游玩体验"或是"参观风景名胜区"的方式来看待这个问题。因此，旅游资源作为旅游的目标，首先需要满足旅游活动的实际需求，并在理论层面上基于旅游的定义和内容进行深入探索。尽管人类始终以各种视角与起点去理解并探索旅行资源，导致直至今日，理论界并未达成一致对旅游资源的定义，对于这一概念的讨论仍在持续中。然而，旅游业的发展实务无法容忍模糊不清的观念长期存续。公认的是，旅游资源构成了旅游规划和开发的核心，也是推动区域旅游增长的关键因素。随着我国旅游业的迅速发展，如何科学地认识旅游资源已成为一个重要问题。尽管如此，关于旅游资源的定义、种类和评估等议题，学界仍有许多不同的看法。特别是近年来，随着我国旅游事业的飞速发展，有关旅游资源的定义及其内涵的研究也逐渐增多。依照 GB/T18972—2003《旅游资源分类、调查与评价》的国家标准，应将旅游资源描述为能吸引游客并为旅游业带来经济、社会和环境好处的事物和要素。根据此标准，旅游资源可分为自然景观、人文景观和时空分类。尽管如此，仍有许多学者持有观点，认为这一标准仍有改进和完善的空间。

近些年，伴随着国际及国内旅游学者的持续互动与整合，关于旅游资源的研究已取得一定程度的发展，新颖的研究主题和创新的技术手段正逐渐应用于旅游资源的开发过程中。在国内对旅游资源的定义上，众多专家学者从不同的视角给出了各种旅游资源的理解，以下是一些比较普遍的旅游资源定义。

（1）所有能够刺激游客出行欲望、被旅游行业采纳并且带来商业和社交价值的自然资源和人造物品。

（2）按照保继刚的说法，旅游资源指的是那些能够吸引旅游者的大自然存在、历史文化遗产和人工创造出来的物品，这些物品是为了满足旅游需求而直接制造出来的。

（3）旅游资源是真实存在的。相对于旅游目标，旅游资源是旅行活动的对象，也是旅游产业发展的基石和必需条件。旅游资源可以是物质性的，也可以是精神性的、非物质性的。

（4）旅游资源具备吸引人们参与旅行活动的能力。这是因为旅游资源拥有美学属性，可以满足游客对新颖、独特、知识和审美等精神需求的追求，从而吸引他们参与旅行。

（5）专家郭来喜和吴必虎提出，旅游资源服务于旅游，它是旅游业持续发展的基础要素，也是生产力提高的潜力因素，因此旅游资源是旅游活动开展的前提。

（6）李天元编撰的《旅游概论》一书认为，可以引起旅游者旅游动机的自然、人文和社会元素统称为旅游资源。在旅游学领域，旅游吸引物则是对旅游活动起推动作用的一切客观条件的总和。

（7）在谢彦君看来，旅游资源是客观存在着自然或者人文要素，服务于旅游目的地的人工创造物。

（8）尹泽生认为，旅游资源不包括旅游开发条件、旅游产品及其相关环境。

（9）马雪萍分析了旅游资源、旅游产品、旅游景观三者之间的关系，认为旅游资源是旅游景观和产品产生的基础。

（10）罗浩、冯润从经济学的角度探讨了旅游相关的景区、产品、资源等10个相关概念的经济性质，认为旅游资源是（原赋）自然资源，是特属于旅游业的生产要素。

可以发现以上这些定义有共同相似的点：第一，旅游资源是能为旅游业带来一定的价值，两者之间是相互作用的；第二，旅游资源是客观存在的，可以是物质的，也可以是非物质的；第三，旅游资源与旅游者是相互关联的，旅游者的旅游意愿与动机、需求，都离不开旅游资源。因此，旅游资源具有吸引性、带动性。

尽管当前国内学界的研究中对于"旅游资源"这一概念有着多样的理解，但我们可以对其做出以下概括性的解释：旅游资源是那些能够引发游客旅行欲望且推动他们实现旅行的元素，它们具有被用于旅游产业发展的潜力，并且可能带来一定程度上的经济收益、社会效应与生态影响。换句话说，旅游资源包括一切来自自然的和社会的人造物体或因素，这些都具备使游客感兴趣的能力，有条件被用来开发成旅游项目，同时也能产生活动本身的价值。

二、旅游资源的特征

每个观念都包含了普遍性和特殊性。除具有一般资源特性外，旅游资源还具备独有的特征。理解和把握这些特质对推动旅游产业发展，促进旅游资源的开采和使用，提升旅游市场的推广效果以及维护旅游资源的健康都有深远的影响。对区域旅游资源概况的认知是旅游开发的前提，旅游资源与一般资源相比较存在以下特征。根据旅游资源的基本属性，其主要特点可归结为六方面：范围广泛且多样化，地区间存在差异，可以进行组合运用，具有文化内涵，开发利用相对永续且具有变化性。

（一）广泛多样性

由于游客的社会构成与心理特性各异，因此以他们为基础的旅游产品的源头——旅游资源具有极大的丰富性和多元化。一般性的资源通常包含特定且固定的物体成分及分布模式，然而旅游资源却并非如此，其种类和展现方式千差万别，涵盖的内容也极其庞杂。同时，它们的覆盖区域几乎是无限广阔，从某种意义上说，世界上的每个事物都可以被视为旅游资源，而且无论人们身处何地，总能找到可以开发和使用的旅游资源。

随着全球经济与社会的进步，人们对旅行的欲望及需求逐渐提升至更高级别且多样化；同时，人与人之间的互动空间也日益扩展。因此，各种新兴的旅行模式及其相关元素正逐步融入旅游资源领域，使得旅游资源的覆盖面更为广阔，其内涵越发丰富多彩。自传统自然景观、历史遗址，直至一国的文化和艺术表现、日常生活形态乃至各族群的风俗习惯，甚至包括工厂园区、农场等，都可能成为旅游资源的一部分。

广义而言，旅游资源涵盖了所有能激发游客兴趣的环境因素，因此可以被视为一种综合体。同时，从其展现方式来看，旅游资源呈现出了多元化的特质。这种多样的特性是由现实世界本身的复杂性和人们的旅行需求的多样化所共同塑造和影响的。

（二）时限性（季节性）和区域性

时间与空间上的特性使得旅游资源具有季节性和地区性的特征。由当地纬度、海拔及气候条件等影响产生的自然景色四季更替，形成了旅游产业发展的明显高峰低谷周期。一些独特的旅游景点只能在特定的时期才能够充分挖掘并使用，因此通过对各类旅游资源的合理搭配可以有效提升旅游目的地的可持续运营能力。此外，旅游资源作为地理环境的关键组成部分，因地理环境各地区的差异而产生不同的分布情况，这也就意味着旅游资源存在着显著的地域差别。这一地域差别的体现就是地方特色的存在。

（三）定向性和可创新性

对特定的旅游资源来说，其引人入胜程度部分取决于游客的主观价值评估。例如，某个具体景点可能会深深吸引一部分游客，但对其他游客则缺乏魅力或完全无法引起他们的兴趣。我们把这种现象称为定向性，指的是该景点的吸引力只针对特定的人群。根据这个标准来划分的话，我们可以把旅游资源划为两类：一类是普遍能吸引到所有人的资源，另一类则是专门针对特定人群而具备吸引力的资源。

由于旅游者性格、教育、经历及审美的差异，旅游者对旅游资源的欣赏也是多层次和多样性的。对特定类型的旅游资源来说，其吸引力的程度往往取决于游客的主观价值评估。例如，某个具体资源可能会强烈地吸引一部分游客，但对其余部分游客则缺乏或完全无法产生吸引力。因此，旅游资源具备了针对性的吸引特性，它们仅能够吸引到特定的目标群体，而非广泛覆盖所有旅游市场的需求。

在时间流逝的过程中，人们的需求和社会风尚都在不断转变，这也使人工旅游资源的发展变得必需且有可能。同时，对那些缺乏自然旅游资源的地方来说，他们会利用自身的经济能力来制造一些新的旅游景点以促进旅游产业的发展。

（四）垄断性和不可移动性

其他的旅行资源可以通过开发来输出到别的地方被使用，然而这些资源通常具有地理上的稳定性和无法迁移的特点，这导致了它们拥有区域性的独占权。由于旅行的资源不能够轻易转移，因此它们的开发往往需要在本地完成，并且我们应谨慎对待任何涉及搬迁和复制景点的计划。

对旅游资源的独占性和不易迁移性的阐释可从多个视角来看待：首先，自然型旅游资源是基于特定自然地理条件而产生的，其庞大的规模或者与其地理环境的高度关联性，使得它们很难实现物理上的位置转移，如长江的三峡段或是五岳山脉等，这些都无法通过人力手段将其搬离或复制至他处。其次，文化型的旅游资源是由特定地区背景下的历史环境孕育出的，其价值更多在于其中蕴含着的丰富社会及历史信息，如秦朝的兵马俑或者是中国的万里长城等，如果我们人为地切断他们与周围环境的关系，那么这会破坏旅游资源中所携带的信息的完整性、原始性和真实度，从而导致资源本身价值的下降。最后，随着当代经济发展和科技进步，模仿著名旅游资源的可能性已经存在，如微观模型景象、园林设计等，然而因为缺乏历史元素和生态环境，这种被模拟出来的资源通常丧失掉了原本的寓意和吸引力，因此他们的寿命相较于真正的旅游资源来说较为短暂。

（五）永续性和不可再生性

持续性的定义是旅行者体验到的仅仅是对景点的记忆或感受，而不是实际存在的景点实体部分。这使得这些地点能够被反复访问且不会造成任何实质上的消耗。然而，这一特性并不是绝对不变的，我们必须考虑到其容量限制并尽可能减少我们的活动对其造成的负面效果（如过度消费）以确保其可持续的使用寿命。如果我们在旅行的过程中滥用或者损坏了一些重要的文化遗产或是自然景观的话，那么恢复它们原本状态的可能性将会变得微乎其微。例如，一些地区的管理部门没有意识到他们正在损害着珍贵的古迹及遗址的重要性，从而使之遭受严重的破坏。

（六）旅游资源的时限性和地域性

地理环境如纬度、海拔与气候条件等影响了旅游资源的时间限制，导致其呈现出季节性的变换。这使得旅游产业每年都可能出现显著的繁荣与萧条期。一些独特的旅游景点只能在特定的时期内得以开发使用，因此通过对各类旅游景点的合理搭配，可以有效地增加旅游目的地的可用时间。

地理位置上的独特性指的是旅游景点遍布于特定的区域内并呈现出明显的地区特性，这种特性赋予了它们独特的风貌和特色。这是旅游活动产生的关键要素之一，因为各个地区的自然环境和社会文化都有其特殊之处，吸引着游客去探索新的体验和寻找新鲜感。因此，当条件允许时，他们会克服距离障碍到其他地方旅行。

（七）旅游资源的观赏性和体验性

与其他类型的资源相比，旅游资源的主要特性在于其审美特质，其具备强大的视觉吸引力。尽管每个人的旅行原因各有不同，旅行的主题也千变万化，但是欣赏风景无疑是在旅行过程中的重要环节。观光体验作为旅游资源吸引力的核心因素，决定了旅游资源的质量和影响力。

　　体验性的核心在于，当旅游资源被旅游行业开发和使用时，它们能以多种方式为游客带来独特且难忘的感受。这种特质使其与其他的资源有所区分，例如一些民间旅游资源，比如民族舞蹈表演或节日活动，它们的互动性和多样化对来自不同文化的游客来说有着极高的诱惑力。

第二节　旅游资源的类型

　　旅游资源分类是指根据旅游资源的性质、形态、功能和用途等方面的特征，将其划分成不同的类型或类别的过程，是旅游资源学研究的重要内容之一，是开展旅游资源调查和评价的基础。通过分类，可以更好地把握旅游资源的本质特征和价值，为旅游资源的合理利用和可持续发展提供指导。同时，旅游资源分类有助于旅游产品的设计和推广，提高旅游产品的竞争力，促进旅游业的发展。

一、旅游资源的分类依据

（一）旅游资源的属性和特征

　　包括旅游资源的自然属性、文化属性和社会属性等。自然旅游资源如山水、森林、草原等，文化旅游资源如历史古迹、文化遗址、民族风情等，社会旅游资源如经济建设成就、科技发展成就等。这些属性和特征是旅游资源分类的基础。

（二）旅游资源的成因和形态

　　旅游资源的成因包括自然成因和人为成因，形态包括地文景观、水域风光、气象景观等。例如，根据成因可将旅游资源分为天然形成的自然旅游资源和人类活动形成的人文旅游资源；根据形态可将旅游资源分为山丘型旅游地、谷地型旅游地、奇异自然现象等。

（三）旅游资源的价值和功能

　　旅游资源的价值包括美学价值、历史文化价值、科学价值等，功能包括观光游览、休闲度假、文化体验等。这些价值和功能是旅游资源分类的重要依据，有助于对旅游资源进行全面评价和开发利用。

二、旅游资源的分类原则

（一）科学性与系统性原则

科学性原则是旅游资源分类中最基本的原则之一。分类标准应具有明确性、一致性和可操作性，能够准确反映旅游资源的本质特征和价值。系统性指的是旅游资源分类需要形成一个完整的系统，并按照一定的层次和结构对各种旅游资源进行归类。分类体系应具有逻辑性、完整性和开放性，能够涵盖各种类型的旅游资源，并为未来的分类扩展提供空间。

（二）相似性与差异性原则

相似性原则是指将具有相似性质、形态、功能和用途的旅游资源归为一类。相似性原则有助于形成具有明确特征和共同属性的旅游资源类别，便于对其进行识别、评价和利用。差异性原则是指将具有明显差异的旅游资源分别归为不同的类别。差异性原则有助于区分不同类型的旅游资源，反映其独特的性质和价值，为旅游规划和开发提供更多选择。

（三）简明性与兼容性原则

简明性原则是指旅游资源分类体系应该尽可能简单明了，便于理解和使用。这意味着分类体系应该避免过于复杂或烦琐，而是以简洁、直观的方式呈现。简明性原则旨在提高分类体系的实用性和可操作性，以便旅游从业人员、研究者和游客能够更轻松地理解和应用。兼容性原则一方面是指旅游资源分类体系应该与现有的其他相关分类体系或标准相兼容，以实现信息的共享和整合；另一方面是指旅游资源分类应与国际上通行的旅游资源分类和评价方法相衔接，便于国际交流与合作。

（四）实用性与动态性原则

实用性原则是指旅游资源的开发和利用应该注重其实用价值和功能，以满足游客的需求和期望。旅游资源的开发应该以游客的体验和满意度为中心，提供具有实际用途和价值的旅游产品和服务。动态性原则是指旅游资源的开发和利用应该具有一定的灵活性和适应性，能够随着市场需求和环境变化进行调整和更新。例如，定期评估旅游资源的吸引力和竞争力、根据市场需求调整旅游产品和服务、引入新的旅游项目和活动等，确保旅游资源始终保持吸引力和竞争力，以适应市场的变化。

三、旅游资源的分类方案

目前，学界尚未有统一的旅游资源的分类标准及方法，其原因是多方面的，主要受旅游资源的复杂性、学科视角的多样性、地域背景社会文化的差异以及研究目的不同等的影响。随着社会的发展和人们旅游需求的不断变化，新的旅游资源类型也在不断涌现。因此，旅游资源的分类标准和分类方法需要根据实际情况进行不断的调整和更新，以适应新的旅游资源类型和旅游需求。

（一）根据旅游资源的属性进行分类

旅游资源分类的方法有很多，最普遍、最基础的方法是将旅游资源分为自然旅游资源和人文旅游资源。这种分类体系简单明了，有助于理解旅游资源的本质特征和价值，同时为旅游资源的开发和利用提供重要的指导。

马耀锋等（2004）提出的旅游资源两分法分类体系，将旅游资源分为自然旅游资源和人文旅游资源两大类，并进一步细分为多个亚类和基本类型。自然旅游资源包括地文景观、水域风光、气象景观等主类，以及山丘型旅游地、谷地型旅游地、奇异自然现象等亚类。这些资源具有天然性、原始性、独特性和生态性等特征，对于开展自然风光游、生态旅游、探险旅游等具有重要意义。

人文旅游资源包括历史遗迹、文化景观、民俗风情等主类，以及历史古迹、文化遗址、民族风情等亚类。这些资源具有历史性、文化性、社会性和科技性等特征，对于开展文化旅游、历史文化旅游、都市旅游等具有重要意义。

该分类体系适用于不同类型的旅游资源和开发目标，有助于对旅游资源进行全面评价和综合开发利用。同时，该分类体系考虑了旅游资源的动态性和发展性，可以随着时间和市场需求的变化进行调整和完善。

（二）根据旅游资源吸引力进行分类

旅游资源类型差异性导致其对于游客的吸引力也有所不同。在旅游规划和开发中，需要针对不同类别资源的吸引力特点进行合理规划和管理，以充分发挥其潜在价值。按照旅游资源的吸引力进行分类，通常可以将旅游资源分为以下几类：

世界级旅游资源：这些资源具有全球范围内的吸引力，吸引着大量国内外游客。例如，世界著名的自然奇观（如大峡谷、大堡礁、喜马拉雅山脉等）、历史文化遗产（如金字塔、长城、泰姬陵等）以及独特的城市景观（如巴黎、纽约、东京等）。

国家级旅游资源：这些资源在国家范围内具有重要的吸引力，吸引着大量国内游客和一定数量的国际游客。例如，国家公园、历史名城、文化景点等。

区域级旅游资源：这些资源在特定地区或省份具有吸引力，吸引着当地游客和周边地区的游客。例如，地区性的自然景观、历史遗迹、民俗文化等。

地方级旅游资源：这些资源在较小的地理范围内具有吸引力，主要吸引当地居民和周边地区的游客。例如，当地的公园、博物馆、节庆活动等。

（三）根据旅游资源的功能进行分类

基于旅游资源的主要功能和游客体验进行分类，有助于旅游目的地进行市场定位和旅游产品开发，同时有助于旅游资源的整合塑造。通过结合不同类型的旅游资源，可以形成全新的旅游业态或旅游产品，带给游客前所未有的新鲜体验，以满足游客随社会经济发展不断丰富提高的需求和兴趣。具体可分为观光型旅游资源、休闲度假型旅游资源、文化体验型旅游资源、运动探险型旅游资源和美食型旅游资源。

观光型旅游资源：这些资源主要以其独特的自然景观、历史遗迹、城市景观等为主要吸引力，提供给游客欣赏和观光的机会。例如，名山大川、古迹遗址、现代化城市等。

休闲度假型旅游资源：这些资源以提供休闲、放松和娱乐为主要功能，如海滩、温泉、度假村、主题公园等。

文化体验型旅游资源：这些资源强调游客对当地文化、历史、艺术等方面的体验和参与，如博物馆、美术馆、传统手工艺品制作、民俗文化表演等。

运动探险型旅游资源：这些资源主要提供给游客参与各种户外运动和探险活动的机会，如登山、漂流、滑雪、跳伞等。

美食购物型旅游资源：这些资源以提供独特的美食体验和购物机会为主要功能，如特色市场、美食街、购物中心等。

（四）旅游资源分类的国家标准

除了学界对于旅游资源分类方法的研究以外，国家质量监督检验检疫总局和中国国家标准化管理委员于 2003 年、2017 年先后发布了两版《旅游资源分类、调查与评价》，旨在进一步提高旅游资源分类、调查和评价工作的规范性，促进旅游资源开发管理水平的提高，推动旅游产业的高质量发展。

在 2003 年发布的《旅游资源分类、调查与评价》（GB/T 18972—2003）中，旅游资源被分为 8 个主类、37 个亚类和 155 个基本类型。其中，8 个主类分别为地文景观、水域风光、生物景观、天象与天气景观、遗址遗迹、建筑与设施、旅游商品、人文活动。该标准规定了旅游资源的分类原则、分类体系、调查方法、评价方法，以及旅游资源调查、评价的基本要求。

2017 年发布的《旅游资源分类、调查与评价》（GB/T 18972—2017）在评价体系和评价内容上较 2013 版略有变动。主要包括对分类层次和类型进行了合并缩减，将 31 个亚类减少为 23 个亚类，将 155 个基本类型减少为 110 个基本类型。同时，还对主类的名称和排序进行了调整，原分类体系中的第五主类"遗址遗迹"与第六主类"建筑与设施"进行了前后调位；原分类体系中第三主类"水域风光"、第五主类"遗址遗迹"、第七主类"旅游商品"分别修改为了"水域景观""历史遗迹""旅游购品"。总的来说，2017 版标准相对于 2013 版标准更加科学、合理、实用，为旅游资源的调查、评价和开发利用提供了更加全面、准确的依据。

第三节　旅游资源的调查

旅游资源调查是对旅游资源单体进行研究和记录的工作，该工作需遵循旅游资源分类标准。这项工作围绕着旅游业可持续发展的需要，对目标区域内的旅游资源（包括已知并已经开发、已经尚待开发以及尚未发现的旅游资源进行系统的、有重点的调查，以查清它们的类型、数量、质量、特点、级别、性质、未来经济价值、未来可开发程度及周边政治经济生态环境，为未来的旅游资源规划、开发建设、经营管理、保护培育等提供直接的数据资料，为科学决策提供参考数据。

一、旅游资源调查的基本要求

根据《旅游资源分类、调查与评价》（GB/T 18972—2017）的相关规定，旅游资源调查工作的基本要求如下：

（1）按照规定的内容和方法进行调查。

（2）将科学性、客观性、准确性的调查原则贯彻调查工作始终，保证调查结果的质量，兼顾调查内容的简洁性和量化性。

（3）充分利用与旅游资源有关的各种资料和研究成果，完成统计、填表和编写调查文件等项工作。

（4）调查方式以收集、分析、转化、利用这些资料和研究成果为主，并逐个对旅游资源单体进行现场调查核实，包括访问、实地观察、测试、记录、绘图、摄影，必要时进行采样和室内分析。

二、旅游资源调查的原则

旅游资源调查是一项严谨、客观且内容全面、复杂的工作，需要遵循一定的原则，来保证调查工作的一致性和稳定性，避免因个人主观意见或其他因素的影响而导致调查结果的偏差和错误。同时，遵循原则能够提高调查工作的效率和质量，避免不必要的重复和浪费。具体来说，旅游资源调查工作需要遵循真实性原则、全面性原则、科学性原则、创新性原则、综合性原则。

（一）真实性原则

旅游资源调查要确保所收集信息的真实性和准确性。这包括对旅游资源的类型、数量、质量、特点等进行准确的描述和记录，以及对旅游资源周边环境和政治经济生态的客观反映。任何失真或错误的信息都可能导致决策失误，影响旅游资源的开发、保护和管理。

（二）全面性原则

旅游资源调查的全面性原则主要体现在调查内容、区域、数据三方面。调查内容的全面性指的是旅游资源调查工作应系统地收集信息，包括旅游资源的类型、数量、质量、分布、特点等，以及旅游资源开发、保护、管理等方面的信息和数据。要尽可能做到全面和详细，从而为旅游资源的规划、开发、保护和管理提供充分的数据支持。调查区域的完整性指的是旅游资源调查应覆盖目标区域的全部范围，包括已经开发和未开发的旅游资源，以及潜在的旅游资源。调查数据的完整性指的是旅游资源调查所收集的数据和信息应尽可能全面和详尽，包括文字、图像、视频、音频等各种形式的数据。

（三）科学性原则

旅游资源调查工作的科学性原则主要体现在调查方法、数据收集、数据分析三方面。在旅游资源调查工作中应采用科学的技术、模型方法及仪器设备，遵循统一的标准和规范，保证调查工作的科学性和严谨性，提高调查效率和精度，增强分析结果的准确性和可信度。例如，在选择调查方法时，可以采用 GIS 技术、遥感技术等现代化手段。

（四）创新性原则

旅游资源调查的创新性原则是指在进行旅游资源调查时，要注重发现和挖掘新的旅游资源，以及对已有旅游资源进行创新开发和利用。这一原则的重要性在于，随着旅游业的发展和人们旅游需求的不断变化，传统的旅游资源已经不能满足市场的需求，因此需要不断地寻找和开发新的旅游资源，以满足人们的多样化需求。既要深入了解当地的自然、文化、历史等方面的情况，寻找和发现新的旅游资源，如未被开发的自然景观、历史遗迹、文化活动等，又要对已有旅游资源进行创新开发和利用。

（五）综合性原则

旅游资源的复杂性决定了旅游资源调查工作的综合性。旅游资源调查工作涉及自然、社会、文化、经济等方面因素。这意味着在组建调查小组时，应尽可能吸纳具有旅游、地理、历史、文化等学科背景的研究人员和经济、管理、环境领域的专业人员。另外，调查内容、调查方法、数据分析要尽可能采用多种方法模型和技术手段。例如，在收集数据时结合多种手段，包括实地考察、问卷调查、访谈、文献资料收集等。要根据具体情况灵活运用，相互补充，以获得全面和准确的旅游资源信息和数据。

三、旅游资源的调查内容

（一）资源性质与特征的调查

该调查包括资源单体性质、形态、结构、组成成分的外在表现。

1.自然景观调查

自然景观调查包括对山川河流、湖泊海洋、瀑布飞瀑、森林草原、动植物等的调查。调查中需要掌握自然景观的地理位置、景色、面积、海拔高度、气候条件、地质特征等方面的情况。

2.人文景观调查

该调查指对人类活动留下的历史遗迹、文化景观和民俗风情等的调查，包括古迹名胜、文化遗址、博物馆、历史文化街区、民俗文化村等。在人文景观调查中，需要了解人文景观的历史背景、地理位置、文化内涵、文物保护情况等方面的情况。

（二）旅游开发条件的调查

该调查指基于旅游资源开发的条件，对其所在地的自然、社会、市场、环境进行调查。

1.自然条件

自然条件包括调查区域所在地的地形地貌、气候类型、水温条件、植被类型、自然灾害类型及频率等。

2.社会条件

社会条件包括调查区域所在地的行政归属区划、常住人口数量、政策体制、经济发展水平、历史文化、社会安全问题以及当地的医疗、教育、交通、通信、电力、食宿等社会服务设施的状况，以确保游客的基本需求得到满足。

3.市场条件

市场条件包括调查区域所在地的旅游市场规模、旅游市场竞争，如游客数量、旅游收入、市场份额等方面的信息以及竞争对手的数量、实力、营销策略等，以了解市场竞争状况和制定相应的竞争策略。还需要对未来的市场趋势进行预测分析，包括客源范围数量、影响客源产生的因素，新兴旅游产品和市场、技术创新等方面的信息。

4.环境条件

环境条件包括对空气质量、水质、噪声水平、土壤质量等方面的监测和评估。此外，还需要调查该地区的生态系统，了解野生动植物的种类和数量，以及它们受到的保护情况。对于人文环境，需要调查当地的文化遗产、建筑风格和社会环境等，以确保它们得到妥善保护和传承。

四、旅游资源调查的类型

旅游资源调查类型可以分为资源概查、资源普查、资源详查。

（一）旅游资源概查

概查是在第二手资料分析整理的基础上进行的一般性状况调查。其主要目标是对已知点进行校验、核实和修正，或者利用其他专业资料对还未开发的旅游资源进行预测和验证。概查可以在大范围内实施，也可以在较小范围内对特定区域或专门类资源进行现状调查。这种方法具有周期短、见效快的优点，但其信息损失可能较大，从而导致对区域内旅游资源的评价产生偏差。

（二）旅游资源普查

普查是对特定区域进行的详尽且全面的调查，旨在为合理利用旅游资源提供科学依据。普查工作可以以行政区（如全国、省或县）为普查单元，也可以选择自然区、人文区或线状区为普查单元。旅游资源的普查工作是一项周期长、耗资大、技术水平高且成果科学合理的基础性工作，但这种方法对人力、财力、物力等方面的要求较高。

（三）旅游资源详查

详查是一种带有研究目的或规划任务的调查，通常调查范围较小，可使用大比例尺地形图（1∶10000～1∶5000）进行。在调查过程中，可通过直接测量和校核收集基础资料，对重点问题和地段进行专题研究和鉴定，并对旅游开发所需的外部条件进行系统调查。同时，对关键性问题提出规划性建议。这种方式目标明确，调查深入，但应以概查或普查的成果为基础，避免脱离区域背景下的单一景点静态描述。

五、旅游资源调查的方法

（一）实地调查法

实地调查法是旅游资源调查中的一种重要方法，主要通过实地考察、观察、测量等方式来收集旅游资源的相关信息。在实地调查中，调查人员需要深入旅游资源所在地，对旅游资源的类型、数量、质量、分布、开发条件等进行详细的调查和测量，直接获得第一手资料。同时，需要对当地的自然环境、社会文化环境等进行了解，以便更好地评估旅游资源的价值和开发潜力。实地调查法具有直观、准确、全面的优点，能够为旅游资源评价和开发提供科学依据。同时，实地调查需要调查人员具备一定的专业知识和技能，以确保调查结果的准确性和可靠性。

（二）文献调查法

旅游资源调查中的文献调查法是一种间接的非介入式的调查方法。它主要通过寻找、搜集和分析相关的文献资料，来获取关于旅游资源的信息和数据。

在旅游资源调查中，文献调查法可以用于收集各种类型的市场信息。通过文献调查，可以了解旅游资源的类型、数量、分布、开发状况、市场需求、竞争状况等方面的信息。

文献调查法的优点在于其适用范围广，可以获取各种类型的市场信息。此外，由于文献是已经记录和整理过的信息，因此其收集相对较为方便，且能够节省时间和费用。然而，文献调查法也存在一些局限性。例如，文献可能存在时效性问题，即所收集的资料可能已经过时，无法反映当前的资源状况。此外，文献也可能存在主观性和偏见，即作者的观点和立场可能会影响资料的客观性和准确性。

（三）访谈调查法

访谈法是旅游资源调查中的一种重要方法，主要是通过与旅游资源相关的人员进行面对面的交流和询问，以收集关于旅游资源的信息和数据。

在访谈中，调查人员可以与旅游者、当地居民、旅游从业者、专家学者等人员进行交流，了解他们对旅游资源的看法、评价和建议。通过访谈，可以获取更深入、更全面的信息，了解旅游资源的特征、价值、开发潜力等。

访谈法的优点在于其直接性、互动性强，能够获取到第一手的信息和数据。此外，访谈还可以帮助调查人员了解当地文化和历史，加深对旅游资源的理解和认识。然而，访谈法也存在一些局限性。例如，访谈结果可能受到访谈对象的主观影响，存在一定的主观性和偏见。此外，访谈需要花费较多的时间和精力，对于大规模的调查可能不太适用。

（四）问卷调查法

问卷调查法是通过向受访者发放问卷来收集旅游资源信息的调查方法。它能帮助调查者了解游客对旅游资源的需求、评价和意见，为旅游资源的开发和管理提供参考。在使用问卷调查法进行旅游资源调查时，调查者需要设计一份科学合理的问卷，包括受访者的基本信息、对旅游资源的评价、旅游需求和偏好等方面的问题。问卷可以通过线上或线下的方式发放给受访者，受访者根据自己的实际情况填写问卷。

调查者在收集到问卷后，需要对问卷进行数据分析和处理，提取有用的信息和数据，了解受访者对旅游资源的评价和需求，发现旅游资源的优势和不足之处，为旅游资源的开发和管理提供科学依据。需要注意的是，问卷调查法的有效性和可靠性取决于问卷设计的质量、受访者的代表性以及调查实施的过程。因此，在进行问卷调查时，需要确保问卷设计合理、样本足够大、调查过程严谨，以提高调查结果的可信度。

（五）现代科技调查法

首先，遥感技术（RS）和全球定位系统（GPS）可以用于旅游资源的空间分布和定位研究。通过遥感卫星获取的数据，结合地理信息系统（GIS）进行空间分析，可以全面、系统地掌握旅游资源的类型、数量、质量和空间分布特征。GPS 技术则可以精确测定旅游资源的地理位置和海拔高度，为旅游资源的开发规划提供准确的空间数据支持。

其次，无人机技术（UAV）在旅游资源调查中也发挥着重要作用。无人机可以搭载高清相机、红外热像仪、多光谱成像仪等设备，对旅游资源进行高分辨率、高精度的航拍和监测。无人机还可以用于探测旅游资源的微观特征和动态变化，为旅游资源的保护和管理提供及时、有效的信息。

最后，虚拟现实（VR）和增强现实（AR）技术也为旅游资源调查提供了新的手段。通过 VR 技术，可以模拟旅游资源的三维场景，让用户沉浸其中，直观地感受旅游资源的魅力和特色。AR 技术则可以将虚拟信息与真实场景相结合，为旅游资源的展示和推广提供更丰富、生动的形式。

六、旅游资源调查的程序

（一）调查准备阶段

旅游资源调查的准备阶段是整个调查工作的基础和前提，直接影响调查工作的质量和效果。以下是旅游资源调查准备阶段的主要内容：

1. 确定调查范围和目标

明确调查的地理范围、时间范围和调查的目标，以便有针对性地开展调查工作。

2. 收集基础资料

收集调查区域的地理、历史、文化、经济等方面的基础资料，以便更好地了解调查区域的背景情况。

3. 制订调查计划

根据调查目标和基础资料，制订详细的调查计划，包括调查内容、调查方法、调查时间、调查人员等方面的安排。

4. 组建调查队伍

根据调查计划，组建一支专业的调查队伍，包括地理、历史、文化、旅游等方面的专家和技术人员。

5. 培训调查人员

对调查人员进行培训，使他们了解调查的目的、方法和要求，掌握调查的技能和技巧。

6. 准备调查工具和设备

根据调查需要，准备必要的调查工具和设备，如地图、相机、测量仪器等。

7. 制定安全措施

考虑到调查工作可能面临的风险和安全问题，制定相应的安全措施，确保调查人员的安全。

（二）实地调查阶段

收集整理完二手资料之后，调查人员的下一步工作是实地收集一手资料。

1.初步调查

在进行初步调查时，首先要收集相关的资料，然后要对区域内的旅游资源进行全面的梳理和了解。通过实地考察和校验，确定旅游资源的基本状况和分布位置，并将相关的景点标注在适当比例尺的地图或图件上，以便后续进行分析和处理。

2.重点调查

在初步调查的基础上，筛选出具有旅游开发前景、有明显经济、社会、文化价值的旅游资源单体，以及集合型旅游资源单体中具有代表性的部分，进行重点详细调查。对于品位较低、开发价值不大的，与国家现行法律、法规相违背的，开发后有损形象的或可能造成环境问题的，影响国计民生的，以及位于特定区域内的旅游资源单体，将暂不进行调查。

3.填写旅游资源单体调查表

调研完毕之后，需要将调研区域的旅游资源单体基本情况详细记录下来，并编撰旅游资源单体调查表。旅游资源单体调查表的内容包括基本类型、代号（中华人民共和国行政区代码）、行政位置、地理位置（东经，北纬）、性质与特征、旅游区域及进出条件、保护与开发现状、共有因子评价。

（三）资料整理编辑阶段

旅游资源调查的资料整理编辑阶段是将收集到的各种资料进行系统整理、分析和编辑。根据《旅游资源分类、调查与评价》的要求，旅游资源调查的文件包括实际资料表、旅游资源图、调查报告。其中，概查需完成《旅游资源地图》的编绘，其他文件可选择性完成。详查需完成全部文件。

1.填写旅游资源调查区实际资料表

严格按照旅游资源调查内容、原则以及方法完成调查后，由调查组进行资料表填写。主要内容包括调查区基本资料、旅游资源数量、各旅游资源基本类型数量统计、各级旅游资源数量统计、优良级旅游资源名录、调查组成员、主要技术存档材料。

2.编绘旅游资源图

旅游资源图可根据旅游资源的等级分为"旅游资源图"和"优良级旅游资源图"。根据《旅游资源分类、调查与评价》（GB/T 18972—2017）旅游资源可分为五个等级，等级越高旅游资源质量也越高。"旅游资源图"中包括调研区域内的所有等级旅游资源，"优良级旅游资源图"中仅包含三级及其以上的旅游资源单体。

旅游资源图的编绘是在等高线底线图或调查区政区地图为工作地图的基础上进行的，在底图的实际位置上用旅游资源图图例标注出经过实地调查的资源单体，并在其侧加注旅游资源单体的代号或序号。

3. 撰写旅游资源调查报告

根据资料分析结果，编写旅游资源调查报告，内容包括旅游资源环境、开发历史与现状、基本类型、评价以及保护与开发建议。同时，需附上《旅游资源图》或《优良级旅游资源图》。最后，整理资料和报告并存档，以备后续查询和使用。

第四节　旅游资源的评价

评估旅游资源的过程是基于旅游资源的研究成果进行的，通过对其规模、品质、级别、发展潜力及其开发环境等因素的科学解析与评判，可以为其开发计划和管理策略制定参考。国外对于旅游资源的评估活动起源于 20 世纪 60 年代，所采取的技术手段具备三大主要特征：首先，用数值表示各种指标；其次，运用模式化的方法来衡量评价结果；最后，设定明确的标准体系。然而，中国的旅游资源评估项目起步较晚，大约从 20 世纪 80 年代初期才正式启动，早期阶段多依赖传统的手工操作方式，依靠视觉感知和直接感受去做出主观判断，并侧重于定性的表述。近年来，部分定量的评估技术也被逐渐采纳。

一、评价原则

（一）客观实际的原则

旅游资源的特性、价值和功能都是客观存在的，因此在对其进行评估时应该尊重实际情况。我们不能过度夸大或者缩小它们的价值以及开发潜力，而应当保持以事实为准确、适中的标准。

（二）全面系统的原则

旅游景点的价值与作用会受旅客的美学观点及社会的道德观影响，所以它们往往呈现出多元化的特征。例如，除了供旅客欣赏并享受之外，这些景点也常常具有诸如历史文化的传承、艺术品位的提升、科学研究的需求等多种社会用途。故此，对旅游景点的评估应该采取全方位、全过程、整体性的方法来进行。

（三）符合科学的原则

对于旅游资源的生成、实质、特性及价值等问题，我们需要采用严谨的方法来做出准确的评估，避免过度依赖神话故事或者盲目推广信仰。然而，适当地融入一些神话元素能提升旅游资源的吸引力，满足大众化的旅行需求。

（四）效益估算的原则

评估旅游资源的终极目标是开发和利用，其中最重要的目标是获得经济、社会和生态的全面收益。因此，在进行评估时，需要对旅游资源开发的未来做出适当的预测。

（五）高度概括的原则

从前文的阐述可以明显看出，在旅游资源评估过程中涉及的元素众多。因此，我们需要在深度研究后，精炼并总结出旅游资源的价值、特性和功能，这样决策者在必要时就能参考。

（六）力求定量的原则

在评估地区旅游资产的过程中需尽最大可能减少主观判断的影响，并努力实现数量化的或者半数量化的评判方式。许多中国专家已经表明，虽然我国正在逐渐迈向量化评估阶段，但一些量化步骤仍存在较强的主观成分，尤其是依赖于调研人员的个人观点，而非充分利用专业的旅游领域知识。此外，他们也强调了在对各种类型的研究区进行资源评估时，应尽可能使用一致性的、基于量的评估手段，以便确保旅游资源的评估结论具备比较性。例如，有位学者提议，鉴于旅游资源定义的广泛性和灵活性，我们不仅需要设定单独的旅游资源评估准则，还需要迅速构建出旅游景点及旅游地的评估规范（何效祖，2006年）。

二、评价的内容

旅游资源综合评价主要由三方面构成，分别是对其特性和结构的考察、环境因素以及开发条件。

（一）旅游资源特色和结构评价

1.旅游资源的特性和特色

对任何一种类型的旅行者来说，独特的特性与特点都是评估他们被某一特定景点所深深吸引的关键指标之一；这些特征直接影响该景点的使用价值和开发现状及未来发展的可能路径等，并会对其产生的社会或商业收益产生关键性的影响力。一般来说，具有更高独特度的旅游地点更具潜力获得更好的市场表现，而一些独树一帜且令人叹为观止的地方常常能作为地区文旅产业的核心力量并发挥重要推动效应。

2. 旅游资源的价值和功能

旅游资源的评估涵盖了五个层面：艺术鉴赏力、文化底蕴、科学研究潜力、经济收益及审美享受，这些构成了对旅游资源品质的衡量标准。与此对应的是，旅游资源的作用同样重要，它代表着通过开发能为游客提供特定服务或满足他们某种需求的可能性。一般来说，那些拥有高艺术和审美价值的旅游景点更适合观赏游览；反之，如果旅游景点的文学和科学内涵丰富，那么它的科研探究和文化体验能力会更加显著。另外，被开发后的旅游资源还可以兼具多种用途，如休闲娱乐、放松身心、锻炼身体、康复治疗以及商业活动等。因此，旅游资源的价值和作用对其开发方式和模式有着深远的影响。

3. 旅游资源的数量、密度和布局

在评估地区旅游资源的过程中，我们需要考虑的是这些资源并非独立存在。因此，不仅需评判各类旅游资源之间的联系与互补作用，也要关注它们在地理位置上的排列方式，并理解各个层级旅游资源间的紧密关系。这涉及诸如资源种类数目、每种类型资源的密集度及整体布局等方面的问题。通常来说，拥有丰富且集中的景色、合理布局的区域更适合开展旅游活动。所以，对于旅游资源的数量、密度和布局情况的研究是我们决定该地区的旅游发展规模和可能性的关键指标。使用地理信息系统的空间分析技巧来解析旅游资源的空间结构是很常见的做法。例如，张君（2007 年）通过GIS 技术探讨了陕西省旅游资源群体的发展潜能。同样，程胜龙（2008 年）运用统计（SPSS）和地理信息系统软件（CIS），对甘肃省旅游资源分类的地域组合和空间结构做了定量的研究。最后，张学明等人（2009 年）也针对济南市旅游资源的空间结构展开了深入探究。在 CIS 系统支持下，孔德林等人（2010）针对河南的高端旅游资源点的空间布局展开了深入的研究。同样地，钟泓和他的团队（2010）利用 GIS 工具对桂林漓江的旅游资源分布及演变情况做了详细探究。此外，舒惠芳等人在 2010 年也通过使用GIS方法来研究深圳市的旅游资源分布模式并对其区域划分做出了进一步探讨。

（二）旅游资源环境评价

1. 旅游资源的自然环境

地理位置上的自然资源包括由该地区的岩石构造、景观形态、气候条件和生态系统等因素构成的环境元素。对目的地来说，它应该能够为旅客提供全面且愉悦的多感官体验——这需要他们能通过视线观察到美景，听到优美的声音，闻见清新的空气气味，感受到柔软的地表质感和美味的食物味道，等等。然而，那些生态环境相对较差的地方在推动他们的旅行业发展时可能会面临一些困难。

2. 旅游资源的社会环境

社会的背景因素描述旅游景点所在地域内的政权状况、社会安全度、卫生保障措施以及本地人对于游客的态度等。优质的外部社会条件可以推动旅游产业的发展，比如欧洲各国的签证政策相互承认，使得他们的公民出境旅行变得更加便捷。然而，如果该地区的政治形势动荡或者发生战乱与恐袭事件，那么其旅游景点的开发和旅游行业的发展就会遭受打击，如印尼的巴厘岛炸弹攻击事件和美国的"9·11"恐怖袭击事件就给当地的旅游经济带来了严重的冲击。

3. 旅游资源的经济环境

经济环境是位于某一地区的自然资源所处的商业生态环境，是其发展的基础条件之一。一般而言，地域内的财富水平越高，则该地的资金投入能力就越大；而对居住在此的人们来说，他们对此类商品的需求也会随之增加——这对促进此处的发展有着积极的影响和保证。此外，由于这些地方拥有丰富的劳动力供应，这也为其开展相关业务提供了有力的支持与助力。

4. 旅游资源的环境容量和承载力

旅游资源的环境承受度是衡量旅游资源本身或者所在地区在特定时期内的接待能力的尺度，它包含人数限制与时长限制两部分。具体而言，人数限制表示每平方米能接纳的旅客数量，而时长限制则是描述旅客在该地域内观光所需的最基本的时间长度。旅游资源愈加多样化且富饶，那么它的时长限制就会更大；反之，若某一地区的旅游资源较为单调且稀少，那么它的时长限制将会更小。旅游资源所在地的大气容量及其承压程度对旅游资源的发展范围有关键影响。为确保旅游资源的合理开采及可持续使用，策划人员通常会依据大气容量最大化的标准来设定发展规模的上限。

（三）旅游资源开发条件的评价

1. 区位条件

区位条件对于旅游资源的开发成功与否、规模和效益有着决定性影响，这包括旅游资源所在地的地理环境、交通状况以及其与周边景点的互动等因素。

2. 客源条件

游客人数对旅行业务产生的财务收益有重大影响。一般而言，游客数目会受到目的地范围的大小及当地经济发展的状况的影响。比如，在选择华侨城或迪士尼乐园等主题公园的位置时，往往会对目标地区的面积及其经济能力给予高度重视。由于深圳和香港所在的地区拥有庞大的人口密度并且其经济力量强大，这使得他们在吸引游客方面具有充足的能力。

3. 投资条件

影响投资条件的因素主要是地区内的投资途径是否顺畅及当地政府对旅游业投资的相关政策。当某一地区的投资路径通畅且有众多投资者参与，同时该地政府为旅游产业提供了优厚的支持政策时，那么这个地方的投资环境就会显得更为理想。在这种情况下，这些地区通常能有效地确保旅游资源开发所需的资金来源。

4. 建设施工条件

当对旅游资源展开利用的时候，一系列工程项目将会被启动，如各类观光景点、休闲活动设备及道路交通运输、电力供应、水源供给等基础服务设施。所以，该地区内地质状况、地理环境、土壤性质、水源情况等方面有着严格的要求。这些开发建设的标准高低直接影响到旅游资源的使用可能性，所以在评估阶段应予以充分重视。

三、旅游资源评价的方法

评估旅游资源的方法大致可以划分为两类：一是基于直观判断的主观评价（也被称为经验法），二是依赖于评级系统的客观评估。后者主要是以资源等级作为衡量的标准来打分。鉴于这种方式能减少评价过程中的个人偏见，它被广泛应用于当前的旅游策划和开发过程中。另外，随着越来越多来自各领域的专家加入旅游研究领域，旅游资源的评估技术也不断地更新进步，尤其是数量分析技术的提升，使得我们有了更多的、更具准确性和科学性的手段去评估旅游资源。

（一）定性评价方法

1. "三三六"评价法

"三三六"是指"三个核心价值观""三个主要的经济效果"和"六个基本要素"。三个主要方面是历史文化的遗产价值、审美鉴赏能力（美学价值）及科研探索潜力。三种收益包括了经济收益、社会的益处以及环境收益。其中，经济收益是指通过使用这些旅游资源所获得的经济回报，而社会收益则是关于其对于人类智能发展、知识积累、观念教育的贡献，最后的环境收益强调的是它如何推动生态环境的发展。

六个基本要求指的是旅游资源的地理位置和交通状况、类别及地域组合情况、容量限制、客源市场环境、开发投资以及施工难度六大要素。

2. 资源及环境综合评价法

根据资源和环境综合评价法，对旅游资源的评估应从两个角度出发：首先是考虑旅游资源自身的价值，其次是评估旅游资源所处的环境质量。

对于旅游资源自身的评估标准共有六项：美观度、历史背景、知名度、独特性、稀缺性和实用性。其中，"美"代表了游客是否有审美体验，"古"表示拥有深远的历史底蕴，"名"则是指那些享有盛誉或者和著名人物相关联的事物，"特"强调的是独一无二、罕见且非其他地方所能找到的资源，"奇"描述的是旅游资源带给人们的惊喜感受，而"用"则是衡量旅游资源对游客的实际价值。

对于旅游资源的环境评估，我们选择了季节性、污染程度、联系性、可接触性、基础架构、社会经济状况和市场七方面进行考量。

另外，还有很多其他的旅游资源定性评估方式，这里就不再详细列举了。

（二）定量评价方法

定量评价方法因其具有相对客观性、评价结果的普适性和可以进行横向比较的特点，近年来，越来越受到旅游规划与开发研究人员的青睐。除了上述旅游资源的定性评价方法以外，针对不同评价内容、借助不同评价工具的资源定量评价手段不断涌现。从现有的方法来看，定量评价方法可以大致做如下类别的划分。

第一类量化分析关注的对象是资源的某一方面的属性与特征，如空气质量、水体品质、滑雪场品质等，这种量化分析的方法，通常都以某特定专业领域的理论与方法为基础，具有一定的门槛。为此，可以将其称为技术性的单因子定量评价。

第二类量化分析方法是针对旅游资源的总体特征与品质进行评价，通常需要借助已有的评价体系，或自行构建评价指标体系，从不同的侧面对旅游资源的价值进行评估。该方法最终可以得到针对旅游资源品质评估的标准分（通常为百分制），各种旅游资源之间可以借助评价得分，通过横向比较或结构比较来找到相对比较优势。此类方法可以被称为综合性的定量建模评价。

1.技术性的单因子定量评价

此评估方式主要关注一些重要的特质因素来衡量旅游资源，并对其进行适当的技术评判。这使得其适用于诸如攀岩、滑雪或游泳等特定类型的旅游项目。根据不同评估目标，目前已有的相对稳定且有效的方式包括康乐气候分析（Oliver and Liu Jih-han），旅游资源景观组合度评估，海滩及海滨浴场评估（日本洛克研究机构，1980），滑雪旅游资源评估（美国），溶洞评估（Chen Shi-cai），等等。

（1）评估气候的适宜性。气候是对游客旅行消费习惯产生重大影响的因素，其主要影响在两方面。

第一，天气的变化会影响旅游活动的质量。在不同的气候条件下，同一个旅游目的地适合进行的旅游活动是不同的。比如，冬天的时候泰山无法对游客开放，因为游客不仅不能爬山，而且旅游经营者也无法进行滑雪旅游的开发。

第二，对于游客的消费选择产生作用。天气状况直接决定了游客的舒适程度，比如，夏季前往清凉的北地以消夏，冬季去往暖和的南域过冬都是基于寻求气候上的舒适感。所以，评估旅游资源的气候适应能力的时候，我们更注重的是气候如何影响游客的身体舒适度。

当环境中的各种气象因素产生变换时，人类对舒适度的感知也可能随之转变。比如，在恒定的气温中，如果空气的绝对湿度有所变动，人们对于体温的感觉会显著地调整；同样，在固定的气温里，只要风力大小有别，人们的体温感应便会有所区别。所以，为了评估气候的适居程度，我们通常使用温湿指数与风效指数这两个参数来进行衡量。

温湿指数（THI），其计算公式为：

$$THI=t-0.55 \times (1-f) \times (t-14.74)$$

在这里，t 代表干球温度（℃），f 是空气的相对湿度（%）。通常，我们将温湿指数介于 15 ～ 27 的环境定义为适宜旅游的气候条件。

以福州为例，它位于我国东南沿海地区，属于亚热带海洋性季风气候，在这里，冬季相对较短，夏季则较长，气候温暖湿润，十分宜人。年均气温介于 16℃至 20℃之间，最寒冷的月份平均温度不低于 10℃，最炎热的月份平均温度也未超过 30℃。这里，福州旅游资源的评价采用的方法是温湿指数法。

根据表格 4-3 中的数据分析，我们发现一年中大部分月份的温湿指数为 15 ～ 27，这段时间主要集中于四月至十月，涵盖了全年的最佳旅行时段，例如"十一"假期。同时，福州市的平均温湿指数达到了 19.22，对游客而言是一个相对宜人的环境，所以整个福州市都适合游览。

奥利弗（J.E.Oliver，1987）提出了风效指数（K_o），该指数考虑了风对于人体皮肤与周围空气热交换的加速作用。计算公式如下：

$$K_o = (100V+10.45-V) \times (33-T)$$

在这个公式中，K_o 代表了当没有考虑人类皮肤散热和全天候遮阳时，大气中的总体降温效率，而 V 则表示的是风速（单位：m/s），T 则是温度（单位：℃）。

基于前述的温湿指数与风效指数，特吉旺（W.H. Terjung）在美国大陆生理气候评估过程中创建了两种评判标准：舒适指数（comfortable index）及风效指数（wind effect index）。他进一步按照"温度—湿度"或"温度—风速"的各种搭配对这两个指数进行了分类，从而得到了包含 11 种和 12 种类型的舒适指数表格（见表 4-1）以及风效指数表格（见表 4-2），这些都为旅游资源的评估提供了参考框架。

表4-1　舒适指数表

代号	-6	-5	-4	-3	-2	-1	0	1	2a	2b	3
大多数人的感觉	极冷	非常冷	很冷	冷	稍冷	凉	舒适	暖	热	闷热	极热

表4-2　风效指数表

代号	风效指数 Ko	大多数人的感觉
-h	<-1400	冷伤外露皮肤
-g	-1200 ～ -1400	极冷风
-f	-1000 ～ -1200	很冷风
-e	-800～-1000	很冷
-d	-600 ～ -800	稍冷风
-c	-300 ～ -600	凉风
-b	-200 ～ -300	舒适风
-a	-50 ～ -200	暖风
n	80 ～ -50	感觉不明显
a	160 ～ 80a	热风
b	160 ～ 80b	不舒适风
c	>160c	很不舒适

（注：a 气温在 30 ~ 32.7℃ ;b ≥ 32.7℃ ;c ≥ 35.4℃ ）

除了气候的舒适度之外，气候环境的品质也是影响人们出行决策的重要因素之一。例如，近年来我国内地频现较大范围的空气污染问题，尤其是雾霾已经成为公众高度关注的热点，同时对人们逃避动机的出游行为形成了较为显著的影响。研究结果显示，无论是国内还是国外的游客都强烈地意识到了雾霾带来的伤害。这些游客普遍担忧在旅行过程中可能受到雾霾的影响而导致身体健康受损、情绪受挫或无法拍摄出理想的照片。这种担忧不仅会影响他们的游玩质量和拍照的效果，还会大大减损大多数景点的美感与吸引力，从而使得整个旅程的感受变得糟糕。由于雾霾给旅游体验带来了负面的冲击，游客们感受到更大的危险，这也直接影响了他们的满足感和对目的地的忠诚度。可见，随着人们对于健康重视程度的不断增强，气候品质的评价在资源专项评价中的影响力会越来越大。

（2）现有的国内外对于特殊类型旅游资源的技术评估已逐渐完善，这为未来中国构建独特的特定旅游资源评定系统提供了参考价值。以下是美国关于滨海与滑雪类旅游资源的一些技术评估方式。

①在美国，一种对海滨旅游资源的评估方式被提及。这种方法由乔戈拉斯（Georgulas）于1970年首次引入，用于分析旅游景点的主要特性。他提出了以下一级海滩的标准：首先，海滩必须拥有细腻且干净的沙子，长度最少达到91米，宽度需保持在15米以上；其次，该区域需要保证一年中至少八成的时段不会受到阳光直射；再次，它应该具备足够的隐蔽空间，如树林等，并营造出宁静的环境，避免出现人为或自然的垃圾污染；最后，它的斜率不能超过15°，显示了其实际可利用性和发展前景。

当其主要的功能是游泳的时候，对于海滩的要求包括：它的属性保持不变，但是需要更加广阔；底部不会出现或者极少存在淤泥；水的颜色、气味都应该是清澈的，并且大肠杆菌的浓度应该低于50 ~ 100个/毫升，同时不能含有任何生物废弃物；在最高潮位下，深度达到2.4米的海底没有任何的珊瑚礁或是锋利的石头，也没有可能引发危险的水流。另外，它必须位于靠近海洋的地方，而且斜坡的角度不超过8°。最后，全年至少要有九个月适合游泳的活动时间。表4-3展示了美国对海水浴场适宜性的评价准则。

表4-3 美国海水浴场适宜性的评估标准

	标准	得分		标准	得分		标准	得分
水质	清澈	5	水质	浑浊	4	水质	污染	1
危险性	无	5	危险性	有一点	4	危险性	有一些	
水温	>22.2℃	4	水温	19.4 ~ 22.2℃	3	水温	<19.4℃	1
颜色与浑浊度	清明	3	颜色与浑浊度	稍浑浊	2	颜色与浑浊度	浑浊	
风	全季适宜	3	风	>1/2 季适宜	2	风	<1/2 季适宜	1
1.5m 深水域（距海岸线）	>30.5m	3	1.5m 深水域（距海岸线）	15.25 ~ 30.5m	2	1.5m 深水域（距海岸线）	9.15 ~ 15.25m	
海滩状况*	良好	5	海滩状况*	一般	4	海滩状况*	差	1

（备注：* 涵盖了斜率、流畅程度、稳固性和阻碍因素。优秀的标准是斜率为 10% 以下，沿海地带顺畅无阻，稳定的结构和较少的障碍物容易被清除；其他级别则依次递减。参考资料来自李贻鸿的 1986 年作品）

②美国的滑雪旅行资源评定方式是怎样的？在美国国家公园服务局（National Park Service）的休闲用地适配性评估体系里，对于滑雪旅行的技术性评分主要考虑以下七项要素：季节长度、雪深程度、无雪保存期、海拔高度、斜率大小、温度状况和风速情况。每种元素被划为四级并给予分数，最后依据综合得分把滑雪旅行资源划分成三类。

表 4-4 展示了美国滑雪旅游资源的技术评价准则。

表4-4　美国滑雪旅游资源的技术性评估标准一览表

	标准	得分		标准	得分		标准	得分		标准	得分
雪季长短	6个月	6	雪季长短	5个月	5	雪季长短	4个月	4	雪季长短	3个月	2
积雪深度	>1.22m	6	积雪深度	0.92～1.22m	4	积雪深度	0.61～0.92m	2	积雪深度	0.305m以下	1
干雪保留时间	3/4 季	4	干雪保留时间	1/2 季	3	干雪保留时间	1/4 季	2	干雪保留时间	0 季	1
海拔	>762.5m	6	海拔	457.5～672m	4	海拔	152.5～457.5m	2	海拔	45.5～152.5m	1
坡度	很好	4	坡度	好	3	坡度	一般	2	坡度	差	1
气温	>10	3	气温	17.8～6.7	2	气温	<17.8	1	气温		—
风力	轻微	4	风力	偶尔变动	3	风力	偶尔偏高	2	风力	易变	1

注意：a 的等级是 29～33，b 的等级是 21～28，c 的等级是 8～20。这些信息来自李贻鸿在 1986 年的研究。

2. 综合型定量建模评价

综合型定量建模评价的主要思路是先借助科学的方法，构建一套适合自身需要的旅游资源综合评价体系，包括资源评价的系列指标，以及不同指标所对应的权重，然后使用构建好的指标体系对旅游资源进行逐项评分，最后借助加权平均数的计算得到旅游资源的评价得分。对于综合型定量建模评价，重要的是构建一套能够获得业界认可的评价指标体系。

不少学者都就构建旅游资源综合型定量评价模型进行过研究，通过对现有文献进行分析可知，较为常见的用于构建综合评价指标体系的方法包括层次分析法等。

近年来，也有学者将模糊评价、灰色评价法以及人工神经网络评价法引入旅游资源综合评价之中。本节主要介绍通过层次分析法构建评价模型的基本流程，以帮助读者对相关方法有初步的认识。

（1）层次评价法构建资源综合评价模型层次分析法。这种方法是结合了定性与定量的、结构化且分级的方法。它把复杂的事物拆解为多个层面，并在更简单的级别逐一解析，并以数值方式呈现人类的主观评估。首要任务是在研究对象的影响因子上分类和分层，明确各个层次及其组织的元素间的关系。接着，我们会在总体目标（顶层）下设立标准层、限制层和决定层等，这些不同的层次构成了多元目标决策树，最后根据这个决策树中包括的目标（规范、限制等）来构建描述影响要素之间关联的判别矩阵。层次分析法的一般流程如下。

第一，建立一个递阶层次结构的模型。如图 4-1 所示就是一个资源综合评价的层次结构模型。

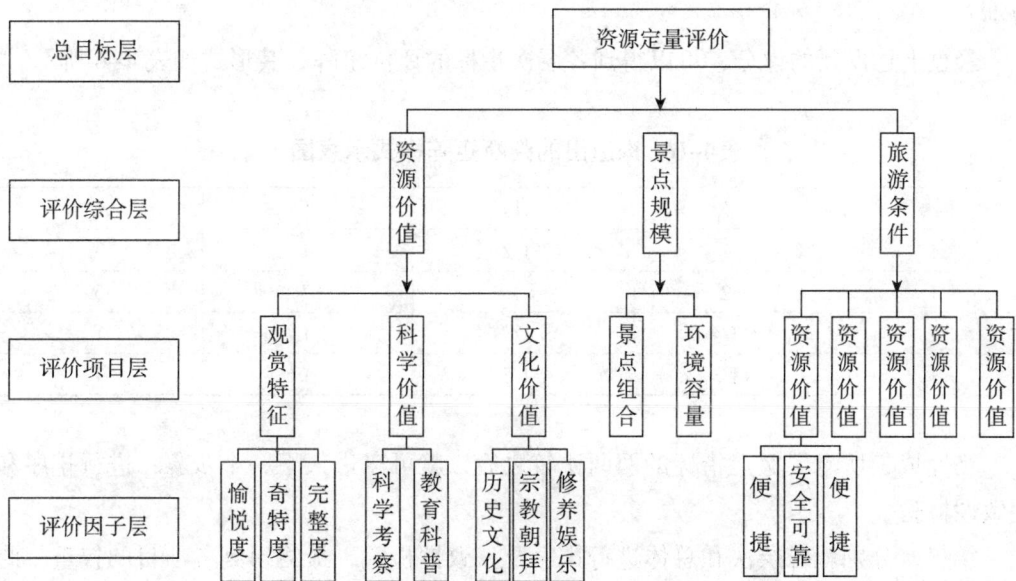

图 4-1　旅游资源定量评价模型树

第二，构造出各层次中的所有判断矩阵。主要的评估矩阵构建方法是对同一级别的指标进行两次比较，这种比较的目的在于探讨两个指标在上层指标影响中的关键性。通常，比较得分为 1 ～ 9 分，具体数值如表 4-5 所示。

表4-5　构造判断矩阵的数值及其代表的含义

评分值 V	含义
1	第 i 个因素与第 j 个因素的影响相同
3	第 i 个因素比第 j 个因素的影响稍强
5	第 i 个因素比第 j 个因素的影响强
7	第 i 个因素比第 j 个因素的影响明显强
9	第 i 个因素比第 j 个因素的影响绝对强

例如，在图4-1中，假如就评价项目层中"景点组合"和"环境容量"对"景点规模"的影响，如果评审员认为"景点组合"比"环境容量"稍强地影响景点规模，则可以将此分数 V（组合对容量）设定为3分。反之，如果评审员认为"环境容量"比"景点组合"明显强地影响景点规模，则可以将此分数 V（组合对容量）设定为1/7。

经过上述反复的评分，可以得到各层次指标的评价矩阵，其形式如表4-6所示。

表4-6　构造出的判断矩阵样式示意图

因子	A_1	A_2	A_3	A_4
A_1	1	1/2	4	3
A_2	2	1	7	5
A_3	1/4	1/7	1	1
A_4	1/3	1/5	1	1

当完成了所有层次上指标的两两比较之后，就可以进入下一个步骤，进行排序和一致性检验。

第三，分别就各层次和总体进行排序及一致性检验，最终得到各项目的权重。此部分的计算原理就不再赘述，有兴趣的读者可以借助层次分析法的软件来实现此部分分析。当完成该部分工作后，系统会生成所有指标的权重数值。后续进行旅游资源评价时，评价者仅需要就每个项目进行百分制评分，然后由统筹员将相关分数与权重相乘之后求和，即可得到某项旅游资源单体的评价值。如表4-7就是完成了层次分析法之后构建的评价因子权重表。

表4-7 评价因子权重表

评价综合层	权重	评价项目层	权重	评价因子层	权重
资源价值	0.72	观赏特征	0.44	愉悦度	0.20
				奇特度	0.12
				完整度	0.12
		科学价值	0.08	科学考察	0.03
				教育科普	0.05
		文化价值	0.20	历史文化	0.09
				宗教朝拜	0.04
				休养娱乐	0.07
景点规模	0.16	景点组合	0.09		
		环境容量	0.07		
旅游条件	0.12	交通通信	0.06	便捷	0.03
				安全可靠	0.02
				费用	0.01
		饮食	0.03		
		旅游商品	0.01		
		导游服务	0.01		
		人员素质	0.01		
合计	1.00		1.00		

在对旅游资源进行详细评估时，我们可以从基本的评价因素开始打分，最后将这些评价因素的得分综和起来，就能得出该旅游资源的最终评价。

（2）国家标准中的资源综合评分法。这种评估方式被纳入了旅游资源的国家评级标准之中，主要通过运用8项评估准则来对旅游资源打分，最后按照分数高低把它们归为5类级别。从它的具体内容看，它与采用层析分析法建立模型的方式非常相似，即按资源元素的重要性、影响力和额外效益等因素来确定权重。

① 设计评估体系时，我们设立了"评价项目"及"评价因素"这两个等级。这个评估系统的组成部分包含"资源要素的价值""资源的影响力"以及"额外价值"这几个方面。具体来说，"资源要素的价值"这一部分由五个评定指标构成：观光游览的使用价值，历史文化的科学艺术价值，罕见独特性的程度，规模、丰富性和可能性以及整体完好性。而资源影响力的评估则涵盖了名声和影响力以及适宜旅游的时间段

或者适用领域这两大考核标准。最后，"额外价值"的部分只包含了一个考量点——环保和安全的环境条件。

② 对评分标准的制定及权重的设定。资源因素的影响力和影响力的表现形式（经济、社会等）两项指标各占百分之 15%；而其他各项则以其自身的重要性来确定相应的分数占比，环保问题及其解决措施，企业文化建设，员工培训教育工作情况等都分别有各自不同的标准并根据实际情况给予相应得分的奖励或惩罚。

表4-8　旅游资源评价赋分标准

评价项目	评价因子	评价依据	赋值
资源要素价值（85分）	观赏游憩使用价值（30分）	全部或其中一项具有极高的观赏价值、游憩价值、使用价值	30 ~ 22
		全部或其中一项具有很高的观赏价值、游憩价值、使用价值	21 ~ 13
		全部或其中一项具有较高的观赏价值、游憩价值、使用价值	12 ~ 6
		全部或其中一项有一般观赏价值、游憩价值、使用价值	5 ~ 1
	历史文化科学艺术价值（25分）	同时或其中一项具有世界意义的历史价值、文化价值、科学价值、艺术价值	25 ~ 20
		同时或其中一项具有全国意义的历史价值、文化价值、科学价值、艺术价值	19 ~ 13
		同时或其中一项具有省级意义的历史价值、文化价值、科学价值、艺术价值	12 ~ 6
		历史价值，或文化价值，或科学价值，或艺术价值具有地区意义	5 ~ 1
	珍稀奇特程度（15分）	有大量珍稀物种，或景观异常奇特，或此类现象在其他地区罕见	15 ~ 13
		有较多珍稀物种，或景观奇特，或此类现象在其他地区很少见	12 ~ 9
		有少量珍稀物种，或景观突出，或此类现象在其他地区少见	8 ~ 4
		有个别珍稀物种，或景观比较突出，或此类现象在其他地区较多见	3 ~ 1

续 表

评价项目	评价因子	评价依据	赋值
资源要素价值 （85分）	规模、丰度与概率 （10分）	独立型旅游资源单体规模、体量巨大，集合型旅游资源单体结构完美、疏密度优良级，自然景象和人文活动周期性发生或频率极高	10 ～ 8
		独立型旅游资源单体规模、体量较大，集合型旅游资源单体结构很和谐、疏密度良好，自然景象和人文活动周期性发生或频率很高	7 ～ 5
资源要素价值 （85分）	规模、丰度与概率 （10分）	独立型旅游资源单体规模、体量中等，集合型旅游资源单体结构和谐、疏密度较好，自然景象和人文活动周期性发生或频率较高	4 ～ 3
		独立型旅游资源单体规模、体量较小，集合型旅游资源单体结构较和谐、疏密度一般，自然景象和人文活动周期性发生或频率较小	2 ～ 1
	完整性 （5分）	形态与结构保持完整	5 ～ 4
		形态与结构有少量变化，但不明显	3
		形态与结构有明显变化	2
		形态与结构有重大变化	1
资源影响力 （15分）	知名度和影响力 （10分）	在世界范围内知名，或构成世界承认的名牌	10 ～ 8
		在全国范围内知名，或构成全国性的名牌	7 ～ 5
		在本省范围内知名，或构成省内的名牌	4 ～ 3
		在本地区范围内知名，或构成本地区名牌	2 ～ 1
	适游期或使用范围 （5分）	适宜游览的日期每年超过 300 天，或适宜于所有游客使用和参与	5 ～ 4
		适宜游览的日期每年超过 250 天，或适宜于80%左右的游客使用和参与	3
		适宜游览的日期超过 150 天，或适宜于60%左右的游客使用和参与	2
		适宜游览的日期每年超过 100 天，或适宜于40%左右的游客使用和参与	1

续　表

评价项目	评价因子	评价依据	赋值
附加值	环境保护与环境安全	已受到严重污染，或存在严重安全隐患	-5
		已受到中度污染，或存在明显安全隐患	-4
		已受到轻度污染，或存在一定安全隐患	-3
		已有工程保护措施，环境安全得到保证	3

每个评估因子都被划分为四个级别，相应地，它们的得分也会被划分为四个级别。

③ 评估方式。通过对单一旅游资源的评定，计算其总体因素评分。然后基于此项评定的总分数，把它们划分为五个级别，由高至低排列如下：顶级旅游资源，评分范围超过90分；次一级旅游资源，评分区间介于75～89分；再次一等是三等旅游资源，评分落在60～74分；再往下是一等旅游资源，评分位于45～59分；最后是最末的一类旅游资源，即低于30分的评分。除此之外，还存在一些没有被评入级的旅游资源，它们的评分小于或等于29分。

在这个评估体系里，"特殊品质的旅行景点"；"优质级别"，包括第五等级和第四等级；第三个层次被称为是普通的旅行的目的地或景色点（第二层）。

观察最近几年的旅游资源评估研究，我们可以看到旅游资源评估方法正在持续地多样化和改进。在旅游资源评价方面，较为常用的方法为层次分析法。然而，一些专家也认为，相较于层次分析法，模糊综合评价法更为准确，因为它能够计算出每一层中每一个影响因素的具体数值，并通过对比的方式确定各个风景名胜区的优点与缺点以及其内部资源的异同程度。另一方面，层次分析法仅能提供最后的评估结果，无法深究被评定对象的内在潜力，这使得该种评估方式存在一定的不全面性。基于此，许多专家开始探索一种融合了多种因素的多层次模糊评价法来评估旅游资源。例如，赵文清等人（2008）、杨秀平等人（2009）和林龙飞等人（2009）对模糊评价与层次分析法的结合应用展开了深度的研究。

除去模糊评估技术之外，也有研究者尝试使用灰色分析技巧来深化层级评定技术的运用。例如，汪侠等人（2007）强调，由于其对于数据准确性和完整性的敏感程度较高，且需要相对较少的样例及简便的运算过程，所以他们相信灰色分析可以为那些信息不够明确或未知的情况提供有效的解析能力。基于此观点，他们主张把灰色分析融入层级分析中以提升旅游资源评估的效果。此外，汪华斌等人（2000）对灰色分析的过程及其具体步骤做了详尽阐述，并且针对清江流域的旅游资源实施了多元化的灰色等级评估。至于时少华（2015）的文章则引入了人工智能神经网络分析工具用于对古代村庄文化遗产旅游资源的评估，他进一步提出，相比较其他两个模型而言，该种模式下的动态模型更具可靠性，而且它能在现实环境下有效地被用来评估和引导旅游资源的发展方向。上述学者开展的系列研究极大地丰富了我国旅游资源评价的方法。

显然，引入了上述新的量化分析方法，对旅游资源的评价方式进行了深化和完善，为旅游资源评价提供了更多的研究手段。在进行旅游资源的调查与评估时，应根据需要选择适当的方法开展相关研究。

四、评价的成果形式

一旦完成了对旅游资源的评估与勘探任务，计划团队应该产生一些研究结果，这些结果的主要表现形态有三：一是旅游资源调查报告，二是旅游资源调查区域实况数据表格，三是旅游资源地图。

然而，我们需要注意到，旅游资源的概述和详细调查在结果类型和精确度等方面存在差异。

对于旅游资源的详细勘察，我们必须处理所有的文字和图像材料，如填充旅游资源调查区实况数据表格、制作旅游资源地图并撰写旅游资源调研报告等。而对旅游资源的大致考察仅涉及旅游资源地图的编制，其余的相关文件可以视情况决定是否要编写。

根据其所表现的内容不同，旅游资源图可以分为常规旅游资源图和高级旅游资源图。常规旅游资源图包括五级、四级、三级、二级和一级旅游资源单体，而高级旅游资源图仅包含五级、四级和三级旅游资源单体。

课后思考

1. 旅游资源的概念是什么？
2. 旅游资源的特征有哪些？
3. 根据旅游资源的属性，可将旅游资源的特征分为几种？
4. 旅游资源分类所遵循的原则有哪些？
5. 旅游资源的分类遵循哪些依据？
6. 结合所学，分析能够利用哪些角度对旅游资源进行分类，并举例说明。
7. 旅游资源调查的程序是什么？
8. 旅游资源调查所遵循的原则有哪些？
9. 旅游资源调查的内容包括哪些？
10. 旅游资源的评价原则是什么？
11. 旅游资源评价的方法有哪些？
12. 旅游资源的定量评价模型树有几个递阶层次？

第五章　旅游规划与开发的市场分析与营销对策

学习目标

掌握旅游规划与开发的主要营销对策，了解市场调研的主要内容、类型，熟练掌握目标市场的选择、营销渠道的设计以及营销战略的策划。

第一节　市场分析的内容

随着社会的发展，旅游业已成为全球经济发展中势头最强劲和规模最大的产业之一，旅游业的发展为促进国民经济有关部门的发展起着重要的作用。在出行频次和消费能力不断提高的背景下，人民对于旅游的鉴赏经验推动旅游需求向着高质量的深度发展，国内旅游人均花费逐步提高。旅游行业链条不仅涵盖旅行社、交通部门、餐饮、酒店、景区景点、旅游商店、旅游车船以及休闲娱乐设施等旅游核心企业，还关联农业、园林、建筑、金融、保险、通信、广告媒体以及政府和协会组织等辅助产业和部门。

一、市场宏观环境分析

市场宏观环境是指一个国家或地区的政治、法律、经济、文化、科技等方面的总体情况。在旅游市场环境分析中，最主要的因素包括人口状况、社会文化因素、经济因素等。这些因素对市场的发展和变化具有重要影响。在分析市场宏观环境时，需要了解国家或地区的政策导向、经济发展状况、市场需求变化、人口增长率、消费水平、文化传统等因素。这些因素可以为企业提供市场发展的方向和趋势，有助于企业制定更加精准的营销策略。

（一）人口因素

人口统计因素与市场发展之间有着密切的联系，因此在进行市场分析之前首先要统计分析人口因素，而对人口的统计包括人口规模，性别比例、年龄结构等。

一般情况下，地区人口分布和当地经济发展水平呈正相关关系，经济发展水平越高，人口密度越大。除此以外，在进行旅游市场规划时也要考虑地区人口增长速度，从发展的角度看，人口的增长，给当地的发展带来了大量的劳动力，尤其是旅游业，属于人口密集型产业，通过对人口增长速度的分析，可及时有效地预测市场发展的趋势。

（二）社会文化因素

文化是人类发展过程中所创造的物质财富和精神财富的总和。文化以及亚文化影响着人们的行为模式、消费观念、态度、情绪情感、感知、满意度以及重购行为等，所以，分析旅游市场必要进行社会文化的分析。

各个国家、地区或民族因其生活环境的不同，形成了不同的文化类型，它们之间存在着明显的差别，具体表现在语言、知识、人生价值观、思维方式、风俗习惯、宗教信仰等方面。

（三）经济因素

旅游业是一个有着较高关联性、依托性的产业。由于受到社会经济关系中的各种因素的影响，旅游市场规划与开发的程度也会有所变化，对影响旅游市场规划开发的经济因素分析如下。

1.旅游需求价格弹性

需求价格弹性系数 E_d = 需求量的相对变动 / 价格的相对变动。

$$E_d = \frac{\Delta Q/Q}{\Delta P/P} = \frac{\Delta Q}{\Delta P} \cdot \frac{P}{Q}$$

如果 E_d 代表需求价格弹性系数，用 P 和 ΔP 分别表示价格和价格的变动量，用 Q 和 ΔQ 分别表示需求量和需求量的变动量。需求价格弹性系数有两种计算公式，如表5-1所示。

表5-1　需求价格弹性系数的计算公式

类型	公式	特征
点弹性	$E_d = \left\| \frac{\Delta Q/Q}{\Delta P/P} \right\| = \left\| \frac{\Delta Q}{\Delta P} \cdot \frac{P}{Q} \right\|$	适用于价格与需求量变动较小的场合

续　表

类型	公式	特征
弧弹性	$E_d E_d = \left[\dfrac{\Delta Q}{(Q0+Q1/2)}\right] = \left[\dfrac{\Delta P}{(P0=P1/2)}\right]$	适用于价格与需求量变动较大的场合

需求价格弹性与销售收入的关系：

（1）如果$E_d<1$，需求缺乏弹性的商品，价格上升会使销售收入增加，价格下降会使销售收入减少。销售收入与价格变动呈同方向变动趋势。

（2）如果$E_d>1$，需求富有弹性的商品，价格上升会使销售收入减少，价格下降会使销售收入增加。销售收入与价格变动呈反方向变动趋势。

（3）如果$E_d=1$，需求单位弹性的商品，价格变动不会引起销售收入的变动。

2. 外汇汇率

外汇汇率又称外汇汇价，是不同货币之间兑换的比率或比价，也可以说是一种货币表示的另一种货币的价格。

汇率标价方法主要有两种。

（1）直接标价法，直接标价法是指以一定单位的外国货币为标准来计算折合多少单位的本国货币。这种标价法的特点是，外币数额固定不变，折合本币的数额根据外国货币与本国货币币值对比的变化而变化。如果一定数额的外币折合本币数额增加，说明外币升值，本币贬值；反之，如果一定数量的外币折合本币数额减少，则说明外币贬值，本币升值。

（2）间接标价法，间接标价法是指以一定单位的本国货币为标准，来计算折合若干单位的外国货币。这种标价法的特点是以本币为计价标准，固定不变，折合外币的数额根据本币与外币币值对比的变化而变化，如果一定数额的本币折合外币的数额增加，说明本币升值，外币贬值；反之，如果一定数额的本币折合外币数额减少，则说明本币贬值，外币升值。世界上采用间接标价法的国家主要是英国、英联邦国家、美国和欧元区国家。

汇率的种类主要有以下三种划分方式。

（1）从银行外汇买卖的角度划分。

买入价，买入汇率，是银行从客户或同业那里买入外汇时使用的汇率。

卖出价，卖出汇率，是银行向客户或同业卖出外汇所使用的汇率。

中间价，买入价与卖出价的平均价。

买入价和卖出价都是从银行角度划分的，银行买入外汇的价格较低，卖出外汇的价格较高，低买高卖的差价为银行的经营费用和利润来源，其大小要根据外汇市场行情、供求关系以及不同银行的经营策略而定。在直接标价法中，较低的价格为买入价，较高的价格为卖出价；而在间接标价法中，较低的价格为卖出价，较高的价格为买入价。在外汇市场上，我们一般将 0.0001（日元为 0.01）称为 1 点。

（2）按外汇买卖成交后交割时间长短划分。

即期汇率，也称现汇率，是交易双方达成外汇买卖协议后，在两个工作日以内办理交割的汇率。

远期汇率，也称期汇率，是交易双方达成外汇买卖协议，约定在未来某一时间进行外汇实际交割所使用的汇率。在直接标价法下，当远期汇率高于即期汇率时我们称为外汇升水；当远期汇率低于即期汇率时我们称为外汇贴水。升贴水主要受利率差异、供求关系、汇率预期等因素影响。

（3）按汇率制定的方法划分。

基础汇率是一国所制定的本国货币与基准货币（往往是关键货币）之间的汇率。关键货币往往选择的是国际贸易、国际结算和国际储备中的主要货币，并且与本国国际收支活动的关系密切。

套算汇率，是在基础汇率的基础上套算出来的本币与非关键货币之间的汇率。

对一个客源地的旅游需求潜力具有长期性影响的诸多因素还包括客源地的经济发展水平，而旅游地消费者拥有的可支配收入是其产生旅游需求的首要因素，从影响旅游活动的统计数据来看，大部分旅游客源地来源于经济发达的地区，以我国的旅游发展来看，全国国内旅游需求总量的绝大部分来源于经济发达的东部地区。假设不考虑其他因素的影响，一个客源地的经济发展程度——特别是居民人均可支配收入水平——与该地的旅游需求潜力之间存在较强的正相关关系。关于旅游发展前景预测显示，在任何一个客源地中，旅游需求的规模都将继续影响该地经济发展水平和居民可支配收入的变化而变化。

对旅游地的营销者来说，调查和统计客源地的经济发展水平和经济发展状况有多方面的作用，具体表现：有助于更好地挑选客源地，布局目标市场；有助于提醒旅游市场营销者，根据社会经济发展水平的变化，对应改善旅游服务体验以及旅游服务品质。

（四）地理因素

旅游活动形成有三个基本条件：旅游需要的产生和动机的激发，可自由支配的收入、闲暇时间。但是，除去以上三个基本要素以外，地理因素在其中也扮演着一个较为重要的角色。

旅游具有异地性的特征，是一种追求享受、追求美的活动，而各地地理环境的差异和审美正好能够满足旅游者的需要。换句话说，地理环境的差异性是激发旅游动机的最早、最持久的因素。它包括自然地理环境、人文地理环境、经济地理环境和环境质量四方面。

1. 自然地理环境

自然地理环境包括由地貌、水体、植被、动物、气候等要素，不同地区的不同要素特色鲜明的自然地理景观，这些自然地理环境的差异可以唤起人们的好奇心，从而激发人们旅游的动机，因此，自然地理环境也可以是旅游环境构成的第一环境。自然环境的差异可以分为不同的等级，其中主要包括如下三级。

一是不同地理方位的差异，如维度的差异。

二是地貌差异，如山地、平原、丘陵、高原等不同地貌。

三是相同地貌内部的差异，如同一地貌不同部位的差异，垂直地貌差异、沙漠与绿洲的差异等。

自然环境对旅游活动的影响主要表现在两方面：首先是地理环境差异越大，对人们的吸引力越强；其次是环境优美，气候宜人，景观原真的地方吸引力较大。

2. 人文地理环境

在人文地理环境中，文化是影响人们旅游出行的重要影响因素，包括生活方式、社会组织形式、民俗风情、语言文字、艺术等。文化包括广义的文化即物质文化、制度文化、精神文化，也包括狭义层面的文化即人类精神活动所创造的成果，包括哲学、艺术、科学等。

异质文化之间会因为文化背景的差异而相互吸引，同质文化之间也会因为相互类似产生共鸣。无论是异质文化还是同质文化，特殊的文化传统、丰富的历史古迹都可能激发人们的热情，产生旅游动机。

3. 经济地理环境

经济地理环境主要受到当地经济发展水平的影响，一般情况下，城市与农村是经常用来划分经济地理的标准。而经济发展对旅游者的影响主要表现：经济越发达，人们的消费观念越强，对旅游的需要也就越强，人们感受外部世界、调节身心的愿望越强烈，从而成为主要客源输出地。同样，经济发达的地区，旅游接待能力强，从而可以更好地为旅游业发展提供服务。

4. 生态环境质量

生态环境质量是衡量一个地区生态环境状况的重要指标，它反映了该地区生态系统的健康状况、生物多样性、资源利用以及环境治理等方面的综合表现。

首先，生态环境的优劣直接关系到人类的生存和发展。在生态环境良好的地区，空气清新、水源洁净、土壤肥沃，这些都有利于人类身体健康和繁衍生息。同时，生态系统的稳定和生物多样性的丰富有助于维护生态平衡，减少自然灾害的发生。

其次，生态环境质量还与社会经济的持续发展密切相关。在生态环境良好的地区，农业、林业、渔业等资源能够得到有效利用，可以为当地经济发展提供有力的支撑。此外，良好的生态环境还能够吸引游客和投资，促进旅游业和相关产业的发展。

为了提高生态环境质量，我们需要采取一系列措施。首先，加强环境治理和保护，减少污染物的排放，保护水资源和土地资源。其次，推广生态农业和绿色生产方式，减少化肥和农药的使用，提高资源利用效率。最后，加强生态教育和宣传，提高公众的环保意识和参与度。

总之，生态环境质量是衡量一个地区生态环境状况的重要指标，它关系到人类的生存和发展，以及社会经济的持续发展。我们应该加强环境保护和治理，提高生态环境质量，为我们的未来创造更加美好的家园。

二、市场接待现状分析

市场接待现状是指当前市场的接待能力和水平，包括旅游景点、酒店、餐饮、交通等方面的接待情况。在分析市场接待现状时，需要了解旅游景点的类型、数量、质量、特色，酒店的数量、档次、服务质量，餐饮的种类、口味、价格，交通的便利程度、安全性等因素。这些因素可以为企业提供市场发展的现状和趋势，有助于企业制订更加合理的投资计划。

根据 2023 年文化和旅游部发布的第三季度国内旅游数据情况分析：单季国内旅游总人次达 12.90 亿，同比增长 101.9%；居民出游总花费 1.39 万亿元，同比增长 152.73%。综合比较前两个季度，第三季度单季度旅游人次和收入均达到顶峰，国内旅游市场复苏进程加快、向好向上趋势显著。国内旅游接待人次情况：2023 年前三季度，国内旅游总人次 36.74 亿，比上年同期增加 15.80 亿，同比增长 75.5%。其中，城镇居民国内旅游人次 28.46 亿，同比增长 78.0%；农村居民国内旅游人次 8.28 亿，同比增长 67.6%。与 2019—2022 各年前三季度相比：2023 年前三季度国内旅游总人次超过 2020—2022 各年前三季度；但与 2019 年前三季度相比，相差 9.23 亿人次，恢复至 2019 年同期的 79.92%。分季度看：2023 年第一季度，国内旅游总人次 12.16 亿，同比增长 46.5%。2023 年第二季度，国内旅游总人次 11.68 亿，同比增长 86.9%。2023 年第三季度，国内旅游总人次 12.90 亿，同比增长 101.9%。可见，自 2023 年以来，积压的旅游需求爆发，国内出游人次同比增幅呈现持续扩大趋势。国内旅游收入情况：2023 年前三季度，居民国内出游总花费 3.69 万亿元，比上年增加 1.97 万亿元，增长 114.4%。其中，城镇居民出游花费 3.17 万亿元，同比增长 122.7%；农村居民出游花费 0.52 万亿元，同比增长 75.8%。对比 2019—2023 前三季度国内旅游收入数据可知：2023 年前三季度国内旅游收入超过 2020 年、2021 年、2022 年各年份全年，复苏增长显著；同 2019 全年相比，2023 年前三季度国内旅游收入达到其 64.4%，2023 年全年欲达到 2019 年水平存在一定挑战（第四季度旅游收入需超 2 万亿元，国内多数区域为旅游淡季）。第三季度出入境旅游情况：出境旅游政策愈趋开放和友好，出入境游供需两端齐增长，稳步回升。

自 2023 年以来，文化和旅游部先后发布多个促进出境旅游业务恢复的政策：自 2 月 6 日起，恢复旅行社及在线旅游企业经营内地与香港、澳门入出境团队旅游和"机票＋酒店"业务并公布了第一批国家和地区名单（20 个）；自 3 月 15 日起，试点恢复全国旅行社及在线旅游企业经营中国公民赴有关国家（第二批名单 40 个）出境团队旅游和"机票＋酒店"业务；8 月 10 日公布恢复出境团队游第三批名单（78 个国家和地区），至此，出境团队游目的地扩展至 138 个，出境游的进一步放开，有利于进一步释放旅游消费潜力。（数据来源：文化和旅游部，迈点研究院整理）

自 2023 开年以来，伴随外部环境优化改善、各级政府政策扶持与消费促进等利好因素，国内文旅行业复苏势头显著且持续，居民回补性出游需求旺盛。从春节的"开门红"到"史上最火五一"再到暑期旅游的火爆、中秋与国庆"超级黄金周"掀起全年假日旅游新高潮，无不彰显出旅游经济的发展韧性与活力，并进一步确立了"国内旅游市场加速进入全面复苏向上新通道"的发展态势。

三、市场竞争者分析

市场竞争者是指与本企业存在竞争关系的其他企业或品牌。在分析市场竞争者时，需要了解竞争者的产品类型、价格、销售渠道、营销策略等，以及竞争者的优势和劣势。这些因素可以帮助企业了解市场竞争格局和发展趋势，有助于企业制定更加有效的竞争策略。

（一）旅游产品类型及策略

旅游产品是旅游研究的核心内容之一，但对于其定义历来存在争议。至今没有形成统一认可的定义。学者谢彦君认为，从广泛的角度去定义旅游产品，意味着旅游产品是"一个行业的产物，而不是一个企业的产物"，这就为研究旅游产品的生产、管理和经营带来了限制，所以他从狭义的角度去重新定义旅游产品，即旅游产品是指为满足旅游者旅游的需要而开发生产出以供销售的物像和劳务的总和。故而，从以下七方面来揭示旅游产品的内涵。

（1）旅游产品是专门为旅游者生产或开发的，是商品；

（2）旅游产品的生产有两种形式：资源依托型和资源脱离型；

（3）旅游产品主要供旅游者购买，功能上具有观赏性和愉悦性；

（4）旅游产品既可以是大物质产品，也是无形服务；

（5）旅游产品的生产属于劳动密集型；

（6）各种媒介要素不是旅游产品，但可以为旅游产品提升其附加价值；

（7）旅游产品不包括购物品。

对旅游产品进行分类需要进行深入研究，也是认识旅游产品复杂性的科学方法，由于对旅游产品的概念认知不一致，旅游产品分类研究主要包括以下几种。

（1）按照旅游产品的分类，主要分为整体旅游产品和单项旅游产品。整体旅游产品从供给和需求两个角度提出，即旅游者获得一次完整旅游经历的各种接待条件和服务条件的总和；单项旅游产品主要从旅游企业的角度出发，指旅游企业借助一定的设施向旅游者提供的项目服务。

（2）按照旅游产品的时空特征分类即过程性吸引物和聚集性吸引物。前者包括路旁风景区，营地、娱乐场所购物场所等，后者包括度假区、节庆和场所、主题公园等。

（3）文化和旅游部对旅游产品的分类，主要包括四类：观光型旅游产品，如自然风光、城市风光或田园风光、历史遗迹或名神古迹；度假旅游产品，如温泉度假、野营、山地度假、海滨度假等；专项旅游产品，如文化旅游、教育旅游、商务旅游、探险游等；生态旅游产品，是一种新型的旅游方式，目的是保护环境、回归自然，而生态旅游产品也日益受到旅游者的推崇。

（4）按旅游产品的功能分类，结合国家分类体系，将旅游产品分为七类，包括观光旅游产品、度假旅游产品、康养旅游产品、商务旅游产品、文化旅游产品、专项旅游产品和特色旅游产品。

市场竞争者是与旅游企业存在竞争关系的同类企业，对市场竞争者的分析可以帮助企业了解竞争对手的优势和劣势，从而制定相应的竞争策略，包括识别竞争对手类型：分析竞争对手的类型和数量，了解市场竞争的激烈程度；剖析竞争对手产品：分析竞争对手的产品类型、特点、价格等，了解竞争对手的产品定位和市场定位；熟悉竞争对手服务：分析竞争对手的服务质量、客户满意度等，了解竞争对手的服务优势和劣势；识别竞争对手营销策略：分析竞争对手的营销策略、推广渠道等，了解竞争对手的市场推广能力和营销策略；认识竞争对手管理：分析竞争对手的管理水平、人才队伍等，了解竞争对手的管理优势和劣势。

（二）竞争者的识别

识别旅游市场竞争者需要从以下三方面入手，即明确直接竞争者、识别竞争者以及判断竞争者的目标。

首先，明确直接竞争者。一般为同类产品或同种产品竞争者，当旅游者在面对同类旅游产品，不同的旅游地可以提供相同或相似的旅游产品，而旅游目的地之间此刻也成为旅游产品的竞争者。

其次，识别竞争者。主要目的是通过识别市场上竞争对手并预测其行为，为此，就需要收集竞争对手的详细资料和信息并加以整理、统计、分析，做出判断，还可有意识地与旅游者进行访谈，征求行业专家的意见，招聘专业人员提高企业管理水平，从而判定竞争对手未来市场的发展目标，做出及时的战略发展对策。

（三）评估竞争者的优势与劣势

规划者需要从经营、发展等方面对竞争者做全面的分析，常用到的评价分析指标包括以下几方面：

（1）竞争者规划开发的目标；

（2）竞争者现有市场占有率和市场地位；

（3）影响竞争者发展的因素；

（4）竞争者发展中遇到的障碍因素；

（5）竞争者的盈利能力以及市场销售情况。

（四）估计竞争者的反应模式

在制定规划营销策略时，还应分析竞争者对于目标市场以及该旅游地开发反应的程度，为此大致可归纳为以下几类。

1. 缓慢反应者

缓慢反应者在面对市场的波动变化时缺乏感应力以及攻击力，主要原因包括：竞争者深信自身旅游市场的地位且高估旅游者的忠诚行为；忽略了竞争行为对自身发展具有的意义；缺乏市场敏感度；缺乏相应的能力对市场的变化做出反应，或缺乏足够的能力来做出及时的反应。

2. 局部反应者

此类竞争者只对竞争行为的局部做出反应，对其他部分"视而不见"，原因包含旅游地的开发只对竞争者的部分造成了威胁或竞争者受资金的限制及个人能力的不足限制，只能做出局部反应。

3.隐蔽反应者

此类竞争者表面上看没有做出相应的反应，而实际上已经做出了完善的应对策略，容易达到"暗度陈仓"的效果。

4.激进反应者

该类竞争者对任何竞争行为都会做出强烈的反击、快速的反应，主要原因包括开发地的行为对竞争者的直接利益造成了质的冲击，或是在竞争激烈的市场长期形成了一种强烈的竞争反应并成为习惯。一般情况下，该类竞争者较为少见。

第二节　市场调研的程序和方法

一、旅游市场调研的主要内容

（一）市场环境

对市场环境的调研应当是相对宏观、系统和比较全面的调研，主要包括国际形势、经济状况、政策法令、自然环境等方面，重点如下。

1.社会环境

社会环境主要是客源市场地理环境，包括地理位置，交通状况等；人口环境，包括数量、结构等；教育环境，包括教育机构和人们普遍受教育程度等，这三方面的情况，对旅游市场影响重大和长远。因为人口规模决定旅游消费市场大小，地理位置影响游客目的地选择，受教育程度影响其消费习惯和偏好。

2.文化环境

文化环境主要是客源市场地方行为文化，如民风民俗；心态文化，如价值观，审美情趣和思维习惯等。这是要高度重视的环境，因为认识体系决定个体行为，而这体系的核心是人的世界观和价值观。现实中文化的冲突往往是阻碍细分旅游市场发展的一个重要因素。

3.科技环境

科技环境主要是了解与旅游市场相关的，尤其是智能和移动互联网科技的发展情况。其发展将逐步彻底改变人们的消费习惯，认真分析和研判其对旅游市场的影响并科学应对是当下旅游政府部门和企业的当务之急。

（二）市场供需

1.市场供应状况

主要可分为两个层面：

（1）市场整体产品供应情况，重点是与本地区或企业相类似产品的供应情况，并做好比较分析工作。

（2）本地区或企业所有产品的供应情况，包括供应产品的种类、品质、数量、价格等，并做好运用结果改进自己产品和营销的工作。

2.市场需求和变化趋势

主要可分为两方面：

（1）入境和国内游客。重点是其需求产品的结构、质量和服务水平等方面情况。

（2）出境（出本地区）游客。重点是出游动机、方式和消费习惯、水平等方面情况。这类调研适合用定量分析的方法。

3.市场竞争情况

从产品角度出发主要可归为三类：

（1）整体市场竞争情况。主要是整个市场中旅游产品供求、主导企业及其产品、旅游消费总体需求及其变化、影响旅游市场外围的主要因素等情况。

（2）细分市场竞争情况。主要是细分市场内产品供求其及结构、特点情况，供应企业数量及其产品竞争力情况，各种消费需求和其被满足程度情况，可从时间角度来划分新企业、产品进入、淘汰情况等。

（3）特定市场竞争情况。主要是本地区或企业在整个旅游市场中知晓面、了解度和吸引力、信誉度情况，本地区或企业主要产品在细分市场中的销售情况，主打产品定价的合理和变动、生命周期情况，宣传促销对销售的影响情况，等等。

这类调研适合用定性分析的方法。

4.市场营销组合因素

（1）产品。主要是即将推向市场新产品的设计和包装，种类和价格，内容和内涵、功能和特色等情况。

（2）价格。主要是细分市场内产品的价格水平、价差、价格趋势，本地区或本企业旅游产品的生产成本、营销和管理费用，消费者对本地区或企业产品价格的预期等情况。

（3）渠道。主要是产品从本地区或企业向消费者转移过程的各个环节，重点是分销渠道和中间商（如旅游批发商、旅游经销商、旅游代理商、旅游专业媒介等）的种类、现状及发展趋势等情况。

（4）促销。主要是广告投放的形式、优缺点和效果，经营推广各种形式（如节庆事件、展销活动、免费优惠措施等）的针对性、适应性和效果等；旅游公共关系处理中应当重点做好这些工作，如赞助和支持各种公益活动，创造和利用新闻吸引公众关注，建立和完善企业内部制度等；营销人员促销主要方式（如宣传促销、上门推销、会议促销）及其效果等。

二、旅游市场调研的主要类型

这里只介绍常用的四种类型，即 4W 类型。

（一）What 型

通过调研搞清是什么的问题。这种调研是从不同的角度、层面对市场现状进行比较全面的调研，其资料数据的采集和记录着重于客观事实的静态描述。这类调研要求细致、具体，需要事先拟订调研计划，一般要进行实地调研，收集第一手资料。目前旅游部门的调研大都属于这一类。

（二）Why 型

通过调研搞清为什么的问题。这种调研就是针对市场上某一现象或趋势，调研其发生的原因，产生的影响，预测其发展的方向，探讨现象之间的因果关系。通过这种调研，可以比较清楚地了解内外部各种因素对旅游市场的影响程度，尤其是某些旅游产品对这些现象和趋势的敏感性，具有一定的动态性。这类调研比较适用于对会奖、节庆、运动等类型旅游产品的调研。这类调研对调研人员有较高的专业知识的要求，一般需要依托专业机构进行。

（三）Who 型

通过调研搞清什么"人"的问题。这种调研是在对调研对象进行全面分析的基础上，通过比较，找出那些在市场上具有主导地位或者重大影响，与自己形成竞争的主要的地区、企业和产品进行全面、深入的调研，学习其先进理念、方法和经验，并由个别事例来反映，推算出某个细分市场发展的一般规律和特点。这种方法比较适用于调研体量不大，调研人员对总体情况比较了解，能够比较准确地选择有代表性的个体的情况。例如，景区、酒店、旅行社等对本行业市场情况的调研，特别适合在设计和推出新的旅游产品之前进行。

（四）Which 型

通过调研搞清选什么的问题。这种调研是在所有调研对象中，从性别、年龄、职业、居住地、年收入、受教育程度等不同的角度，随机抽取一定数量的样本进行调研，从而推断出各个类别旅游消费者的总体特征，与各个旅游细分市场的关系。这种方法时间短、耗资低、调研人员少，比较适用于旅游部门或者企业在选择目标市场和消费群体时进行，特别适用于产品距离目标市场比较近，目标市场人口密度比较大，自己的产品具有一定垄断性或明显竞争优势的情况下进行。

三、市场调研的基本程序

旅游规划与开发市场调研是企业了解市场的重要手段之一，其基本程序包括以下方面：

（1）确定调研目的和问题。在确定调研目的和问题时，需要明确调研的目的和重点，以及需要解决的问题和目标。

（2）收集相关信息资料。在收集相关信息资料时，需要广泛收集与调研目的相关的信息资料，包括政府部门发布的数据、行业协会发布的信息等。

（3）设计调研方案。需要根据调研目的和问题设计合理的调研方案，包括调研对象的选择、调研问卷的设计等。

（4）实施调研计划，根据设计方案进行实地调研，并收集相关数据。

（5）整理和分析数据，对收集到的数据进行清洗、整理和分析，提取有用的信息。

（6）撰写调研报告，将整理好的数据和分析结果进行总结和分析，形成具有针对性的报告和建议。

四、旅游市场调研的方法

市场调研的方法包括定量研究和定性研究两种。定量研究主要采用问卷调查、实验研究等方法收集数据，并采用统计分析方法对数据进行分析。定性研究主要采用访谈、观察等方法收集数据，并采用归纳分析方法对数据进行分析。在实际应用中，可以根据具体情况选择合适的方法进行调研和分析。

结合旅游规划与开发的的内容要求，在进行市场调研时采用的方法包括以下几种。

（一）访问法

访问法主要包括面谈访问、日记调查、投影法、案例研究等，其中面谈访问适用于所有旅游产品类型的调研，日记调查法适合于旅行社行业，投影法适合于酒店行业，案例研究适合于景区（点）行业。优点：得到调研结果快，回收率高；可以及时发现、解释或纠正偏差；往往可以获得调研问题以外的重要资料；在过程、方式和行为上有较高的可控性。缺点：准备工作量大，投入比较大，被调研对象往往具有关联性，相互影响，可能得到不真实的答案，调研对象有时缺乏代表性。

（二）观察法

观察法即借助于一定的工具在现场观察调研对象的方法。这种方法与被调研对象交集度小，具有客观和直接等特点，比较适用于具体旅游产品及相关的调研。例如，对旅游产品服务品质、广告效果、游客消费行为习惯等进行调研。优点是：可以客观地获取情况，实地了解到产品在使用中的优缺点。缺点：无法了解到一些内在因素，需要长时间观察才能发现规律性。因此，将观察法与访问法结合使用效果比较理想。

（三）实验法

实验法可分为实验调研法和现场实验两种。实验法是 Why 型调研的主要方法之一，这种方法在旅游市场调研中可运用的方面很多，凡是与旅游产品销售有关的因素，如种类、包装、价格、广告、促销方式等，都可用实验法了解用其是否合适和有效，如在展览会、交易会和贸易会产品销售现场的运用。

优点：反应灵敏，获取的信息资料客观真实，直接显示各相关因素与销售之间的互动关系。缺点：需要对每个产品和营销措施进行测试，投入较大，统计复杂，时间长，实施困难。

第三节　旅游规划与开发的营销对策

一、目标市场的选择

在市场调研和分析的基础上，需要选择适合企业的目标市场。目标市场的选择需要考虑多方面的因素，包括市场规模、市场需求、消费者行为、竞争对手情况等。通过选择适合企业的目标市场，可以更好地满足市场需求，提高企业的市场占有率和盈利能力。

在旅游规划与开发中，选择目标市场是至关重要的一步。目标市场的选择需要考虑旅游产品的特点、市场需求的变化、竞争格局等因素。在选择目标市场时，首先需要明确目标市场的类型和规模，以及目标市场的需求和特点。同时需要考虑目标市场的竞争状况和发展趋势等因素。通过对目标市场的选择和分析，可以为企业制定更加精准的营销策略提供依据和支持。其次是进行市场调研和分析。通过了解市场需求和竞争状况，可以为企业制定更加合理的发展战略和营销策略。市场调研需要收集有关目标市场的信息，包括消费者需求、竞争对手情况、市场趋势等。通过分析这些信息，可以确定目标市场的需求和特点，让企业推出更加符合市场需求的产品和服务。

二、营销渠道的设计

营销渠道是旅游产品从生产者传递到消费者手中的重要途径。在旅游规划与开发中，需要设计合理的营销渠道来满足市场需求和提高市场占有率。营销渠道的设计需要考虑旅游产品的特点、市场需求的变化、竞争格局等因素。常见的营销渠道包括直接销售渠道和间接销售渠道两种。直接销售渠道主要通过企业自己的网站、电话热线和门店等方式进行销售；间接销售渠道主要通过代理商、旅行社等合作伙伴进行销售。通过对营销渠道的设计和优化可以提高企业的销售效率和客户满意度。

（一）营销渠道的类型

1.直接销售渠道

直接销售渠道有以下三种模式：

（1）旅游产品生产者—旅游消费者。在这种模式中，旅游产品生产者（如旅游企业）直接向旅游者出售产品，也是至今很多企业常用到的销售方式，如酒店、餐馆、娱乐场所等。

（2）旅游产品生产者—（通过直接预定的方式购买）旅游消费者。这一模式主要是指旅游者通过线上预订平台或电话、互联网、直接预订系统等方式直接向旅游产品生产者购买产品或服务。

（3）旅游产品生产者—自营销售网点—旅游消费者。这一模式主要是指旅游者通过旅游企业在旅游客源地自设的销售点购买产品或服务，这种模式仍然是属于直接销售的模式。例如，航空公司在不同区域设立的分公司或售票处，中大型旅游企业通过在各地自设网点销售旅游产品或服务。

2.间接销售渠道

在旅游产品规划与开发中，一般采用间接销售渠道，主要包括以下几种方式：

（1）旅游产品生产者—旅游零售商—旅游者。这种模式我们也可以称之为单级销售模式，即旅游产品生产者借助中间商的力量扩大销售市场最终至旅游消费者手中。例如，酒店、航空公司、游轮公司等惯常采用这一模式作为自己销售的主要渠道。在我国旅游业中，也经常采用这一模式。

（2）旅游产品生产者—旅游批发商—旅游零售商—旅游消费者。这一模式较之于上一模式而言，涉及两个层次的中间商，即旅游产品生产者或旅游供应商将旅游产品打包销售给一级中间商，由一级批发商将此产品在此包装组合销售要给旅游零售商（旅游零售商，包括目的地零售商和客源地零售商），由零售商向旅游消费者出售。这种模式在旅游服务业当中较为常见，如度假饭店、营地类及航空公司较喜欢采用概模式。

（3）旅游产品生产者—批发商（包括目的地批发商、客源地批发商）—零售商旅游消费者。这一模式也可称为多级销售渠道，多见于跨境旅游业务。由于自身经济实力的限制或海外环境的制约，在面向多元市场开展经营时，更多的旅游企业会选择打包将旅游产品销售给目的地国际旅行社，再由其将旅游产品进行重新定价，委托当地代理商及其零售代理机构出售给旅游消费者。

（二）营销渠道的设计

一般情况下，旅游市场的营销渠道按照其出现的先后顺序大致分为两类，传统渠道和新型渠道。

1.传统营销渠道

传统营销渠道主要涉及旅游分销商、大众传媒专业媒体以及户外媒体。

（1）旅游分销商。随着旅游产业规模的不断扩大，产品供给也正趋向多元化。据文旅部《2022年文化和旅游发展统计公报》，截至2022年末，全国A级旅游景区的数量是14 917家。但不同于酒店业的连锁化、标准化，重资产的传统景区痛点颇多，大部分景区不为人知，换言之，大多数时候，可能由20%的传统热门景区赚着整个景区业态80%的钱。2023年，我们见证着景区游玩一座座新的里程碑：抖音日历票功能上线，上团商家数对比去年增长115%，暑期支付对比去年增长超200%，商家自播场次破50万、全国POI视频曝光破3 000亿。

而传统的旅游分销商中最主要的就是旅行社，在实际运作过程中，旅行社在中间发挥着重要的作用，在旅游供应商与旅行社联系中，将其产品纳入旅行社采购范围，再由其进行打包促销，在该渠道中，市场营销就主要集中在旅行社。传统旅行社认为客人想要性价比和省心玩（吃喝玩乐一条龙），成本意识非常重，定价模式是成本＋利润，所以细分了各种低价的组织和方式，如地接社、批发商和买断机位／票／房等垄断的方式预控资源以最大限度地追求最低成本和利润最大化。"灵活操作"是传统旅行社最大的特点，是优势，也是劣势。

总体而言，对商家来说，传统旅行社需要给低价才能发挥作用（需要谨慎选择具体渠道、考虑市场平衡和品牌定位），OTA 是需要利用规则运营（需要关注规则变动和收益管理），新媒体矩阵则对运营、运气、产品本身属性都提出了更高的要求（需要关注投入产出比）。从传统旅行社，到 OTA，再到新媒体矩阵，在商家越来越直接对接市场的同时，营销运营难度和对服务的要求也在急剧增大。小型商家可以做选择题，有所取舍；但大型商家是全都要，要平衡好所有细分市场的诉求和价值，一起发力，不然无法满足生意体量。

而对消费者来说，想要性价比高和个性化服务找旅行社，但是前提是要找到对的旅行社；如果还没有明确目标，想要全面的基础信息、便捷的预订、良好的服务找OTA；想要更直观地了解产品亮点可以找新媒体，但需要注意产品不多，而且目前预订体验可能效果较差。

（2）大众传媒。在大众传媒中主要有广播、电视、杂志、报纸等。广播是最早通过无线电波进行多点隔空投递的新闻传播工具，从而成为真正定义"大众传播"意义的典型新媒体。有线广播的出现克服了干扰空间传播的技术缺陷，全球庞大有线广播传输网的发展使广播的"隔空投递"与"入户服务"齐头并进、大放异彩，进一步增强了广播作为大众传播媒介的专业性、功能性和服务性，由此也领航开启了媒体细分受众市场的进程，真正实现了从传者中心到受者中心的传播转向，又一次将媒体的功能从单一的"广播"工具重新定义为多样化"传播"介质。

自 21 世纪以来，互联网的全球化使移动广播悄然兴起。到今天，物联网、5G、大数据加持下的智能化、全媒化使广播的空间特质和传播意义再次回归。随着用户驾驶、健身等各种生活场景的日益丰富，以视觉为中心的视频类媒体传播时空被不断挤压。与此同时，以声音为中心打造的各类听觉媒体的平台化、智能化产品却在不断推陈出新。广播也从"隔空投递""入户服务"再转向，成为更具贴近性、服务化更强的"伴随收听"。多元化的"伴随式传播"再次重构了广播场景化传播的时空意义，尤其在一些视频类媒体难以触达或视觉不便接受的场景下，广播作为专注于听觉感知的媒体特性和优势则更加凸显，直击心灵的声音所产生的独有而强大的传播注意力极大地给受者赋能，为其提供了更色彩斑斓、空间场景更广阔的想象力建构。

智慧广播、云广播的时代正在到来，广播已经不再是传统意义上的广播，它的时空关系、传受关系、情理关系均发生了实质性变革。融媒体时代的广播被赋予新的定义，声音的跨媒体传播、音视频融合、广播可视化使广播成为最有可能成为"四全"媒体的主流媒体。

（3）专业媒体。旅游专业媒体主要是指业内发行旅游相关信息等的刊物，它可以是公开发行的，也可以是内部发行的，主要的特点就是可以针对性地为旅游意向者提供专业的信息或可在旅游营销宣传方面取得事半功倍的效果。常见的旅游专业媒体有《中国国家地理》《旅行家》《旅游摄影》《空港旅游》等，除此以外还包括各种导游手册或旅游指南等。

（4）户外媒体。户外广告媒体多种多样，按照载体主要包括墙面广告（在建筑物外墙上发布的户外广告），公共设施广告（如活动厕所、地下人行道广告牌、扶梯、车厢内海报、候车亭广告牌等），建筑物广告（置于建筑物外墙、楼顶或裙楼等广告位置），车体广告（以公交车、货车为载体，在车辆两侧或车头车尾上做广告，用全车身彩绘及车身两侧横幅挂板等），路牌广告（路牌设立在道路两旁、绿化带，画面多以图文的形式出现），悬挂广告（设置于公路两侧电线杆上，制作成灯箱广告、路旗等广告形式，广告面积较小），场地广告（主要设置于体育场馆内比赛场地周围，以及大型集会活动场地周围，以及主持类节目的周围），充气物造型广告（多用于产品的促销及宣传，多为临时型，在展览场地、大型集会、公关活动、体育活动等户外场所都可运用）。按照材质包括喷绘招牌（多为无照明广告牌，即广告牌上没有设置任何照明设备的广告牌）、灯箱广告（利用灯光把灯片、招贴纸、柔性材料照亮，形成单面、双面、三面或四面的灯光广告）、三面翻灯箱（这种装置带有三面棱柱，广告画面内容使用喷绘、电脑写真或户外彩色即时贴等材质）、电子屏（用电脑控制，将广告图文或电视广告片输入程序，轮番地在画面上显示色彩纷呈的图形与文字，能在较短的时间里展示多个不同厂家、不同牌号的商品）、Led 光源照明亮化（Led 光源主要是以 Led 为发光核心的发光字，除了以往常见的亚克力发光字、外露灯字、Led 灯箱以外，现在还有树脂字、亚克力迷你精工字等）。按照区域分为公交车广告、地铁广告、机场广告、火车站广告、高速公路广告、码头广告、商超广告、社区广告、公共场所广告、商住楼宇广告等。户外广告可分为平面和立体两大类，平面广告分为路牌广告、招贴广告、壁墙广告、海报、条幅等；立体广告分为霓虹灯、广告柱以及广告塔灯箱广告、户外液晶广告机等。

2. 创新营销渠道

在营销领域有一个说法叫炸药捕鱼，逻辑是把炸药扔到湖里，引爆之后，成千上万的鱼受到惊吓，会跳到船上或者网里。

从某种意义上讲，未来企业渠道的生命力与竞争力取决于渠道管理者的创新能力。渠道创新是新理念、新体制、新技术、新方法的集成。通过对现有渠道资源的深度整合与重新布置，传统营销渠道将获得更高的销售能力和运营效率，从而在复杂多变的未来市场竞争中获得更多生存发展空间。创新营销渠道主要包括以下几类。

（1）组织形态创新。传统渠道由于层级较多，导致生产企业与最终消费者之间的距离较大，不利于生产企业快速、准确地获取用户的反馈信息。而在电子商务日益发达的今天，信息传递效率较弱、反应速度偏慢的传统渠道越来越不能适应市场需要。未来渠道的组织形态将趋于扁平化，渠道长度大大缩短，结构变得短而宽，中间商环节减少，整个渠道将以消费者导向为原则进行布局。这种新型渠道的最大优点是压缩了中间环节的运营成本，形成了传统渠道望尘莫及的价格优势，而且生产企业与最终消费者之间几乎直接对接，市场反应速度将得到质的飞跃。扁平化渠道无疑非常适合移动互联网时代的用户消费习惯，但这种新型渠道也并非没有弊端。由于渠道合作伙伴数量大大减少，对企业的市场覆盖能力提出了更高的要求。

从目前来看，渠道组织形态创新的基本方向有：生产企业直接给零售终端供货，省略中间的经销商；生产企业直接下沉到渠道终端市场，渗透到经销商忽略的空白市场中；让总经销商扩大直销比例，减少二级经销商环节；生产企业融入大型连锁企业的商业生态圈，企业负责生产，由大型连锁企业的渠道直供终端零售网点；生产企业组建物流公司，直接向最终消费者提供物流配送服务。

（2）功能结构创新。传统渠道的市场调研、促销等功能往往由独立的渠道成员执行，联系松散、各自为政。尽管各个渠道环节分别为营销服务，也能保持整个渠道的正常运营，但渠道资源整合程度较低，管理比较分散，对运营效率难免有所限制。所以，未来的渠道要在功能结构上进行创新，实现整个营销过程的系统集成管理。主要思路是通过信息化管理打破各个环节相对独立的格局，把所有渠道流程联系成一个高度灵活的系统。每个环节通过共享信息数据来实现最适化协作，为精细化管理打下技术基础。如此一来，新型渠道就能降低渠道运营过程中的无谓消耗，实现渠道资源的最优化配置。

（3）渠道关系创新。渠道成员之间的合作关系也是渠道创新的一个重要方向。传统的渠道管理侧重交易管理，而未来的渠道管理侧重关系管理。换言之，传统的渠道关系是一种纯粹的交易关系，各渠道成员只重视短期利益得失，而不会考虑打造百年品牌之类的长远目标。这种渠道关系很容易导致渠道成员各自为政的格局，从而引发各种渠道冲突，破坏渠道的正常秩序。

未来的渠道采取关系型管理方式，比起短期的销售利润，更重视渠道成员之间的战略合作伙伴关系。无论是渠道设计还是渠道维护，都围绕着巩固渠道战略伙伴联盟关系来展开。企商双方高度一体化，全方位协同作战，共担风险，这样才能实现企商各方以及营销渠道总体利益的最大化。从交易型关系到伙伴型关系，渠道创新还有很长的路要走。

（4）营销模式创新。传统渠道的营销多以大中型城市为开发重心，各类大型企业之间都建立起了严密的销售渠道体系。这些优良市场如今已经趋于饱和，渠道竞争异常激烈。随着我国城市化建设的不断发展，旅游市场逐渐将重心从一、二线市场下沉到三、四线市场，这本质上是一个区域市场细分化的过程。旅游企业在巩固现有市场的同时，也要看准机会把营销重心下移到这些待开发的市场（如乡村旅游的发展和振兴）。

此外，旅游企业除了革新自建渠道的营销模式以外，还可以尝试与公共型营销渠道对接。公共型营销渠道指的是各类在线 OTA 平台或各类跨界平台等为多个行业提供渠道服务的商业零售终端。这种渠道的最大优点就是直接连通最终消费者，同时整合了多个行业的渠道资源。部分旅游企业自建渠道的市场覆盖范围通常比较有限，销售终端网点远不如公共型营销。所以，旅游企业可以将自建营销渠道纳入公共型营销渠道体系之中，借助这种庞大的营销渠道来提升自己的销售能力。

通过这四方面的创新，旅游企业营销渠道将可实现营销效果质的提升，当然，这也对渠道管理提出了更多、更高的要求。总之，渠道创新没有绝对正确的模式，唯一的根本原则就是因时制宜、因地制宜。

三、营销战略的策划

营销战略是企业根据市场需求和竞争状况制定的重要策略之一。在旅游规划与开发中，需要制定合理的营销战略来提高企业的市场占有率和盈利能力。常见的营销战略包括品牌战略、价格战略、产品战略、渠道战略和促销战略等。价格战略是指根据市场需求和竞争状况确定企业产品的价格水平；产品战略是指根据市场需求和竞争状况确定企业产品的类型和特点；渠道战略是指根据市场需求和竞争状况确定企业产品的销售渠道和销售方式；促销战略是指通过促销活动、广告宣传等方式来提高产品知名度和销售量。通过对营销战略的策划和实施可以提高企业的竞争力水平和市场份额。

（一）品牌形象战略

首先旅游企业形象塑造需要设计独特的、鲜明的旅游企业形象，使旅游者（包括现实旅游者和潜在旅游者）对旅游企业产生一致的评价和认同，从而有效地、快速地传播旅游企业信息，增强旅游企业整体竞争力。

关于旅游企业形象塑造的主要目的包括：①提升旅游企业形象，塑造旅游品牌；②确定并明确旅游企业的理念；③有效传递旅游企业信息。

旅游企业形象塑造的一般原则有以下几点：

（1）系统性。第一，企业形象作为旅游企业识别系统与整体形象战略，它包括 MIS、BIS、和 VIS 三个子系统，即理念识别系统、行为识别系统、视觉识别系统三个组成部分，它是一个有机的整体。第二，导入 CIS 的系统性是指旅游企业要把 CIS 的导入作为一项系统工程来实施，它涉及旅游企业这个组织系统的全员性、全范围、全面的方法与手段。

（2）统一性。CIS 的 3 个子系统 MI、BI、VI 各自自成系统，不仅要使三者内部各自统一、协调，而且要使整个 CIS 体系统一、协调，形成统一的旅游企业识别系统，使旅游企业形象在各个层面得到有效的统一。

（3）差异性。CIS 策划的根本目的是塑造具有鲜明的个性形象。CIS 的导入是一项艰巨的系统工程，它涉及旅游企业的方方面面，是旅游企业从"外表"到"灵魂"的革新。

（4）长期性。CIS 的导入是一个有始点而无终点的操作过程，因此，导入 CIS 的长期性也是指 CIS 的动态性与适应性，其是一个不断适应外部环境，与旅游企业具体实际相互结合、相互促进和提高的过程。

（5）操作性。CIS 并不是一种空洞抽象的理论，也不是装点门面、追求时髦的一种手段，而是一种理论与实践有机结合的、实实在在的旅游企业整体形象战略和战术，具有很强的科学性和应用性。它必须是可以操作的，是旅游企业形象塑造的行动指南。

旅游企业形象导入是一项系统工程，虽然因为旅游企业特点、经营范围和导入动机有所不同，在设计规划的流程与表现的重点上有所区别，但基本程序大同小异。CIS 的导入程序大致可分为准备、调查、企划、设计、实施等阶段。

（1）准备阶段。导入 CIS 活动正式开始之前，实际上都有一个准备阶段，主要任务是确认导入 CIS 的动机，制订基本计划，落实人、财、物等基本条件，为正式启动导入计划做必要的准备。

准备阶段完成后，应提交一份规范的 CIS 提案书，内容一般包括导入 CIS 的理由和背景、基本方针、计划项目与日程安排、负责机构、项目预算、预期效果等。

（2）调查分析。调查分析的任务是确定调查内容、调查问题与问卷设计、调查对象、调查方法、调查程序与期限、调查结果分析等。

旅游企业形象调查，其主要目的是掌握原有旅游企业形象的状态，了解内外部公众对旅游企业原有形象的反映，重新评价形象。调查内容有公众认知、基本形象、辅助形象、服务方式、交通运输工具、业务用品、标志形象等，包括原有的标志、标准字、公司名、服务方式、交通运输工具、业务用品、标识体系及各种传达媒体。

（3）企划阶段。企划是在充分调研的基础上，深入分析旅游企业内部和外部认知、市场环境和各种设计系统的问题，进行旅游企业未来发展目标与愿景定位，构筑理念系统，研讨形象塑造方案。

在企划阶段，要对调查结果做综合性结论。要归纳、整理出旅游企业经营上的问题，并给予有效的回答；还要对本旅游企业今后的思想、活动及形象构筑方向，提出新形象概念，构筑基本理念系统。旅游企业理念定位是理念设计的关键一环，要在初步建议方案的基础上，仔细研究从何种角度、以什么为侧重点来表达旅游企业的理念并制定最后的策划方案。

企划阶段结束时，应提交一个能表达总体企划思想和战略的总概念报告书，提出CIS计划的基本策略、理念系统构筑、开展设计的要领、未来管理作业的方向等。

（4）设计阶段。设计阶段即将前面总概念书设定的基本概念、识别概念等转化成行为和视觉表达形式，具体表现旅游企业的理念。

旅游企业行为设计既要有理论深度，又要具有可操作性，这使得行为设计成为CIS策划中的一个难点，必要时可先进行有组织的试点。行为设计的最高要求是科学性、规律性和可操作性，以及能够被员工所接受。

视觉识别设计可分为3个步骤：①将识别性的抽象概念转换成象征性的视觉要素，并对其不断调查分析，直到设计概念明确化为止；②创造以实体象征物为核心的设计体系，开发基本设计要素；③以基本设计要素为基础，展开应用系统要素的设计。

（5）实施阶段。这一阶段的重点在于将设计规划完成的识别系统制成规范化、标准化的手册和文件，策划CIS的发表活动、宣传活动，建立CIS的推进小组和管理系统。在实施阶段，一般应进行以下几项活动。

（二）、竞争战略

1. 旅游区SWOT分析

旅游区的SWOT分析是一种战略分析工具，用于评估旅游区的优势（Strengths）、劣势（Weaknesses）、机会（Opportunities）和威胁（Threats）。以下是旅游区SWOT分析的基本步骤。

（1）优势分析。

旅游资源：评估旅游区的自然和人文资源，如独特的景观、历史遗迹、文化活动等。

地理位置：考虑旅游区所处的地理位置，如交通便捷性、周边市场等。

基础设施：评估旅游区的基础设施，如住宿、餐饮、交通等是否完善。

营销策略：评估旅游区的营销策略，如品牌知名度、宣传渠道等。

（2）劣势分析。

资源开发不足：评估旅游区的资源是否得到充分开发，是否存在未利用的潜力。

设施老化：考虑旅游区的设施是否老化，是否需要更新或维护。

服务质量：评估旅游区的服务质量，如员工态度、服务质量等。

竞争压力：考虑旅游区的竞争压力，如其他旅游区的竞争情况。

（3）机会分析。

市场增长：评估旅游市场的增长趋势，以及旅游区在市场中的增长机会。

政策支持：考虑政府对旅游业的政策支持，如税收优惠、资金支持等。

新技术应用：评估新技术在旅游业中的应用，如虚拟现实、增强现实等。

合作机会：考虑与其他旅游区或相关行业合作的机会，如联合营销、资源共享等。

（4）威胁分析。

经济波动：评估经济波动对旅游业的影响，如经济衰退、通货膨胀等。

自然灾害：考虑自然灾害对旅游区的影响，如地震、洪水等。

竞争压力：评估其他旅游区的竞争压力，如价格战、服务质量竞争等。

法律法规变化：考虑政府对旅游业的法律法规变化，如税收政策、环保政策等。

通过 SWOT 分析，旅游区可以明确自身的优势和劣势，识别市场中的机会和威胁，从而制订合适的战略和计划，实现可持续发展。

2. 旅游营销竞争战略决策

旅游营销竞争战略决策是旅游企业制定营销策略、实现竞争优势的关键环节。制定营销竞争战略决策需要注意以下几个方面，帮助旅游企业在竞争激烈的旅游市场中制定有效的营销竞争战略决策。

（1）了解目标市场：要深入了解目标市场的需求、偏好和行为。通过市场调研和分析，确定目标市场的细分和定位，以便更好地满足客户需求。

（2）差异化营销策略：在了解目标市场的基础上，制定差异化的营销策略。这可以通过产品差异化、服务差异化、渠道差异化和品牌差异化等方面来实现。例如，针对不同客户群体提供不同的旅游产品和服务，或者通过独特的销售渠道吸引客户。

（3）创新营销手段：不断尝试新的营销手段，如社交媒体营销、内容营销、搜索引擎优化等。这些手段可以帮助企业提高品牌知名度，吸引潜在客户，并与客户建立更紧密的联系。

（4）合作伙伴关系：与旅游相关行业的合作伙伴建立良好的关系，如酒店、航空公司、旅行社等。通过合作，可以为客户提供更全面的旅游解决方案，同时降低成本，提高市场竞争力。

（5）客户关系管理：建立完善的客户关系管理系统，了解客户的需求和反馈，及时调整营销策略。通过提供优质的服务和关怀，可以提高客户满意度和忠诚度，降低客户流失率。

（6）数据分析与优化：利用大数据和人工智能技术对营销数据进行深入分析，了解营销策略的有效性，及时调整和优化营销策略。

（7）人才培养与团队建设：重视人才培养和团队建设，提高员工的营销意识和技能。通过培训和激励措施，可以激发员工的积极性和创造力，为企业的营销竞争战略提供有力支持。

在制定营销竞争战略决策时，需要综合考虑市场需求、竞争环境、自身资源和能力等因素。通过差异化营销策略、创新营销手段、合作伙伴关系、客户关系管理、数据分析与优化以及人才培养与团队建设等方面的努力，可以不断提高市场竞争力，实现可持续发展。

（三）品牌支撑战略

旅游品牌支撑战略是一种将品牌建设与旅游业务相结合的战略，旨在通过提升品牌形象、价值和知名度，增强旅游目的地的吸引力和竞争力。以下是一个具体的战略管理方案，结合品牌支撑战略，帮助旅游目的地实现品牌建设目标。

1. 品牌定位与策略

（1）明确品牌定位：根据旅游目的地的特点、资源和市场状况，确定品牌的定位和目标客户群体，为品牌建设提供明确的方向。

（2）制定品牌策略：根据品牌定位，制定相应的品牌策略，包括品牌名称、标志、口号、视觉识别系统等，确保品牌形象的一致性和独特性。

2. 品牌传播与推广

（1）多元化传播渠道：利用多种传播渠道，如广告、公关、社交媒体等，提高品牌的知名度和曝光率。

（2）内容营销：通过撰写旅游攻略、游记、酒店体验等文章或视频，吸引潜在游客关注，提升品牌形象。

（3）合作推广：与旅游行业合作伙伴、意见领袖等合作，共同推广旅游目的地，扩大品牌影响力。

3. 产品与服务优化

（1）提升产品品质：确保旅游产品和服务的质量，满足游客的需求和期望，提高游客满意度。

（2）创新产品线：根据市场需求和趋势，开发新的旅游产品线，丰富旅游目的地的产品体系。

（3）完善服务体系：提供优质的售前、售中和售后服务，提高游客的旅游体验和忠诚度。

4.客户关系管理

（1）建立客户档案：收集并整理游客的基本信息和旅游需求，为后续的个性化服务提供支持。

（2）个性化服务：根据游客的喜好和需求，提供个性化的旅游服务和产品推荐。

（3）客户关怀：定期回访游客，了解他们的旅游体验和需求变化，及时改进产品和服务。

5.品牌危机管理与应对

（1）建立危机应对机制：制定品牌危机应对预案，明确应对流程和责任人。

（2）快速响应：在危机发生时，迅速采取措施，避免事态扩大，降低负面影响。

（3）修复与恢复：在危机过后，及时修复受损的品牌形象和声誉，恢复游客的信任。

6.持续改进与创新

（1）定期评估：定期对品牌建设成果进行评估，分析存在的问题和不足，为后续改进提供依据。

（2）创新发展：关注行业动态和市场趋势，不断进行产品和服务创新，保持品牌的竞争力和吸引力。

（3）人才培养与引进：加强人才培养和引进工作，为品牌的持续发展提供强有力的人才保障。

通过以上战略管理方案实施，旅游目的地可以实现品牌支撑战略目标，提升品牌形象和竞争力，吸引更多游客前来旅游消费。同时，要确保方案的执行力和落地效果，不断优化和完善战略管理方案，推动旅游品牌的持续发展。

（四）产品升级发展战略

结合旅游规划和开发设计，旅游产品是市场开发活动的基础，从市场营销的角度来看，旅游产品升级战略需要从以下几方面进行考虑。

1.深入了解市场需求

在制定旅游产品升级战略之前，需要对目标市场的需求进行深入了解。可以通过市场调研和分析，了解游客的旅游偏好、消费习惯、旅游目的等方面的信息，为旅游产品升级提供有针对性的指导。

2.挖掘和利用现有资源

旅游产品升级需要充分利用现有资源，挖掘其潜力。可以通过对景点的深入挖掘和开发，提高旅游产品的吸引力和竞争力。同时，需要对现有设施和服务进行优化和改进，提高游客的满意度和体验感。

3.创新和差异化

在旅游产品升级过程中，需要注重创新和差异化。可以通过引入新的元素、活动、体验等，使旅游产品具有独特性和吸引力。同时，需要注重与其他旅游目的地的差异化，避免同质化竞争。

4.可持续发展

在旅游产品升级过程中，需要注重可持续发展。可以通过合理利用资源、保护环境、传承文化等方式，实现旅游业的可持续发展。同时，需要注重对当地社区的影响，促进当地经济发展和社会进步。

5.营销和推广

加强营销和推广工作是提高旅游产品知名度和美誉度的重要手段。可以通过制定有效的营销策略、开展宣传活动、加强与旅游代理商的合作等方式，吸引更多的游客前来旅游。同时，需要注重品牌建设和口碑管理，提高游客的信任度和满意度。

6.提高服务质量

提高旅游服务质量是旅游产品升级的重要方面。可以通过加强员工培训、提高服务标准、加强服务质量监管等方式，提高旅游服务质量和游客满意度。同时，需要注重对游客反馈的收集和处理，不断改进和提高服务质量。

所以，旅游产品升级需要从深入了解市场需求、挖掘和利用现有资源、创新和差异化、可持续发展、营销和推广、提高服务质量等方面入手，全面提升旅游产品的吸引力和竞争力。

课后思考

1.市场调研的主要内容、类型有哪些？

2.如何应对品牌危机并制定相应的管理措施？

3.在进行市场分析时，主要从哪些方面展开？

第六章　旅游规划与开发的主题定位和功能分区

学习目标

掌握旅游规划与开发主题的概念和定位内容，熟练掌握旅游主题形象的概念、特征以及塑造方法，掌握旅游功能分区的原则、方法及典型的空间布局模式，了解旅游主题形象定位的要素和策略。

第一节　旅游规划与开发的主题定位

一、旅游规划与开发的主题

在不同的领域，主题的定义有所差异。例如，在文学作品中，主题是作品所要传达的中心思想或主要内容，是整个作品的核心。在艺术美学中，主题通常是画家所关注的某个对象或情境，从而表达作者的创作意图或者说是艺术家要传达的作品思想。无论从何种角度来解释，主题一直都位于核心要素的位置。旅游主题是在旅游区的规划和建设过程中，以及在游客的旅游体验中，所强调和体现的一种核心理念或价值观，主要通过发展目标、旅游功能和旅游定位体现。主题在旅游规划中同样起着主导作用，旅游定位是旅游规划的核心。

在旅游地的规划和开发过程中，主题主要体现在规划设计的内在理念和价值观上。这一主题代表着旅游地的核心特色和吸引力，并需要借助多样化的旅游产品来具体呈现。旅游主题构成包括历史文化和发展目标、旅游功能和旅游产品以及旅游形象三个层次。

历史文化背景和区域旅游发展目标是影响区域旅游主题选择的重要因素。基于当地的历史文化背景来选择旅游主题，使人们能够对该地区的认知更加深刻，从而确保旅游主题具有坚实的文化基础。此外，旅游主题的选择对区域旅游业未来的发展方向具有深远的影响。因此，在选择旅游主题时，还需结合旅游地的区域发展目标，以推动旅游业与经济的和谐发展。

　　一般情况下，在规划旅游主题时，为了使主题更易于被游客感知，需要充分考虑旅游地的功能以及所提供的具体旅游产品。旅游功能是指旅游地满足游客需求的能力，它是衡量旅游地吸引力的重要标准。而旅游产品则是区域旅游业发展的重要支撑，它通过提供多样化的旅游项目和活动，满足游客的消费和体验需求，因此，旅游产品是旅游功能的具体表现形式。

　　旅游主题的内涵由三个层次构成，如图 6-1 所示。一是以规划地历史文化和发展目标为内涵的基础层，也是旅游主题的来源与依据。旅游主题的选择还应与区域发展目标保持一致，做到尊重历史、面向未来。二是以旅游功能、旅游产品和旅游项目为内容的支撑图，也是构建旅游主题的重要工具和依托。旅游产品是旅游功能的支撑和表现形式，旅游项目是旅游产品的支撑和表现形式。三是以旅游形象为主要内容的表象层，是旅游者对旅游主题的综合反映。

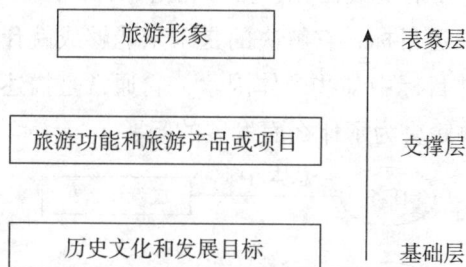

图 6-1　旅游主题的内涵层次结构

　　因此，旅游规划的主题定义为编制规划时所遵循的核心思想。这个核心思想的基础依托于历史文化背景，旨在促进旅游业与区域经济的和谐发展，并表现在旅游地的功能、产品和形象等方面。

二、旅游规划与开发主题定位内容

　　旅游定位是指某一旅游发展主体在一定环境中的相对位置，一般指旅游目的地定位。旅游规划主题定位主要是确定性质、目标、市场、产品、形象等内容，是整个旅游规划的核心和出发点，本质上是围绕主题的旅游发展目标、旅游功能和旅游形象等方面开展的研究，同时，需要将旅游产业在国民经济中的定位和旅游发展的模式等加以明，如图 6-2 所示。

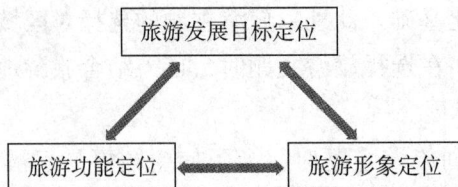

图 6-2　旅游规划与开发主题定位

（一）旅游发展目标的定位

1.旅游发展目标

旅游发展目标是指旅游地在未来一段时间内的总体发展方向，是旅游定位最基本的要素。在旅游发展规划中，确定旅游业的发展目标是核心任务。所有的规划内容都应围绕如何实现这些发展目标而进行各种统筹安排。

总的来说，发展目标是基于对当前状况、市场趋势以及预期环境、前景的综合考虑，而制定的具有激励作用的实践任务、目标和指标，如图 6-3 所示。任务（或使命）是指发展的总体目标、长远目标，它解决的是未来能够成就什么，最终呈现什么发展状态。目的强调的是总体目标中某些个体因素，它通常是描述性、难以定量或进行时限制的概念性目标，主要解决为了什么而发展的问题。

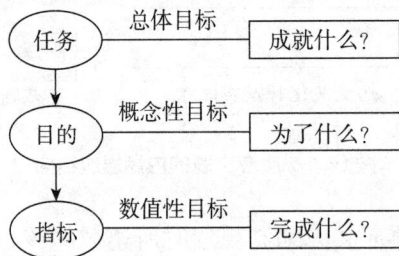

图 6-3　发展目标的组成结构

指标（狭义目标）是指可测量的数值性目标，包含明确的数量、质量、时间和责任，基于一定的实践过程可以达到并且能够进行标准评估，解决具体要完成什么的问题。

旅游发展目标按照不同的标准进行分类。

（1）按旅游发展目标时间尺度分类。按照不同的时间要求，旅游发展目标可分为总体目标和阶段目标。总体目标，是该旅游地经过长期的规划与开发后要达到的总体要求，反映规划地区在规划期末期望实现的综合地位。总体发展目标是对地方旅游产业发展未来愿景的科学、准确和全面性的表述，它的内容要素一般包括发展旅游产业所依托的优势条件，旅游产业的发展理念和发展方向，旅游目的地在规划建设时的类型或性质，旅游产业发展所要达到的总体水平。总体目标的规划主要依据旅游地社会经济的发展目标、国土规划布局、当地旅游业发展条件和发展诉求等。

为了确保旅游发展的连续性和可操作性，可以将阶段目标分为短期、中期和长期三个阶段。旅游规划中一般会明确指出近期、中期和远期发展目标，这种分期时段通常与国家或地区的经济社会发展五年规划相吻合。近期目标着重于实际可操作性，优先考虑地理位置优越、效益迅速的项目。在规划的初期阶段，基础设施和服务设施的建设是重点，以确保旅游地具备基本的接待能力和服务质量。同时，这一阶段会重视文化和生态环境的保护项目，以确保旅游发展与当地文化和生态相协调。中期和长期目标则更注重前瞻性和可持续性，主要涉及已建成项目的完善和提升，以及对景观特色和文化内涵的深入挖掘和深化。

一般而言，近期目标通常是对旅游发展中的旅游项目和基础设施建设、旅游产品组合、旅游发展指标等基本内容和亟待解决的问题做出规定，中期目标是在前期成果的基础上主要关注旅游形象的塑造、市场推广和综合效益的提升，远期目标是对旅游发展的可持续性和总体目标的实现提供蓝图。

（2）按旅游发展目标表述形式分类。按照表述形式的不同，旅游发展目标可以分为概念性目标和数值性目标。概念性指标主要通过描述性的方式，对旅游地未来的规划希望实现的功能与效益加以描述。而数值性指标则必须经过研究，通过具体的测量数据来确定旅游地未来规划的具体标准。

（3）按旅游发展目标内容属性分类。按照内容属性，可将旅游发展目标分为经济水平目标、社会效益目标、环境保护目标和文化发展目标。

经济水平目标主要反映旅游发展终极产业规模和经济收益状况，包括境内外的旅游人次、人均消费额、旅游外汇收入、旅游总收入及 GDP 占比、旅游财政贡献率、旅游增长率、投资收益率等。这些指标综合考量了旅游对经济的贡献和影响，有助于评估旅游业对特定地区或国家整体经济状况的影响和贡献水平。

社会效益目标主要关注特定时期下旅游发展可能带来的社会影响，包括提供的就业机会、地方居民的支持率、社会氛围、地方声誉、旅游者满意度以及旅游业服务质量等。这些指标反映了旅游业对社会的积极影响，有助于评估旅游发展对社会的贡献和影响。

环境保护目标直接关系旅游业的可持续发展问题，包括旅游资源保护、植被覆盖率、物种保护与生物多样性、水质指标、空气质量指标、环境卫生指标等内容。这些指标反映了旅游业对环境的影响和保护程度，有助于评估旅游发展对环境可持续性的影响和贡献。

文化发展目标需要体现旅游业发展对旅游地文化的影响与文化互动的预期结果，包括旅游地文化完整性（原真性）、文化传承与认同、文化交流与传播、当地居民的文化自豪感、受教育程度和能力素质提升，满足游客的认知审美、教育需求等指标。这些指标反映了旅游业对当地文化的促进作用，有助于评估旅游发展对文化传承和发展的影响和贡献。

2.旅游发展目标的框架

在旅游规划与开发过程中，确立发展目标时不仅要注重旅游地自身的发展，还必须充分考虑旅游者的需求和满足感。因此，有必要从旅游者的视角出发，构建旅游发展目标的框架。目前，旅游规划界广泛认可的旅游发展目标框架如下。

（1）满足旅游者需求。旅游发展的重要目标之一是满足旅游者的需求。虽然旅游者的需求动机各不相同，但也有一些共同的特性。例如，他们希望在安静惬意的环境中参与消遣活动和体育活动；他们希望避开喧嚣的环境，同时能与当地居民进行适当接触；他们希望接触自然人文风俗，但也能感受到家的温馨；他们希望享受隐逸或独居的时光，但同时能拥有安全保障。

（2）提供新奇经历。对众多游客而言，他们渴望逃离日常生活的喧嚣、快节奏的生活压力和严重的环境污染，寻求与自然亲近、享受慢节奏生活以及体验不同的文化和生活方式的机会。因此，在旅游规划与开发中，创造差异化的旅游体验成为提供新奇感受的关键手段。

（3）创造具有吸引力的旅游形象。尽可能地为旅游地打造一种新颖、易记的旅游形象。通过利用当地资源特色，就地取材展现区域特点，营造独特的旅游氛围。对设施赋予富于某种含义，并为游客提供与当地居民、手工艺品或风俗习惯接触的机会。

（二）旅游功能定位

1.旅游功能定位的概念

旅游功能是指旅游地满足旅游者特定需求的能力，具有综合性、多样性和复杂性等特征。在确定旅游目的地的功能时，必须根据旅游发展目标来制定，同时要考虑当地的资源和社会经济发展水平。旅游功能定位是在旅游发展目标的指导下，以当地的历史文化和资源条件为基础，对旅游规划区的功能进行系统规划和配置。

2.旅游功能定位的影响因子

旅游功能定位的影响因子包括旅游资源、目标市场期望、政治经济环境、技术资金实力四方面，如图6-4所示。其中，旅游资源是旅游功能定位的基础要素，它为设计各种旅游产品和项目提供了有力的支撑。目标市场需求则是旅游功能定位的重要指引，为功能定位提供了市场导向，确保其符合游客的实际需求。此外，政治经济环境和技术资金实力构成了旅游功能定位的外部环境，对功能定位的可行性产生影响。

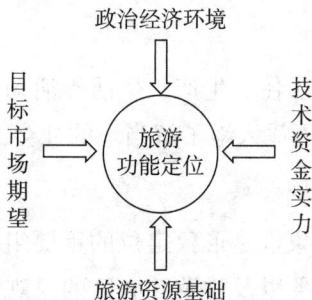

图 6-4　旅游功能定位的影响因子

3.旅游功能定位的类型

从具体的功能细分上，规划区的旅游功能总体来说可以分为三方面。

（1）经济功能，是旅游地开发中不可或缺的一环。在区域经济产业结构中，旅游地可以扮演多重角色，如辅助产业、先导产业、支柱产业或主导产业等。这些角色不仅有助于区域经济的多元化发展，还能为当地创造更多的就业机会和经济效益。

（2）社会功能，旅游地满足旅游需求的主要类型与辅助类型。例如，观光、休闲、度假、商务、养生、研学等，或承担吃、住、行、游、购、娱等旅游功能。

（3）环境功能，旅游地开发及其后续管理对自然环境产生的影响。根据这一功能，旅游地可以被划分为以下几种类型：一是依托利用环境型，如长江三峡这样的自然风光旅游区；二是有限开发型，如三江源国家公园这样的生态旅游区；三是改善环境型，如沙漠绿洲新疆额济纳旗胡杨林；四是人工改造环境型，如大型主题公园广州长隆旅游度假区。

（三）旅游形象定位

在旅游规划和开发过程中，在旅游规划和开发过程中，旅游形象是通过各种元素展示出来的，如旅游地的景观、环境氛围、服务水平、公关活动以及信息传递等。这些元素共同构成了游客对旅游地的综合感知形象。恰当的形象定位有助于旅游地在竞争激烈的旅游市场中确立独特地位，并增强其市场竞争力。旅游主题形象是游客认识和了解旅游地的重要途径，也是他们决定是否选择该地作为旅游目的地的重要因素之一。在确立旅游形象定位时，通常需要考虑以下关键方面。

1.旅游地的景观形象

这涉及体现旅游地特色和功能的景观及设施，如旅游区的核心景观、服务设施景观和城镇建设景观等。这些景观的形象塑造直接影响游客对旅游地的整体印象。

2.社会文化景观形象

这主要指由旅游地居民的居住、生产、生活等活动构成的社会文化景观。游客通过观察和体验这些活动，能够更深入地了解当地的社会文化和风俗习惯。

3.旅游企业形象和核心区形象

旅游企业形象和核心区形象也是形象定位的重要组成部分。这些形象主要通过当地旅游企业所提供的产品和服务以及旅游核心区的景观形象来体现。优秀的企业形象和核心区景观能够提升游客的满意度，并促进旅游地的品牌建设。

（四）旅游产业定位

旅游产业定位是指对旅游产业未来发展方向与目标的定位，要考虑三个因素：一是明确旅游产业在旅游地整个国民经济和社会发展中的地位与作用；二是未来旅游产业可能在国民经济中占有什么地位；三是参照本省或国家对旅游产业的定位。根据产业的地位，一般可以分为主导产业、支柱产业、先导产业、新兴产业和辅助产业。

（五）旅游产品定位

旅游产品定位是对旅游目的地未来发展哪些旅游产品进行选择，即明确旅游产品的类型、档次、组合结构和目标消费者群体，它是基于旅游主题形象定位、旅游功能定位旅游市场定位等而做出的综合性定位。在旅游刚刚兴起的时代，旅游产品主要以观光旅游为主。随着游客需求的多样化，旅游市场的产品种类也日益丰富，呈现出越来越明显的细分趋势。从观光产品、休闲产品到度假产品，各种专项旅游产品应运而生，满足了不同游客的个性化需求。

（六）旅游性质定位

旅游性质定位主要针对旅游景区（景点、度假区）。旅游景区可以根据其所有权性质，分为国有景区和私有景区。根据其定价策略和利润水平，分为营利性的经营性景区和非营利性的公益性景区。一般而言，国有景区应定价为非营利性的公益性景区，私有或民营景区多为营利性的经营性景区。旅游性质定位有时也特指旅游规划的类型，一般用"规划性质"表示，如公益旅游规划、概念性旅游规划等。

第二节　旅游规划与开发的主题形象定位

一、旅游主题形象及其特征

（一）旅游主题形象的概念

旅游主题在旅游区建设和旅游活动中扮演着重要的角色。它是一种理念和价值观念，通过不断展示和体现来吸引游客。在市场竞争中，旅游主题的形象力竞争成为旅游地竞争的重要形式之一。如果一个旅游地的主体形象模糊混乱，将难以吸引潜在的旅游客源群体，并使游客的旅游体验变得平淡，降低他们的热情。因此，个性鲜明、亲切感人的旅游地形象以及高质量的旅游产品成为旅游地占据市场的关键因素，能够长期保持市场上的竞争优势。为了提高旅游地的竞争力和吸引力，需要注重旅游主题的塑造和推广，以及提供高质量的旅游产品和服务。一个成功的旅游主题形象应该能够准确地传达一个地区或国家的特色和魅力，引起游客的兴趣和好奇心，并在游客心中留下深刻的印象。旅游主题形象可以总结为一个地区或国家在旅游市场上进行总体、抽象、概括地认识，从而呈现出的独特统一，且具有吸引力的形象。

（二）旅游主题形象的构成要素

1.美学角度的旅游主题形象构成

从旅游美学的角度来看，旅游主题形象可分为三个维度：功能—心理维度、实征—幻象维度和泛征—特征维度。

功能—心理维度关注旅游目的地特征，包括物质与精神以及可衡量与不易衡量的方面。功能性特征可以通过具体标准进行衡量，而心理性特征相对抽象且不易量化。

实征—幻象维度探讨旅游目的地形象的本质，从心理学和消费者行为学的角度分析。旅游者对旅游目的地整体产品的理解包括真实特征和幻象两个层面。实征指旅游目的地的实际功能性和心理性特征，而幻象则是旅游目的地在人们内心世界投射的真实特征。

这些维度共同构成了旅游主题形象，通过研究和理解这些维度，可以更好地塑造旅游目的地形象，吸引游客并提升游客的体验。

泛征—特征维度说明了不同旅游地形象之间具有相应的共性和特征。以信息、交通、气象、接待服务等信息资源为代表的功能性特点，和以市民友善态度、环境安全和社会服务水平等为代表的心理特征，是游览地所共有的特点。但实际上各个游览地都有它自己的形象特点，如独有的特点建筑、事件或特色的历史文化建筑等。

从美学的角度来看，主体形象的构成模型为规划者提供了思考和策划区域旅游主题形象的方向。其中，功能—心理维度和实证—幻象维度相互交织，形成了四个象限，为规划者提供了更全面的视角，如图 6-5 所示。

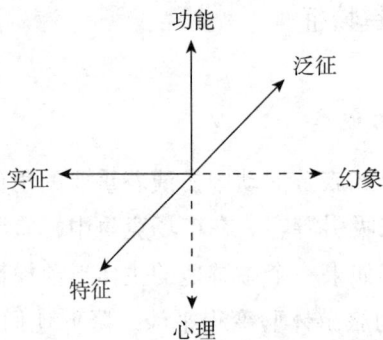

图 6-5　旅游主题形象美学角度

功能—幻象象限：在这一象限中，人们对旅游地的有形特征的印象和感受占据主导地位。规划者可以通过实地考察和体验，列举出属于这一象限的要素。同时，可以通过访谈旅游者来获取相关资讯。

功能—实证象限：这一象限强调的是人们能够清晰感受到的旅游地的功能性特征。例如，气候舒适度、物价水平、道路状况、夜生活的丰富程度等都属于这一类别。

实证—心理象限：在这一象限中，旅游者能够实际感受到的一种氛围占据主导地位，如居民对待游客的态度、社会治安等。

幻象—心理象限：在这一象限中，旅游者形成的对该旅游地的相对抽象的印象和感受占据主导地位，如神秘、安详、快乐等。

规划者应首先按照这四个象限对主题形象要素进行整理和列举，然后判断哪些要素属于共性要素，哪些属于独特性要素。最后，将具有独特个性的形象要素整理出来，并以此为基础进行形象策划与设计。

2. 要素指标体系角度的旅游主题形象构成

旅游主题形象是一个多因素、多层次的系统，可以划分为总指标层、次指标层、子指标层、组类指标层、基础指标层和原始指标层六个层次的因素组成。

从总体指标层面来看，旅游主题形象与历史、现实以及未来的发展形象紧密相连，而大多数情况下，旅游地的历史形象与现实形象仍会具有一定的差异性。

通过对旅游地历史形象要素的深入剖析，我们可以揭示出被称为本底形象的核心特征。本底形象是旅游地在长期发展过程中所形成的最为根本和独特的形象标识，它承载着旅游地的历史底蕴和文化传承。

为了更准确地把握旅游地的现实形象，通常采用游客满意度调查和访谈的方式进行研究。通过这种方式，我们能够了解游客对旅游地的实际感知和印象，进而形成所谓的感知形象。感知形象是游客对旅游地现实状况的直接反映，它对于旅游地的市场推广和形象塑造具有重要意义。

3. 形成过程角度的旅游主题形象构成

在时间线的视角下，旅游主题形象的形成划分为三个主要的阶段：原生形象、次生形象和复合形象，这三个阶段相互衔接，构建了一个完整的旅游主题形象。图 6-6 是旅游主题形象的形成过程示意图。

首先是原生形象阶段。游客在选择旅行目的地之前已经在脑海中形成了一系列的潜在选项。这些形象的形成源自游客的个人经历、教育背景以及从各种渠道获取的信息。

其次是次生形象阶段。在决定出行后，游客有意识地收集关于备选旅游目的地的信息。这些信息来自旅游资讯、推荐视频以及旅游企业和管理机构的宣传活动。通过对这些信息的加工和比较，游客逐渐形成了更为具体和详细的次生形象。

最后是复合形象阶段，在考虑旅行成本和预期收益的基础上，游客做出选择决策。在实地旅行后，游客结合旅行经历和旅游知识，形成一个综合丰富的旅游地复合形象。这个复合形象将成为游客在面对其他旅游目的地选择时的重要参考依据，帮助他们决定是否重游旧地或探索新的目的地。

这三个阶段的衔接和交互为旅游主题形象的形成提供了重要的过程和基础，对游客的选择和决策产生了重要影响。

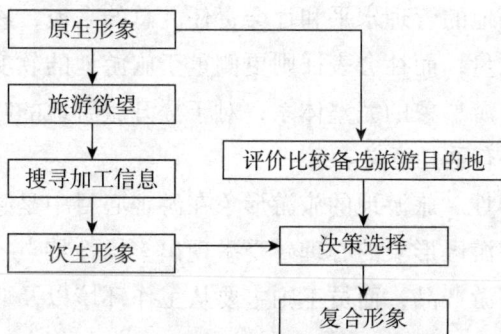

图 6-6　旅游主题形象的形成过程

4.规划体系角度的旅游主题形象构成

从旅游规划的实际操作层面来看，旅游主题形象的三个层次包括主导形象、支撑形象和辅助形象，其共同构成了一个完整的旅游主题形象。

主导形象是旅游地在对外宣传和推广时所呈现的整体形象。它是对旅游地资源、服务、项目等各个方面的形象要素进行高度提炼和精准概括的结果。主导形象是旅游地对外宣传的核心，旨在给游客留下深刻而独特的印象。

支撑形象是旅游地中最具代表性的形象特征，通过具有较高知名度的项目或抽象概括来体现。支撑形象为游客提供了对旅游地的深入了解和认知的机会，进一步增强了主导形象的完整性和说服力。

辅助形象则更加侧重于从微观的角度对旅游主题形象进行深入剖析。辅助形象是对旅游地形象的补充和完善，有助于游客更全面地了解和体验旅游地的独特魅力。

综上所述，主导形象、支撑形象和辅助形象共同构成了旅游主题形象的完整架构。在实际的旅游规划中，根据旅游地的特点和需求，合理运用这三个层次，能够有效地提升旅游地的吸引力和竞争力，为游客提供更加丰富和深刻的旅游体验。

（三）旅游主题形象的特征

1.综合性

由多种因素共同构成的旅游主题形象，丰富的内涵凸显其综合性的特点。

（1）内容多样性。区域旅游形象由物质表征和社会表征两方面构成。物质表征包括旅游区的外观设计、环境氛围、休闲娱乐、服务质量、地理位置等，其中旅游地的产品和服务质量直接影响游客的心理感受。社会表征包括旅游地的人才储备、技术力量、管理水平、经济效益、工作效率、方针政策等。这些因素不仅反映了旅游地的综合实力，也体现了旅游地的管理水平和社会责任。总的来说，物质表征主要关注旅游地的硬件设施和服务质量，而社会表征则更侧重于旅游地的软实力和管理水平。这两方面共同构成了区域旅游形象的完整体系，对于提升旅游地的吸引力、提高游客满意度和促进旅游业发展具有重要意义。

（2）心理感知差异性。旅游地的旅游形象在游客心目中是感性存在，因游客的感受角度不同，所以对旅游区形象的心理感受呈现出多增性特点。例如，消费者感受旅游区的形象一般来自旅游产品，而员工则主要从工作环境以及职业发展规划等方面感受旅游区形象。

2.稳定性

旅游主题形象一旦在旅游者心中形成，它通常会在游客心目中保持相对的稳定性。这种稳定性源自旅游区的客观物质基础，这些基础如地理位置、旅游资源、建筑风格和社会文化等要素在相对较长的时间内保持稳定。只要这些物质基础维持稳定，旅游地的形象也会相对固定。

此外，这种稳定性还与游客的共同心理机制有关。游客对于美丑、善恶的喜好具有共性，因此对于旅游区的审美观和好恶感也较为相似，这种心理机制决定了旅游地的形象具有相对稳定性。

对旅游地的发展来说，这种相对稳定性具有双重影响：一方面，拥有良好主题旅游形象的旅游地，其稳定的良好形象能够发挥积极的推动作用，有助于旅游地的深入开发和经营管理；另一方面，一些主要游客形象没有突出或缺少个性的游览地，如果商品和服务质量存在问题，很可能会出现严重的负面影响。这类旅游地很难逃脱由负面形象所造成的消极结果，因此就算做出了最正面的努力，也无法获得一般旅游者的认同与接受。所以，要想完全转变一般市民对此类旅游地的负面认识，就必须长期不懈地努力。

3. 可塑性

旅游主题形象的稳定性体现在其改变是一个缓慢且逐步的过程。旅游地的主题形象主要依赖于通过各种渠道传递给游客的信息，对传播信息的进行精心设计和控制有助于在游客心中塑造形象。可塑性也意味着旅游主题形象可能会受到人为破坏，为了确保旅游地形象能够持续稳定地发展，避免因各种不利因素而受到损害，在建设初期需要进行大量投入，在后续的发展过程中更是需要加强跟进投入和持续维护，以逐步建立起鲜明、独特的主题形象。

二、旅游主题形象的定位与推广

（一）旅游主题形象定位的三要素

"定位"一词最早由杰克·特劳特于 1969 年提出，旅游主题形象定位是旅游目的地为了达到特定目标市场而采取的战略核心。定位的本质思想是将认知视为现实接受。通过实际服务和宣传手段，旅游主题形象定位旨在在公众心中塑造独特的区域风格。根据菲利普·科特勒的观点，定位是通过塑造形象、设计有价值的产品和行为，让目标市场的顾客了解和认知企业与竞争对手之间的差异。形象定位的差异由以下三要素决定。

1. 主体个性

主体个性体现的是旅游区的独特品质和价值，它代表了旅游企业、组织或产品所特有的风格和魅力。在进行定位时，必须牢牢把握主体的核心特性，深入挖掘当地的自然资源和深厚的文化底蕴，通过精练和加工，将这些元素转化为旅游地独有的卖点或形象推广的基石。

2.传达方式

传达方式是指将主体个性有效、准确地传递给目标受众的渠道和措施。有效的传达方式可以确保受众目标真正理解主体的内涵。利用营销推广、广告宣传和公关策划等手段，即使某些旅游地并无明显的个性化和特色化优势，但通过精心设计的传达途径和方式，仍然可以塑造出突出且与众不同的地区形象。

3.受众认知

受众认知是指目标受众对旅游主题形象的了解、认识和感知程度。在旅游主题形象完成定位和有效传达之后，衡量形象定位是否成功的真正标准就是受众的认知程度。

在测量旅游感知形象时，存在两种主要方法：结构化测量方法和非结构化测量方法。尽管非结构化测量方法可以更全面地了解游客对形象的感知要素和属性，但目前的分析方法仍然局限在频数统计、比例分析和排序等基础层面。这限制了对游客在形象感知方面特征分析和旅游目的地形象优化等方面的深入理解。然而，通过引入内容分析法等其他方法，我们可以有效提升非结构化测量方法的效果，为旅游主题定位的研究提供更丰富的信息。

（二）旅游主题形象定位的策略

1.超强定位策略

超强定位策略，又称为"领先定位"或"争雄定位"，适用于那些拥有世界级独特旅游资源的旅游地。这种策略的核心目标是努力使该旅游地在游客心中占据同类旅游形象第一的位置，从而成为他们首选的旅游目的地。例如，"桂林山水甲天下""世界屋脊，神奇西藏""中国长城"。这种定位策略旨在在一定领域占据领先性或压倒性的竞争位置。

2.近强定位策略

近强定位策略，也被称为"比附定位"或"借势定位"，适用于那些具有区域性优势的旅游地。这种策略的关键在于可以避免与那些比自己强的同类型旅游地在主要客源市场上发生冲突。对于那些可能无法占据某类形象阶梯首位的旅游地，可以通过强调它们与游客心目中已处于某类形象阶梯首位的旅游地之间的关联，突出"类"的联想和"类"的区别。

3.对强定位策略

强定位策略，也被称为"逆向定位"或"对抗定位"，强调并宣传定位对象与游客心目中某类旅游形象的对立面或相反面。它的目标是开辟一个游客易于接受的新形象阶梯。例如，"野生动物世界"的形象定位就是与传统笼式动物园形成对立。强定位策略追求挑战竞争对手、否定竞争对手，以凸显自身的竞争性定位。通过这种方式，强定位策略努力在游客心中塑造一个独特、与众不同的形象，从而在激烈的竞争中占据一席之地。

4.避强定位策略

避强定位策略，也被称为"寻空定位"或"空隙定位"，核心在于对旅游者心中已有的形象阶梯进行深入分析。该策略专注于本地资源和目标市场需求，旨在发掘和创造新的形象，树立一个独特且创造性的主题形象。避强定位策略的目的是在市场中寻找产品空白点，进行具有独特性、首创性和创新性的竞争定位。其目标是在同一个市场中，与竞争对手形成"共荣共存""和平共处"的局面。如"锦绣中华"的建立。通过这种方式，避强定位策略可以帮助旅游目的地或企业在市场中树立独特的地位，吸引目标游客并提高竞争力。

5.重新定位策略

重新定位策略，也称为"再定位"，通常在以下三种情况下被采用：一是当旅游地进入衰退阶段，原有旅游形象的吸引力大幅降低时，需要通过新的旅游形象来替代；二是如果原先设计的旅游形象未能成功吸引游客，也需要重新定位；三是当旅游地的资源环境发生重大变化时，为了适应新形势，必须调整旅游形象的定位。例如，美国加利福尼亚就进行了形象的重新塑造。

三、旅游主题形象的塑造方法

（一）传统的宣传材料

传统宣传材料，如纸张媒介、电台广播以及电视节目等，被广泛用于推广旅游地形象。这些宣传品可能包括游客中心提供的信息手册、精心制作的电视广告片段，以及户外广告牌上展示的旅游标识和吉祥物等。为了确保传统宣传材料的质量和吸引力，我们在策划和设计过程中采用了多种方式，比如，邀请行业专家参与策划，或者通过有奖征集活动公开向社会各界征集创意。这样的做法有助于我们统一设计旅游形象的核心元素，如形象标识、标准图片展示，以及旅游吉祥物的形象塑造。

在旅游主题形象的设计中，我们特别注重图案标志的简洁性和识别性。一个好的图案标志应该能够在第一时间内引起游客的注意，并且易于理解和记忆。我们也针对不同客源地市场的文化背景和消费习惯，设计了具有针对性的旅游宣传口号。一旦确定了旅游形象的核心标识，我们会保持其稳定性和持续性，通过长期、反复的宣传和推广活动，加深游客对旅游地的认知和印象。

传统方法在塑造旅游主题形象方面具有独特的作用，有助于提升旅游目的地的知名度和吸引力，促进旅游业的发展。

（二）旅游形象识别系统（TIS）

1.旅游形象识别系统的概念及内涵

旅游形象识别系统（TIS）通过归纳和把握旅游地的独特形象，并运用特定的方式将其展现出来，从而成为游客辨识和记忆该旅游地的重要标识，是一种有效手段。这一系统在旅游领域的应用，实际上借鉴了企业经营管理中早已广泛应用的企业形象识别系统（CIS）的理念和实践。

2.企业形象识别系统的概念及内涵

企业形象识别系统（CIS），源于英文"corporate identity system"的缩写，是企业为了构建独特且易于识别的品牌形象而采取的一种策略。通过有意识、有规划地向社会公众展示和传播企业及品牌的各项特征，CIS旨在帮助公众在繁杂的市场环境中快速、准确地识别出某一特定企业，并形成标准化、差异化的印象。这不仅有助于提升企业的知名度，还能加深公众对企业的好感与记忆，进而产生积极的社会效益和经济效益。

传统的CIS主要由三个核心部分构成：MI（理念识别），它体现了企业的核心价值观和经营理念；VI（视觉识别），它通过独特的视觉元素如标志、色彩等来塑造品牌形象；BI（行为识别），它规范了企业及其员工在内外环境中的行为举止。

然而，随着信息传播技术的不断发展和人们信息获取渠道的日益多样化，CIS也逐渐扩展了其范畴，新增了HI（听觉识别），即通过声音元素如企业歌曲、广告音效等来增强品牌的识别度和记忆度。

（三）节庆及公关活动

仅靠旅游形象识别系统和主题节庆活动这两种形象塑造工具，还不足以形成持续且稳定的旅游主题形象效果。在塑造旅游主题形象的过程中，主题节庆活动与旅游主题形象紧密结合，能够在人们心目中稳固地塑造积极的形象。通过精心策划和宣传主题节庆活动，旅游地的名字能够与一个直观、积极的形象联系起来，吸引游客并在竞争激烈的旅游市场中脱颖而出。例如，我国从1992年开始每年推出一个中国旅游主题的口号，表6-1是2000—2020年的旅游口号。

表6-1　中国2000—2020年旅游主题及口号

年份	旅游口号（主题）
2000	2000 年神州世纪游
2001	中国体育旅游年
2002	中国民间艺术游
2003	中国烹饪王国游
2004	中国百姓生活游
2005	中国乡村游
2006	中国和谐城乡游
2007	红色旅游年
2008	中国奥运旅游年
2009	中国生态旅游年
2010	中国旅游欢乐年
2011	中国旅游幸福年
2012	中国旅游品质年
2013	中国海洋旅游年
2014	中国休闲旅游年
2015	丝绸之路旅游年
2016	行万里路、知中国情
2017	全域旅游、美好生活
2018	美丽中国、心睇验
2019	文惠天下，美好中国
2020	健康中国，你我在行动

在旅游规划和开发中，利用主题节庆事件可以实现以下目标：将旅游地打造成一个汇聚无数迷人故事的胜地，展现其友好氛围、文化丰富性或激动人心的特质，从而树立鲜明的主题形象。借助瞩目的大型活动吸引公众和媒体的关注，形成晕轮效应，将旅游地塑造成为令人心驰神往的理想目的地。同时，通过一系列精心策划的小型活动，满足不同游客的兴趣和个性化需求。

在策划旅游节庆活动时，应保持节庆事件之间的连贯性和一致性，使主题更加鲜明突出，避免形象离散和自相矛盾。以下是三点注意事项。

第一，主题形象的塑造必须与旅游地的核心吸引物保持协调。通过举办一个或多个节庆活动，让主题形象更加鲜活、立体。

第二，努力打造一个具有独特魅力和地方特色的标志性事件，使其成为旅游地的永久性、制度化的旅游识别标志，进而成为该地区的文化象征，给举办地留下深刻的印记。

第三，通过策划并举办一系列同类型的活动，深入挖掘地方文化特色、精心策划活动内容、提升活动品质等方式，不断增强旅游节庆活动的吸引力和影响力。例如，体育赛事，其可以有效地塑造旅游区在某一方面的独特且激动人心的主题形象。

因此，为了实现持续稳定的旅游主题形象效果，除了运用旅游形象识别系统和主题节庆活动之外，还需要综合考虑其他因素，如市场定位、产品开发、服务质量等。只有通过多方面的努力和配合，才能真正塑造出一个独特、鲜明且具有吸引力的旅游主题形象。

四、旅游主题形象的传播策略

（一）正面强化

旅游地展示给旅游者的形象范围广泛，能够避免给人们留下"该地区仅有单一景点"的印象。广西在对外宣传旅游形象时，将多种旅游元素整合在一起，包括桂林山水文化体验、游牧舞台、独立音乐、长寿之乡、中越边关风情、少数民族风情、左右江红色之旅、桂东岭南风光及文化、海上丝路邮轮体验等。这种多元化的形象体系不仅展示了该地区的丰富旅游资源，还使得公众心目中的目的地形象更具吸引力，能够吸引各类细分市场的游客。

当一个地区已经建立了正面的旅游形象时，可以通过持续发布和利用旅游区发展的新信息来巩固和提升已树立的旅游主题形象。这种策略有助于不断强化原有的正面形象，使其更加稳固和持久。通过不断更新和提升旅游地的形象，可以吸引更多游客，增加游客的忠诚度，进一步促进当地旅游业的发展。

（二）负面消除

在游客的旅游体验过程中，如果旅游目的地因管理不善或不可抗力等因素发生一些不良事件，会对旅游形象造成负面影响。面对这种情况，旅游地相关管理部门需要具备危机意识，及时启动应急预案。通过加强沟通、止损、赔偿等工作，将负面影响降到最低。同时，可以通过采取情感化的方式，努力建立新的正面形象，增强地区的亲切感。

另一种应对负面形象挑战的策略是，积极向目标市场传递该地区的正面形象信息，特别注重否定和纠正过去的负面印象。这种策略在直接抵消不良形象带来的负面影响方面效果显著。

综上所述，要成功地将旅游地的独特魅力、个性特色和文化底蕴展现给游客，就必须深入挖掘这些元素。只有这样，我们才能在旅游市场中打造出鲜明而独特的区域旅游主题形象，形成具有独特销售主张（unique selling proposition，USP）的旅游品牌。这样的品牌将产生强大的吸引力、诱惑力和感召力，使旅游地在竞争激烈的市场中脱颖而出，吸引更多游客纷至沓来，从而有力推动当地旅游业的繁荣发展。

第三节　旅游规划与开发的功能分区

旅游功能分区是指根据不同的旅游资源、特色和需求，将旅游目的地或旅游区域按照不同的功能进行系统划分。合理划分和规划出不同的功能区域，可以帮助规划者更好地组织和开发旅游资源，提供更加个性化的旅游体验和服务，以便满足游客的需求。

一、旅游功能分区的原则

（一）差异性原则

旅游功能分区应该充分考虑旅游资源的差异性。根据地区的自然、人文、历史等特色，将地区划分为不同的功能区域，以突出其独特的旅游资源和特色。可以通过分区来满足游客多样化的需求和兴趣，提供个性化的旅游产品和服务。若一个地区以其丰富的自然景观而闻名，如壮丽的山脉、湖泊和森林。在旅游功能分区时，可以将这些地区划分为自然保护区、登山徒步区和生态观察区等，以突出其独特的自然资源。

（二）系统性原则

旅游区的功能分区方案应有机整合在地区旅游规划中，形成完整的旅游产业体系，综合考虑地区的自然景观、文化遗产、人文环境等多方面因素，合理划分功能区域，形成多样化的旅游产品。比如，一个旅游度假区可以划分为住宿区、休闲娱乐区、餐饮购物区、文化体验区等，形成完整的旅游产业链条，满足游客的多样化需求，实现旅游资源的综合性开发。

（三）协调发展原则

旅游功能分区应该具有协调性，各个功能区域之间可以相互补充和协调。只有不同功能分区之间良好的协调和配合，才能确保整个旅游区域的发展协调一致，避免功能重叠和资源浪费，实现旅游资源的综合利用和互补发展。在一个旅游区域中，将山区定位为徒步登山和自然风光的区域，而将沿海地带定位为海滨度假和水上运动的区域，这样不同功能区域之间可以相互协调和衔接，游客可以根据自己的兴趣选择不同的区域进行体验。

（四）可持续发展原则

旅游功能分区应该遵循可持续发展的原则，平衡旅游开发与保护环境资源的关系。合理规划和管理旅游区域，保护自然生态环境和文化遗产，避免过度开发和损害环境，确保旅游活动的可持续性和长期发展。例如，在自然保护区的旅游功能分区划定时，需要考虑保护区内的生态。

（五）保护旅游环境原则

环境保护的目的是保障旅游地可持续发展，它主要包括两方面：其一是保护旅游区内特殊的环境特色，如对于世界文化遗产保护区，需要严格保护古建筑、文物和传统风俗，限制游客流量和开发活动，以保持其原始的文化特色和历史价值；其二则是使旅游区的游客接待量控制在环境承载力之内，以维持生态环境的协调演进，保证旅游区土地的合理利用。

二、旅游功能分区的方法

（一）基于景点类型的分区方法

基于景点类型的分区方法是根据旅游目的地的景点类型和特征将旅游区域进行划分的一种方法。该方法通过将相似的景点集中在一起，形成具有独特功能和特色的区域，为游客提供丰富多样的旅游体验。景点类型的分区方法可以根据不同的景点属性进行划分，如自然景区、文化遗产区、主题公园区等。每个区域都具有不同的旅游资源和功能，吸引着不同类型的游客。

以中国的黄山风景区为例，黄山风景区是一个典型的基于景点类型进行分区的旅游目的地。黄山风景区将整个区域划分为云谷景区、北海景区、西海景区和玉屏景区等不同的功能区域。云谷景区以奇松、怪石和云海为特色，吸引着喜欢自然风光的游客。北海景区则以温泉和度假村为主，适合追求休闲度假的游客。西海景区是黄山风景区的主要登山区域，吸引着登山爱好者和探险者。玉屏景区则以文化遗产和历史建筑为特色，吸引着对历史文化感兴趣的游客。通过基于景点类型的分区方法，黄山风景区能够满足不同游客的需求，提供多样化的旅游产品和服务。游客可以根据自己的兴趣和喜好选择适合自己的功能区域，体验不同的旅游活动和景观，获得丰富多彩的旅游体验。

（二）基于旅游活动的分区方法

基于旅游活动的分区方法是根据不同的旅游活动特点将旅游区域进行划分的一种方法。旅游活动的不同类型需要不同的设施和资源支持，因此通过将旅游区域划分为休闲度假区、冒险探险区、文化体验区等，可以更好地满足游客的需求。

以澳大利亚的大堡礁为例，大堡礁是一个基于旅游活动进行分区的典型案例。大堡礁将整个区域划分为不同的功能区域，如观光区、潜水区和游艇区等。观光区提供了舒适的观光船和观景平台，适合那些想要欣赏美丽珊瑚和海洋生物的游客。潜水区则为潜水爱好者提供了丰富多样的潜水点和潜水设施，让他们能够亲身体验大堡礁的美丽。游艇区则为喜欢豪华游艇和水上运动的游客提供了便利设施和服务。

通过基于旅游活动的分区方法，大堡礁能够满足不同游客的需求，提供多样化的旅游产品和服务。游客可以根据自己的喜好和兴趣选择适合自己的功能区域，参与各种不同的旅游活动，享受独特的旅游体验。

（三）基于地理位置的分区方法

基于地理位置的分区方法是根据旅游区域的地理位置和区域特征进行划分的一种方法。不同地理位置的旅游区域可能具有不同的气候、地貌和生态特点，因此通过将旅游区域划分为沿海区、山地区、湖泊区等，可以更好地发挥地理位置的优势，提供多样化的旅游体验。

以美国的黄石国家公园为例，黄石国家公园是一个基于地理位置进行分区的典型案例。黄石国家公园将整个区域划分为不同的地理区域，如火山地区、峡谷地区和湖泊地区等。火山地区以喷泉和喷气孔等地热景观为特色，吸引着对地质奇观感兴趣的游客。峡谷地区则以大峡谷和瀑布等壮丽景观为特色，吸引着喜欢徒步和观景的游客。湖泊地区则以湖泊和河流为特色，提供了钓鱼、划船和观鸟等活动。

通过基于地理位置的分区方法，黄石国家公园能够充分发挥不同地理区域的特点，提供多样化的旅游产品和服务。游客可以根据自己的偏好和兴趣选择适合自己的功能区域，体验不同的地理景观和旅游活动，获得独特的旅游体验。

（四）基于文化特色的分区方法

基于文化特色的分区方法是根据旅游区域的文化遗产、传统艺术和民俗风情等特点进行划分的一种方法。该方法将旅游区域划分为具有不同文化特色的区域，为游客提供深度的文化体验和交流机会。

以意大利的佛罗伦萨为例，佛罗伦萨是一个充满文化魅力的旅游目的地。基于文化特色的分区方法可以将佛罗伦萨划分为历史古城区、艺术博物区和手工艺品区等。

历史古城区以佛罗伦萨大教堂、乌菲兹美术馆和圣十字圣殿等历史建筑和艺术品为特色，吸引着对历史文化感兴趣的游客。艺术博物区则聚集了许多艺术博物馆和画廊，展示了佛罗伦萨丰富的艺术遗产，吸引着艺术爱好者和学者。手工艺品区则以手工艺品工坊和市集为特色，提供了购买和体验佛罗伦萨传统手工艺品的机会，吸引着对手工艺品感兴趣的游客。

通过基于文化特色的分区方法，佛罗伦萨能够展示其丰富的文化遗产和艺术传统，为游客提供独特的文化体验。游客可以根据自己的兴趣和喜好选择适合自己的功能区域，参观历史建筑、欣赏艺术品、购买手工艺品，深入了解佛罗伦萨的文化魅力。

（五）基于可持续发展的分区方法

基于可持续发展的分区方法是根据旅游区域的环境、社会和经济可持续发展的原则进行划分的一种方法。该方法将旅游区域划分为不同的区域，以促进资源保护、环境保护和社会经济发展的协调与平衡。

以新西兰的弗朗茨约瑟夫冰川为例，弗朗茨约瑟夫冰川是一个基于可持续发展的分区的典型案例。弗朗茨约瑟夫冰川将整个区域划分为核心保护区、游客接待区和自然恢复区等。核心保护区是冰川的核心区域，严格限制游客进入，保护冰川的自然环境和生态系统。游客接待区则是游客活动和服务的主要区域，提供导游、观景平台和步行道等设施，控制游客数量和活动对环境的影响。自然恢复区则是为了保护和恢复冰川周边的自然生态系统，限制人类活动和干预，促进自然恢复和生态平衡。

通过基于可持续发展的分区方法，弗朗茨约瑟夫冰川能够平衡游客需求和环境保护的关系，实现可持续发展。游客可以在游客接待区内观赏冰川的壮丽景色，同时能够了解到冰川保护的重要性和参与可持续旅游的实践。

基于可持续发展的分区方法可以在保护自然环境的同时，满足游客的需求，促进社会经济的发展。通过科学规划和管理，旅游区域可以实现资源的可持续利用、环境的保护和社区的发展，为游客提供可持续的旅游体验。

这些方法是旅游功能分区的一些拓展方法，通过不同的分区方法，旅游区域能够更好地满足游客的需求，提供丰富多样的旅游体验。在实际应用中，可以根据具体的需求和情况选择适合的分区方法，并结合市场需求和可持续发展原则进行规划和管理，以推动旅游的可持续发展。

三、区域旅游空间基本要素

区域旅游空间结构中的基本要素包括点、线、网络和域面。区域旅游空间基本要素的组合和相互作用形成了区域旅游空间结构。点、线、网络、域面相互依存、相互影响，共同构成了一个完整的旅游空间系统。各个要素之间的关系和布局对于旅游发展的影响很大。

1. 点

旅游空间结构中的点就是旅游节点，主要包括旅游目的地、中心地、景区、景点等，旅游节点，存在特定的职能体系，在点的层面上，旅游节点的位置和功能对于区域旅游的发展至关重要。不同的旅游节点之间的关系和互动方式直接影响着旅游资源的利用和旅游活动的开展。例如，一个景区作为一个旅游节点，可以吸引游客前往观光游览，而中心地则提供各种旅游服务和设施，起到统筹协调的作用。各节点之间的关系可分为以下五种：

（1）从属关系。从属关系反映低级旅游节点对高级节点在旅游职能上的隶属关系。

（2）共生关系。两个节点互利共生，可以互通有无。

（3）依附关系。两个节点偏利共生，一方依附于另一方而存在和发展。

（4）松散关系。两个节点关系模糊，若即若离，缺乏联系。

（5）排斥关系。同质的节点之间为争夺客源市场等资源而发生利益冲突。

2. 线

线状要素主要是指交通线路，在区域旅游空间中起到连接各个旅游节点的作用。交通线路是旅游区发展的先决条件包括区域内部的线路组织，以及与外部的交通联系。交通线路的便利性和畅通程度直接影响着游客的出行和旅游活动的顺利进行。因此，对交通线路的规划和建设需要充分考虑旅游空间的需求和特点。

3. 网络

网络是节点和线路的结合体，特指旅游区内各种交通线路的空间分布体系。旅游网络系统大体有放射状网络、扇形网络、轴带网络、过境网络四种分布模式。不同的旅游网络模式适应不同的旅游区域特点和发展需求。例如，放射状网络适用于以一个中心地为核心的旅游区域，而扇形网络适用于以多个景点为核心的旅游区域。

4. 域面

域面要素是区域内某些旅游资源在地理空间上所表现出的面状分布或密集分布态，对应单个旅游功能区。域面的形成通常是由于某些特定的自然或人文条件，例如独特的地形地貌、丰富的文化遗产等。域面内的旅游资源丰富多样，吸引了大量游客前来观光和体验，也促进了旅游设施和服务的发展。

总之，区域旅游空间基本要素的组合和相互作用形成了丰富多样的旅游空间结构。了解和把握这些基本要素之间的关系和布局对于旅游区域的规划和发展具有重要意义。只有充分发挥各个要素的优势，合理布局和组织旅游资源，才能实现区域旅游的可持续发展。

四、典型的旅游空间布局模式

（一）集中式布局模式

集中式布局模式是指将景区内的景点、设施和服务集中在一个或少数几个核心区域，以便于游客集中游览，也便利管理。这种布局模式适用于景区资源集中、游客流量较大的情况，能够提供高效的游览体验和便捷的管理控制。迪士尼乐园是一个典型的集中式布局模式的例子。在迪士尼乐园中，所有的主题园区、游乐设施、表演以及餐饮和购物设施都集中在一个中央核心区域。游客可以在园区内便捷地游览各个项目，而管理者也可以更好地掌握和管理整个乐园的运营。

（二）线性布局模式

线性布局模式是指将景区内的景点、设施和服务沿着一条线性路径进行布置，形成清晰的游览线路。这种布局模式适用于景区资源呈现出线性分布的情况，能够指导游客按照固定的游览路径进行游览，有利于游览的组织和管理。长江三峡是一个典型的线性布局模式的例子。沿着长江的上游，依次经过瞿塘峡、巫峡和西陵峡等景点。游客可以乘坐游轮沿着长江顺序游览各个景点，沿途欣赏美丽的山水风光和人文景观。

（三）点状布局模式

点状布局模式是指将景区内的景点、设施和服务作为核心节点进行布置，围绕核心节点建立交通、服务和管理设施。这种布局模式适用于景区资源分散、各个景点相对独立的情况，能够将资源集中在核心节点周围，方便游客的集中游览和服务接待。泰山是一个典型的点状布局模式的例子。在泰山景区中，主峰泰山是核心节点，周围布置了登山口、索道、观光车等交通设施，以及餐饮、住宿等服务设施。游客可以围绕泰山这个核心节点进行游览和活动。

（四）网格布局模式

网格布局模式是指将景区划分为网格状的区域，每个区域内设置一个或多个景点和相关设施，形成清晰的空间分区。这种布局模式适用于景区资源呈现出均衡分布的情况，能够提供多样化的游览体验和便利的管理控制。东方明珠广播电视塔是一个典型的网格布局模式的例子。在上海的陆家嘴金融中心区域，广播电视塔周围设置了多个网格区域，每个区域内有不同的景点和功能，如观光平台、旋转餐厅、会议中心等。游客可以根据兴趣选择不同的区域进行游览和体验。

（五）分散式布局模式

分散式布局模式是指景区内的景点、设施和服务分散在不同的区域，没有固定的路径或中心节点。这种布局模式适用于景区资源分散、各个景点之间相对独立且距离较远的情况，能够提供更加多样化和个性化的游览体验。马尔代夫是一个典型的分散式布局模式的例子。在马尔代夫，各个岛屿都是独立的旅游目的地，每个岛屿上都有独立的度假村和相关设施。游客可以选择不同的岛屿进行入住和体验，根据个人喜好和需求自由安排行程。

以上五种旅游空间布局模式通过不同的方式组织景区内的景点、设施和服务，以满足游客的需求和提供更好的旅游体验。每种模式都有其适用的场景和优势，旅游规划者可以根据具体情况选择合适的布局模式。

五、典型旅游区的旅游功能分区

旅游功能分区是在旅游空间布局的指引下，依托一定的空间区域面积，营造不同属性与功能的区域结构，每个区域结构有着自己的个性和主题，要与其他功能区加以区分。不同旅游区类型的旅游功能分区存在一定的差异性。

（一）自然保护区

1.生态保护区

生态保护区是为了保护自然生态系统和生物多样性而设立的区域。这些区域通常包括原始森林、湿地和野生动植物保护区。游客可以参观自然景观、观赏野生动植物，以及学习环境保护的重要性。例如，亚马孙热带雨林的自然保护区是世界上最大的热带雨林之一，保护着众多珍稀的物种。

2.野生动物观察区

野生动物观察区是为了提供观察和研究野生动物的机会而设立的区域。这些区域通常包括野生动物保护区和国家公园，游客可以进行野生动物观察、摄影和学习。例如，非洲的塞伦盖蒂国家公园是一个著名的野生动物观察区，游客可以在那里观赏到狮子、大象、长颈鹿等各种非洲动物。

（二）文化遗产保护区

1.古建筑保护区

古建筑保护区是为了保护和展示具有历史和文化价值的古建筑而设立的区域。这些区域通常包括古代宫殿、寺庙、城墙等建筑物。游客可以参观这些古建筑，了解当地的历史和文化。例如，中国的故宫是世界上最大的古代宫殿之一，吸引着大量游客前来欣赏其宏伟的建筑和丰富的文化遗产。

2.古遗址保护区

古遗址保护区是为了保护和展示古代文明和历史事件的遗址而设立的区域。这些区域通常包括古代城市、古墓葬和考古遗址等。游客可以参观这些遗址，了解古代文明的兴起和发展。例如，埃及的金字塔是世界上最著名的古代遗址之一，游客可以前往参观金字塔和了解古埃及文明的辉煌历史。

（三）城市旅游区

1.商业中心区

商业中心区是城市旅游区中的核心区域，集中了商业活动、购物和娱乐场所。这些区域通常包括高楼大厦、购物中心、餐厅和娱乐场所。游客可以在这里购物、品尝当地美食、观看表演和体验城市的繁华。例如，纽约的时代广场是世界上最著名的商业中心之一，游客可以在这里购物、欣赏百老汇的表演和感受纽约的独特氛围。

2.文化艺术区

文化艺术区是城市旅游区中的一个重要组成部分，聚集了博物馆、艺术中心、剧院和音乐厅等文化设施。这些区域通常展示当地和国际的艺术和文化作品，举办各种文化活动和表演。例如，法国的巴黎蒙马特区是一个著名的文化艺术区，拥有世界知名的卢浮宫和蒙马特艺术馆，吸引着艺术爱好者和文化游客。

（四）海滨度假区

1.海滩休闲区

海滩休闲区是海滨度假区中提供沙滩、海水浴等休闲和水上活动的区域。这些区域通常拥有优美的海滩、清澈的海水和舒适的沙滩设施。游客可以在这里晒日光浴、游泳、玩沙滩排球和享受海滨度假的悠闲时光。例如，巴厘岛的库塔海滩是一个著名的海滩休闲区，吸引着众多游客前来享受阳光和海滩的乐趣。

2.水上运动区

水上运动区是海滨度假区中提供冲浪、帆板、潜水等水上运动的区域。这些区域通常提供各种水上运动设施和教练服务，游客可以参与各种刺激和有趣的水上运动。例如，澳大利亚的黄金海岸是一个著名的水上运动区，吸引着冲浪爱好者、帆板玩家和潜水爱好者。

（五）山区旅游区

1.登山区

登山区是山区旅游区中专门提供登山、远足和徒步活动的区域。这些区域通常拥有壮丽的山脉、峡谷和山间小径。游客可以登山攀岩、徒步探险并欣赏美丽的山景。例如，尼泊尔的珠穆朗玛峰是世界上最高的山峰，吸引着登山者前来挑战和体验登山的极限。

2.森林保护区

森林保护区是为了保护和展示原始森林和生态系统而设立的区域。这些区域通常包括茂密的树木、丰富的野生动植物和多样化的生态环境。游客可以在这里进行森林徒步、野生动植物观察和生态保护教育。例如，美国的约塞米蒂国家公园是一个著名的森林保护区，游客可以欣赏到壮丽的瀑布、巍峨的悬崖和茂密的红杉森林。

（六）农村旅游区

1.乡村风光区

乡村风光区是农村旅游区中提供乡村风景和田园体验的区域。这些区域通常拥有广阔的田野、山区和宁静的乡村风光。游客可以在这里欣赏自然美景、参与农业活动和体验田园生活。例如，法国的普罗旺斯地区以其美丽的薰衣草田和宜人的乡村风光而闻名，吸引着大量游客前来感受宁静的乡村生活。

2.农业体验区

农业体验区是农村旅游区中提供农业活动体验的区域。这些区域通常提供农业观光、果园采摘和农耕体验等农业活动。游客可以参与农民的日常工作、了解农业文化和品尝新鲜的农产品。例如，日本的富良野是一个著名的农业体验区，游客可以参与薰衣草采摘、制作蔬菜寿司和了解当地的农业传统。

（七）健康养生区

1.温泉疗养区

温泉疗养区是提供温泉浴和疗养服务的区域。这些区域通常拥有富含矿物质的温泉水源，并提供温泉浴、按摩、温泉疗法等疗养服务。游客可以享受温泉的舒缓和恢复身心的疗效。例如，冰岛的蓝湖温泉是世界上最著名的温泉疗养区之一，游客可以沐浴在温泉水中，放松身心。

2.康体养生区

康体养生区是提供健身、养生和康复服务的区域。这些区域通常拥有健身房、瑜伽馆、健康餐厅等设施，并提供各种健身、养生和康复方案。游客可以参加健身课程、接受健康咨询和享受营养餐。例如，泰国的普吉岛是一个著名的康体养生区，游客可以参与瑜伽、泰拳和按摩等康体活动，追求身心健康的目标。

以上是七种典型的旅游区的旅游功能分区的详细描述和例子。每个旅游区的功能分区提供了不同的旅游体验和活动，吸引着不同类型的游客。通过合理划分和规划旅游功能分区，可以更好地满足游客的需求，提升旅游体验，并实现旅游业的可持续发展。

课后思考

1.简述旅游规划与开发主题定位的概念与含义。

2.简要概括旅游主题形象的特征。

3.简述旅游功能分区的方法。

4.简要分析旅游规划与开发的主要空间布局模式。

第七章　旅游规划与开发项目创意设计

学习目标

掌握旅游项目的概念，了解旅游项目的两种基本分类方法，熟练掌握旅游项目创意的六个基本特征。

第一节　旅游项目创意设计的概念

一、旅游项目的概念

旅游项目是旅游开发者在一定期间和一定预算范围内，在调查、分析和研究的基础上为旅游活动的实现而投资建设的项目。规划与开发中旅游项目的概念内涵十分广泛，贯穿于旅游系统的全过程。通常包括旅游目的地、旅游线路、旅游服务、旅游产品、旅游设施、旅游活动、旅游体验等。旅游项目可以是为旅游者提供住宿、餐饮、交通、导游、娱乐、购物等服务的综合性旅游项目，也可以是为旅游者提供某一特定旅游体验的专项旅游项目。旅游项目通常需要与旅游目的地的自然和人文资源相结合，以满足旅游者的需求和期望。

国外一些学者和机构也对旅游项目的特征和定义做出了界定。1990 年，华尔士和史狄文斯将旅游项目描述成具有如下特征：能够吸引外地游客和当地居民前来；为前来的游客提供获得轻松愉快消遣的方式；按照不同项目的特点来进行针对性开发与管理，最大限度地提升游客满意度；基于游客的不同兴趣、爱好和需要提供适宜的设施和服务。1991 年，英国的苏格兰旅游委员会将旅游项目表述为：旅游项目的主要目的是让游客得到消遣娱乐的机会，以不同的活动形式带给他们心灵的放松或慰藉，形成一段独特的经历或经验。旅游项目不仅应该吸引严格意义上的游客，而且还要对当地居民具有一定的吸引力。

国内学者对旅游项目的研究开始较晚，在后续的研究基本认同国外的概念，更多的研究主要集中在旅游资源的评价、旅游规划、旅游产品开发、旅游营销等与旅游项目相关的方面。例如，吴志良（2002）对旅游资源评价方法进行了探讨，并提出了一种基于生态学、社会学和经济学等学科的旅游资源评价方法。李晓梅（2005）对旅游产品开发进行了深入研究，并提出了旅游产品开发的思路和方法。罗浩等（2006）对旅游项目的融资规划进行探究，分析江苏省沿江旅游项目规划中融资方式及其组合，针对不同的旅游项目提出具体的融资建议。侯莹光（2012）以湖北神农架国家地质公园为例，探讨地质旅游项目设计，简析地质旅游项目设计对旅游地学发展的作用。郭庆（2014）从旅游者需求角度对旅游项目进行分类梳理及特征描述，然后在旅游项目分类的基础上对旅游项目进行经济效益评价理论方法与实践研究。

综合上述旅游项目概念，可以将旅游项目的主要特征总结如下：第一，旅游项目应该为满足游客度过闲暇时间以消遣娱乐；第二，旅游项目的吸引力应该长久，并且其吸引的对象不能仅仅是游客，而且应该包括一日游游客和当地居民；第三，旅游项目需要一定的管理，并在经营下创造经济效益。

由此，可以将旅游项目界定为以旅游资源为基础开发的，以游客和旅游地居民为吸引对象，为其提供休闲服务、具有持续旅游吸引力，以实现经济、社会、生态环境效益为目标的旅游吸引物。可见，旅游项目中的旅游吸引物既包括传统意义上的旅游线路、旅游景点，又包括旅游地的节庆活动、文化背景以及旅游地的旅游商品。

二、旅游项目分类

从不同的研究目的和观察角度出发，旅游项目可以分为多种类型。在旅游规划与开发中较为常见的是主体分类法和环境分类法。

（一）主体分类法

主体分类法是以游客的个人特征作为分类标准对旅游项目进行划分的方法。一般而言，作为分类标准的游客特征有游客的旅游目的、职业、年龄、组织形式、消费方式、旅游时间、旅游的距离等。例如，按照游客的旅游目的，可以将旅游项目分为观光型旅游项目、度假型旅游项目以及生态旅游项目等；按照游客的旅游组织形式，可以分成单身旅游项目、情侣旅游项目和居家旅游项目等；按照游客的消费方式，可分为高消费旅游项目和低消费旅游项目等。综合起来，根据旅游主体的特征可以得到如表 7-1 所示的旅游项目分类表。

表7-1　旅游项目主体分类

分类方法	旅游项目类型
主导性质	观光旅游、度假旅游、生态旅游、专项旅游
主体职业	学生、无职业者、体力劳动者、脑力劳动者、退休人员
主体年龄	儿童、青少年、成人、老人
主体组织	单身旅游、情侣旅游、居家旅游、群体旅游、自主旅游、组团旅游
消费方式	高消费、低消费、包价旅游、奖励旅游
时间	一日游、周末旅游、短期旅游、工作旅游
旅游距离	近郊旅游、远郊旅游、中程旅游、远程旅游、国际旅游

（引自：中华人民共和国国家旅游局人事劳动教育司.旅游规划原理[M].北京：旅游教育出版社，1999：155.）

（二）环境分类法

环境分类法是以旅游项目所依托的环境作为标准而对旅游项目进行分类的方法。旅游项目的环境分类法可以根据不同的标准进行划分。以下是几种常见的分类方法。

1.根据环境保护要求分类

（1）生态保护型旅游项目：以保护生态环境和野生动植物资源为主，如自然保护区、森林公园、湿地公园等。

（2）可持续发展型旅游项目：在保护环境的前提下，实现旅游业的可持续发展，如生态旅游、绿色旅游等。

（3）生态恢复型旅游项目：通过旅游开发，恢复被破坏的生态环境，如湿地恢复、矿山生态修复等。

2.根据旅游资源特点分类

（1）自然景观型旅游项目：如山水景观、海滨景观、沙漠景观等。

（2）人文景观型旅游项目：如历史文化名城、古镇、古村落、博物馆、遗址公园等。

（3）休闲度假型旅游项目：如温泉度假村、滑雪度假村、养生度假村等。

3.根据旅游项目所在地区分类

（1）城市型旅游项目：如都市旅游、历史文化名城旅游。

（2）乡村型旅游项目：如乡村旅游、民俗旅游等。

（3）边境型旅游项目：如边境旅游、跨国旅游等。

4.根据旅游项目的规模和影响力分类

（1）大型旅游项目：如主题公园、度假村、大型娱乐中心等。

（2）中型旅游项目：如特色小镇、乡村旅游、度假村等。

（3）小型旅游项目：如农家乐、民俗旅游等。

这些分类方法可以根据实际情况进行组合，如根据环境保护要求和旅游项目所在地区进行分类。不同的分类方法有助于更好地保护和利用旅游资源，实现旅游业的可持续发展。这些分类标准可以根据实际需求进行组合，以满足不同游客的需求。

三、旅游项目创意的特征

旅游项目创意的含义是指在旅游项目中，通过独特的思维、想象和创新能力，将旅游资源、市场需求、文化背景等因素有机结合，形成具有吸引力和竞争力的旅游产品或服务。旅游项目创意是旅游业发展的重要驱动力，可以提高游客的体验，促进地方经济发展，同时有助于保护旅游资源，实现旅游业的可持续发展。

旅游项目创意的特征有以下方面。

（一）独特性

旅游项目创意要具有独特性，能够吸引游客的注意力。独特性体现在旅游项目的主题、设计、服务等方面。例如，在主题创意中，独特的旅游项目主题能够引起游客的兴趣，让他们产生参观、体验的欲望，以历史文化、民俗风情、探险为主题的项目，可以吸引喜欢历史文化、民族风情和探险的游客。在设计创意上，旅游项目的建筑设计、景观设计、室内设计等方面具有独特性，能够给游客留下深刻的印象。例如，现代与传统相结合的建筑风格、富有创意的景观设计、独特的室内装修等。在服务创意方面，提供个性化、人性化的服务，注重游客体验，增加游客参与度等。

（二）可行性

创意的旅游项目必须具备可行性，即在实际操作中能够实现。可行性包括资金、技术、人力资源等方面的支持。体现在以下方面：一是资金可行性，旅游项目创意需要投入一定的资金，包括项目开发、建设、运营等方面的资金。资金可行性是指项目所需的资金投入是否符合预算，或者是否有足够的资金来源支持项目的实施。二是技术可行性，旅游项目创意需要具备一定的技术支持，包括设计、施工、运营等方面的技术。技术可行性是指项目所需的各项技术是否成熟、可行，或者是否有足够的技术支持团队确保项目的顺利实施。三是人力资源可行性，旅游项目创意需要具备一定的人力资源，包括设计师、工程师、运营人员等。人力资源可行性是指项目所需的人力资源是否充足、稳定，或者是否有足够的专业人才支持项目的实施。四是市场需求可行性，旅游项目创意需要符合市场需求，具有较高的市场需求。市场需求可行性是指项目是否符合游客的需求，是否有足够的游客愿意消费和体验项目。五是政策法规可行性，旅游项目创意需要符合国家政策法规的要求，具备一定的政策合规性。政策法规可行性是指项目是否符合国家政策法规的要求，是否有足够的政策支持确保项目的顺利实施。

（三）创新性

旅游项目创意要求具有创新性，能够在市场竞争中脱颖而出。创新性体现在旅游项目的策划、设计、运营等方面。策划阶段的创新可以通过创新的市场调研方法，深入了解目标客户的需求和偏好，提出具有针对性的旅游产品和服务。同时，可以结合新兴技术和社交媒体，创新项目的推广方式，提高项目的知名度和影响力。设计阶段的创新可以通过创新的设计理念和方法，提高项目的独特性和吸引力。例如，可以结合地域特色和文化元素，设计具有特色的旅游产品和服务。同时，可以利用现代技术和设计软件，提高设计效率和质量。运营阶段的创新可以通过创新的管理方法和运营模式，提高项目的效率和质量。例如，可以引入共享经济和互联网技术，实现项目的智能化和个性化。同时，可以通过创新的服务理念和方式，增加游客旅游过程中的参与感和体验感，提高游客的满意度和忠诚度。

（四）可持续性

旅游项目创意要求具有可持续性，在满足游客需求的同时，兼顾环境保护和社会责任，实现旅游业的可持续发展。一是环境可持续性：旅游项目创意应注重环境保护，避免对自然环境造成破坏。例如，在选址、设计、施工等阶段，应充分考虑生态、地质等因素，确保项目对环境的影响降到最低。二是社会可持续性：旅游项目创意应关注社会效益，促进当地经济、文化、教育等方面的进步。例如，可以结合当地特色和文化，设计具有教育意义的旅游产品和服务，推动当地文化传承和发展。三是经济可持续性：旅游项目创意应具备良好的经济效益，为投资者带来稳定的收益。同时，项目应关注游客的消费需求，提供具有竞争力的旅游产品和服务，吸引更多游客，促进旅游业的发展。四是管理可持续性：旅游项目创意应注重项目的管理，确保项目的顺利进行。例如，可以采用现代化的管理手段，提高项目的效率和质量。同时，应注重项目的风险管理，降低项目投资风险。

（五）社会价值性

旅游项目创意要求具有社会价值，能够为社会带来积极的影响。具体体现在以下方面，一是社会教育价值：旅游项目创意可以通过展示当地文化、历史、艺术等，为游客提供丰富的文化体验和教育机会，提高游客的文化素养和审美能力。二是社会促进价值：旅游项目创意可以推动当地经济、文化、教育等方面的进步，为当地居民提供更多的就业机会，促进地方经济的发展。三是社会公益价值：旅游项目创意可以关注社会公益事业，如支持环保、扶贫等社会项目，提高项目的社会责任感。四是社会文化价值：旅游项目创意可以传承和弘扬当地文化，为当地文化的发展提供支持和推动力。五是社会交流价值：旅游项目创意可以促进不同地区、国家、民族之间的交流和互动，增进相互理解和友谊。

（六）经济价值

旅游项目创意要求具有经济价值，能够为投资者带来回报。经济价值体现在旅游项目的投资回报、就业、税收等方面。一是提高地区知名度：旅游项目创意可以提高当地地区的知名度和影响力，吸引更多的游客，从而促进当地旅游业的发展。二是增加收入：旅游项目创意可以通过吸引更多游客，提高旅游产品的销售额，从而增加项目的收入，为投资者带来稳定的收益。三是创造就业机会：旅游项目创意可以带动相关产业链的发展，如餐饮、住宿、交通等，诸多服务性的行业为当地创造更多的就业机会，从而促进就业。四是提升企业竞争力：旅游项目创意可以提高旅游企业的产品竞争力，扩大旅游企业的知名度，从而获得更高的经济效益。五是促进地方经济发展：旅游项目创意可以带动地方经济的发展，提高当地居民的生活水平，促进地方经济的繁荣。

综上所述，旅游项目创意的特征包括独特性、可行性、创新性、实用性、可持续性、社会价值和经济价值等方面。具备这些特征的旅游项目能够更好地满足游客需求，促进旅游业的发展。

第二节　旅游规划与开发项目创意设计原则

一、旅游项目设计原则

在进行旅游项目规划的时候，需遵照旅游项目的规划原则来做，根据相关项目规划要求，针对项目地块现状及周边环境的分析，促进项目区整体环境的协调性与一致性。

（一）整体性与开放性的原则

旅游项目的规划应从整体布局着手，特别注重人文景观和游乐体验与周边环境的有机结合。从项目内部讲，整个功能区尽管有各自的特点，但并不是一个个无机的、分散的结构，而是开放式的有机结合体；内部的各项资源不是彼此孤立的，而是一个相互影响、相互关联的整体，项目在设计过程中出于各方面的考虑，会建设人文建筑，要求从色调、风格等方面力求与旅游项目的风格一致，使建筑能融入风景之中，从而使游客感到风景和谐统一的境界，做到自然美与人工美的统一。同时旅游项目本身的规划应与周边环境相互衔接、相互融合。

（二）生态性原则

要自觉维护生态平衡，在可持续发展中，生态是基础。旅游业的开发也要做到维护生态平衡，由此才能实现可持续发展，如西湖经过开发，生态环境更加优越。旅游项目的设计生产将更为注重生态方面的要求，节制引用外来物种，保护和发展乡土物种，不会对项目地本身和周边地区产生不良影响。

（三）经济性原则

项目地的规划开发将充分发挥历史遗迹修旧如旧的原则，强调用最少的人工和资金投入来健全自然生态过程，强调有效利用有限的土地资源。同时，规划开发本身除了发展当地特色文化旅游产品以外，还将开展手工艺体验等，以带来更多的经济效益求得古城自身良性循环，因此在旅游的整体规划中将充分考虑经济生产的内容。

（四）参与性原则

亲身参与体验、自娱自乐成为当前的旅游时尚。规划开发时就在旅游项目的设置上充分考虑体现参与感、体验感的内容，结合地域本身历史文化等特点，进行相关体验项目的开发设计，吸引观光者广泛参与到体验活动中去，多层面地体验旅游地人文生活的情趣，享受原汁原味的传统地域文化氛围。

（五）特色性原则

独特性是吸引游客最关键的要素，如黄山奇特、泰山雄伟、华山险要。要在充分研究、了解旅游地各种资源条件的基础上，因地制宜地开发设计出具有鲜明地域特色的旅游项目。特色是旅游项目经济发展的生命之所在，越有特色其竞争力和发展潜力就会越强，因此，项目会明确资源特色，选准突破口，使旅游项目具有更鲜明的市场特色。

（六）多样性原则

旅游项目设计需要有创意性思维，应随具体情况而发生改变，不能因循守旧、生搬硬套。旅游项目设计的创新性主要体现在两方面：项目形式创新和项目功能创新。相对而言，旅游项目形式创新要比功能创新更容易更设计。鉴于人们在当今的休闲娱乐中将充分展现个性，在进行游乐规划中安排观光线路、方式、时间和消费水平上，将综合考虑多种方案，组织多样的休闲项目和线路供游客选择。

（七）适宜性原则

土地能力是指土地的生产潜力，它是一定土地所固有的。对旅游规划地的土地利用做出决定，是其规划设计的重要内容。旅游地土地评价的基础是土地利用和地块之间的比较，也就是说，按对旅游地内各个不同土地类型地块的各种利用做出适宜性评价，以达到土地的最合理化利用，获得最大的经济效益。

（八）可持续发展的原则

旅游项目的设计，必须对未来各种发展、变化的趋势进行预测，必须对所设计策划的结果进行事先评估。这种前瞻性要以一定的条件为前提，不能脱离现有的基础。是建立在深入调查、获得大量真实而全面的信息资源，同时对这些信息去粗取精、去伪存真的基础上的前瞻构想，而不是毫无根据地凭空想象。综合把握旅游项目地区的经济发展趋势，近期为适应当前形势进行建设，远期应结合城市发展的需求，按照科学的规划理论，选择科学规划的方法，进行合理有序的规划建设，及时更新设施、功能，促进可持续发展。

（九）市场效益原则

效益是旅游项目创意设计活动的一个立足点，又是评价一项策划活动成功与否及成果好坏的基本标准。旅游项目的效益可以从经济效益、社会效益和生态效益三方面进行衡量，要平衡好三方面的利益，做到全面均衡发展，在符合设计要求条件的情况下，追求效益价值的最大化，满足经营者的社会和经济效益，以达到双赢的目的。

二、总平面设计布置

（一）原则与功能划分

（1）项目规划既要考虑参与体验，也考虑休闲娱乐、餐饮住宿、生活及办公设施，以节约土地资源为目的，做到统一规划，合理布置，实现资源利用的最大效益。

（2）按功能规划为服务区（停车、住宿、用餐）、景观区、文化区、体验区、商业区等，并进行具体分区。

（3）相关的生产建设装置应尽量做到一体化、露天化，以减少占地，节省投资。

（4）项目总平面设计布置符合国家有关规范规定，确保后续项目规划实施的安全性，管理方便。

（5）力求项目工艺流程通顺，避免设计管道往返交叉，布局协调，整齐美观。

（二）规划目标

合理地对旅游项目规划区域进行布局功能分区，营建功能完善的辅助商业，如餐饮、住宿、娱乐等，在考虑社会效益、环境效益的同时，提升用地的经济效益，使对旅游项目的规划达到功能组织合理、用地配置得当、结构清晰、道路顺畅、适当配套等要求，创造出以人为本、尊重环境，舒适优美的空间。

总体布局符合规划、消防、人防、环保、抗震等要求。实现旅游项目规划设计的可持续性发展。

（三）交通组织和道路系统设计

旅游项目地域的交通组织应结合周边城市道路，尽量做到人车分流，简洁流畅，安全高效，同时应突出旅游项目的特色，与当地的有代表性的自然资源融为一体。旅游项目的整个交通体系建设应高效利用土地资源，并将各个功能区串联起来形成一个有机的整体，避免造成功能区块割裂。

另外，旅游项目步行街道的设计应与景观密切结合，创造以人为本，安全舒适，有良好景观视野的宜人游览环境。

三、旅游项目创意设计的基本要素

（一）旅游项目价值挖掘

从投资的角度，我们将资源区分为本体价值与开发价值。本体价值是资源固有的价值基础；开发价值，则是从开发收益的角度，对资源价值的一种评价。旅游项目的本体价值包括以下方面。

1.景观观赏价值

旅游项目规划设计的景观要给予旅游者一种美的体验。观赏价值包含观赏的愉悦度、奇特度、完整度等。愉悦度、奇特度和完整度越大的旅游景观，观赏价值越大，反之亦小。

2.科学价值

旅游项目的规划设计要考虑其在科学方面的意义，科学美价值是旅游景观的科学内涵美。旅游项目的景观大多具有较高的科学研究或科学普及价值，科学家和旅游者通过科学考察和游览，揭示其中的科学原理，从中获得科学知识，这便是景观科学美价值。例如，多边状几何形态的玄武岩柱节理，漏斗状的火口湖，冰川作用形成的三角形尖峰等，既有美观的外形又蕴含形成原因的科学道理，游客会对此产生强烈的科学美感，产生一定的科学价值。

3.文化价值

旅游项目的规划设计要充分考虑对当地文化的挖掘和传承，重视文化对旅游项目的带来的影响。文化可以提升旅游项目的知名度，一旦旅游项目被赋予了某种文化内涵，其知名度就会随着旅游项目的文化传播而迅速提高，如很多名人故居借助名人效应提高了知名度，成为著名的旅游地；文化可以提升旅游项目的附加值，当旅游者把相关的旅游项目当作文化来进行消费时，增加的附加值就体现出了，如美国的迪士尼乐园将童话世界的故事还原到现实中；长江三峡本是自然造化，由于李白的名句"两岸猿声啼不住，轻舟已过万重山"，使旅游者既饱览了三峡的自然美景又增添了一份对文化的体验与向往。这都是由于文化增加了旅游资源的附加值，而带来了良好的经济价值。文化可以提升旅游项目的可持续发展能力，旅游项目中的文化一旦形成，会在相当长的一段历史时期内具有吸引旅客的魅力，时间越久其文化价值体现得越明显，越能够吸引旅游者。这就充分体现了文化对旅游项目的可持续发展能力的价值与作用。

4.游乐价值

旅游项目的相关规划设计要充分考虑是否能够满足人们对旅游娱乐的需求，要给旅游者提供多样化、个性化的旅游娱乐体验，丰富旅游者的感受，让游客感受到独特的旅游游乐体验，开发创造出沉浸式、交互式的旅游项目。

5.体验价值

旅游项目可以通过与旅游者的参与和互动活动，让游客能更深层次地感受到旅游项目设计的每一个细节，体会规划项目的内涵和魅力，获得更直观和深刻的旅游体验。当然，旅游项目体验感的提升，强调打破空间与时间的束缚，注重游客之间的互动与文化融合，这样才能实现旅游区与旅游者的互动和共赢。游客的体验是完整的，包含空间、时间和事物的整合。因此，任何一个旅游项目提升游客的参与感、体验感，就要做到让游客身心皆临其境，要根据旅游项目的特性，寻找关联的主题，这样才能真正体现旅游项目的体验价值。

（二）深度调研与策划

1.市场调研

旅游项目的规划和开发要对目标旅游市场需求的数量、结构特征等信息以及变化趋势进行总体的调查与研究，确保最终旅游项目的规划和开发能够符合市场和旅游者的需求。

2.旅游市场总体把握

从旅游市场需求变化、技术创新、可持续发展等方面探讨旅游项目市场的发展趋势。旅游市场需求变化，随着人们收入水平的提高和休闲观念的转变，旅游市场需求也发生了很大变化，这就要求旅游项目的规划设计要对旅游市场进行总体把握，这样才能够更好地开发相关的旅游项目。

3.项目的市场定位

除了上述的市场调研和总体研究之外，也要对我们开发设计的具体项目进行具体的市场定位，对旅游项目策划者来说，合理地利用旅游资源，对旅游资源、区位条件进行科学评估，进而准确地做出产品定位，是旅游项目策划的起点。市场定位是旅游项目策划的核心、本源，是项目全程策划的出发点和回归点，是在项目策划初期就必须首先明确的。

4.对应于目标市场需求的产品创造（创意策划与游憩方式设计，游线设计）

旅游项目的规划设计在满足市场需求的基础之上，应该尽可能多地去增加创意策划，丰富内部旅游产品的开发设计，不断提高创新意识，创新理念是指以市场导向为核心，通过整合旅游资源，提供独特价值，创造性地满足消费者需求，旅游项目的规划开发应该不断地去提高这种理念，才能使未来旅游项目的发展更具竞争力。

5.市场核算与运作策划（收入模式设计、营销策划、市场效果判断、效益估算等）

旅游项目策划的重要任务之一就在于挖掘旅游资源的内涵，发现旅游资源之间的差异性，开发各地有特色的旅游产品，实现资源优势的互补。差异性的旅游产品会形成互补，从而可以使旅游项目区域之间共享游客市场，而同类旅游产品则形成替代性，替代型的产品会造成游客的分流或转移。在旅游项目开发过程中，要提高旅游资源的配置效率，关键在于充分发挥旅游资源的比较优势，从而形成特色各异的旅游产品体系，实现旅游资源的整体效用。如果各地旅游项目产品雷同，必然导致客源的激烈竞争和旅游项目的近距离重复开发，降低旅游资源的利用效率。所以，在项目规划开发之初就要对项目进行市场核算与总体经营运作的策划，保障规划开发的旅游项目能够顺利运营。

（三）定位与战略规划

旅游项目创意设计定位与战略包含四方面：主题定位、目标定位、市场定位和战略定位。

1.主题定位

旅游项目一般都需要主题，即使是奇山异水等独特景观区，或者宾馆等普通接待区，如果有了清晰独特、引人入胜的主题，并且项目按照主题进行整合打造，旅游吸引力就会得到极大提升。

2.目标定位

项目独特吸引力提升到何种程度，是实现目标的基础。这对策划人在资源挖掘、市场开发、创意突破、产品整合方面，提出了挑战。目标定位，要求设计出达到目标可行的运作路径。目标是一个体系，包括定性与定量两方面。

3.市场定位

按照传统方式，市场可分为基础市场、主体市场、机会市场；按照细分结构，形成重要性、营销时序、区域划分、类别划分四维构造的综合形态。功能定位：旅游项目可以围绕六要素进行细分展开，结合游憩方式，构建系统的综合功能结构。例如，吃住行游购娱等要素大功能；观光、探险、休闲、度假、休学、疗养等游憩功能；以住为主，餐饮娱乐辅助的结构（大多数度假村的模式），以餐为主，借助民俗游乐的结构（大多数农家乐的模式）。

4.战略定位

实现目标的现实途径，必须有战略性的构架这就是开发战略。战略，是对多种可能途径的选择，是开发中轻重缓急、先后时序、结构配合投资分配等重大问题的纲领与方针。

市场定位确定后其实在某种意义上项目/产品其他的（产品、渠道、价格、促销等）定位也随之产生，因为市场定位是纲，纲举则目张。与市场定位紧密联系在一起的是目标客户群定位，项目策划的关键所在——目标客户群的定位方法，即目标客户群"四步刻画法"；也就是说目标客户群的定位主要是通过四个步骤将其全方位地刻画、描述出来，以期后期从客户需求角度量身定制产品和营销。

在市场定位的前提下，要让目标客户群浮出水面，首先，要在地理上确定展开销售的区域；其次，要确定预想的客户群的人文特点；再次，要描述客户群的内在心理特点；最后，要描述客户的外在行为特征。在具体执行中多通过目标客户群的静态描述和动态描述来实现。目的是从地理、人文、心理、行为等方面来全方位刻画客户群，为营销推广提供准绳、靶子。通过这四步的执行起码要明确客户的生活惯性、消费习惯、居住意识等，为项目定位、营销提供对象。

刻画及定位目标客户群的实际意义有以下几方面：

（1）任何旅游项目都是要为客户服务的，项目定位的根本目的是细分、销售，市场定位所创造的"第一说法"最能撼动目标客户的心，引诱其产生购买欲望。

（2）虽然我们主观上都渴望目标客户群越广越好，但实际上由于产品的最大化，需求的多样化，一种旅游产品不可能满足所有人的需求，刻画目标客户群的目的就是通过特定人群的挖掘，进而吸引、影响、显化甚至扩大旅游项目的使用者队伍。

（3）目标客户群的全方位刻画进而会反作用于项目的其他定位，因为特定人群的习惯、喜好、需求是在某种程度上是易于大众的，只有显化了目标客户群才能更好地营销。其实这一点说白了就是一种策划意识的运用，即4P—4C—4R的轮回思维，4P指产品（product）、价格（price）、渠道（place）、促销（promotion）；4C指顾客（customer）、成本（cost）、方便（convenient）、沟通（communication）；4R指关联（relativity）、反应（reaction）、关系（relation）和回报（retribution）。

（4）完全抛弃原来单纯为迎合甲方而做的"一网打尽"式的客户群定位，真正科学、合理的确定项目主导的目标客户；更为重要的是，在目标客户群定位的基础上，配合营销推进，进而确定项目／产品市场开发的科学顺序。

四、旅游项目创意设计基本步骤

（一）确定旅游项目的目标和主题

在策划旅游项目之前，首先需要明确旅游项目的目标和主题。目标可以是吸引更多的游客，提升旅游业的收入，或者增加当地居民的就业机会。主题可以是文化遗产、自然风光、特色美食等。

（二）调研目标群体和市场需求

在确定目标和主题之后，需要进行市场调研，了解目标群体的需求和偏好。可以通过问卷调查、访谈等方式收集数据，分析目标群体的兴趣爱好、旅行习惯，以及他们对于旅游项目的期望和需求。

（三）确定项目的特色和亮点

根据市场调研的结果，确定旅游项目的特色和亮点。可以从自然环境、历史文化、当地特色等方面入手，打造独特的旅游体验。例如，如果目标群体对自然风光感兴趣，可以在项目中加入一些探险活动或户外运动，让游客亲身体验大自然的美丽。

（四）制定详细的行程安排和活动内容

要根据旅游项目的特色和亮点，制定详细的行程安排和活动内容。行程安排需要考虑到游客的舒适度和安全性，合理安排时间和路线，确保游客能够充分体验项目的亮点。活动内容可以包括参观景点、品尝当地美食、参与文化体验活动等。

（五）确定项目的预算和营销策略

在策划旅游项目时，需要考虑项目的预算和营销策略。预算包括项目的费用、人员成本、营销费用等。营销策略可以包括线上线下的宣传推广活动、与旅行社或OTA合作等方式，吸引更多的游客参与项目。

（六）制定安全管理和风险应对措施

旅游项目中存在一定的安全风险，因此需要制定安全管理和风险应对措施。可以聘请专业的安全管理团队，制定安全操作规程，确保游客的人身安全。同时，要制定应对突发事件的预案，做好风险评估和防范工作。

（七）测试运营和优化

在旅游项目正式上线之前，进行测试运营和优化工作。可以选择一部分目标群体进行试运营，收集他们的反馈意见，了解项目的不足之处，并进行改进和优化。可以通过不断地测试和优化，确保旅游项目的质量和用户体验。

（八）宣传推广和持续发展

旅游项目上线后，需要进行宣传推广，吸引更多的游客参与。可以通过社交媒体、旅游网站、旅行推荐等方式进行宣传，提高项目的知名度和影响力。同时，需要进行持续的发展和改进，根据市场的变化和用户的需求，不断创新和更新项目，保持竞争力。

第三节　旅游项目创意设计的内容与程序

一、旅游项目创意设计的方法

旅游项目创意设计是旅游业创新和发展的重要环节，它旨在通过创造性的思维和方法来挖掘潜在的旅游需求和市场机会，为旅游目的地提供独特、具有吸引力的产品和服务。在进行旅游项目创意设计时，需要运用一系列的方法和工具，以激发创新思维，提升项目的质量和竞争力。以下将详细描述一些常用的旅游项目创意设计方法。

（一）头脑风暴法

头脑风暴法是一种创新思维和问题解决的技术，由美国广告公司 BBDO 的创始人亚历克斯·奥斯本在 20 世纪 40 年代提出。这种方法旨在通过集体讨论的方式产生新的想法、解决问题或改进现有的产品和服务。头脑风暴法是一种常用的创意生成方法，其基本原则是鼓励参与者提出尽可能多的想法和建议，以激发创新思维和集思广益。

头脑风暴法一般有以下程序。首先是确定议题，即你想要解决的问题或创新的点子。议题应该是具体的、明确的，以便参与者能够聚焦。工具的准备，为参与者准备必要的工具，如白板、便签、马克笔等，以便记录和展示想法。组建小组，将参与者分成小组，每个小组的人数根据具体情况而定，小组讨论可以促进交流和创意的碰撞。开始头脑风暴，向参与者介绍头脑风暴的原则和目的，强调尊重他人的想法，不评价和筛选想法，以避免阻碍创造性思维。收集想法，在规定的时间内，让参与者积极思考并记录下他们的想法和建议。这个阶段不进行评估和筛选，而是鼓励参与者提出尽可能多的想法。整理和展示想法，让每个小组将他们的想法整理成清单，并选择一些有代表性的想法进行展示。在展示过程中可以鼓励参与者进行思考和讨论。讨论和筛选，在展示阶段之后，让参与者进行深入讨论，并尝试将不同的想法组合起来形成新的创意。同时，根据需要对想法进行筛选和优先级排序。

总结和记录，对讨论的结果进行总结和记录，以便后续评估和实施。总结应该包括主要的创意和建议、讨论的结果以及下一步的行动计划。

需要注意的是，在头脑风暴过程中，要鼓励参与者积极发表意见，但也要避免过度评价和批判他人的想法。同时，要确保所有的想法都被记录下来，以便后续评估和实施。

（二）焦点小组

焦点小组是一种市场调研方法，可以通过小组讨论的形式，与一组目标市场的消费者进行深入的交流和研究，以了解他们的需求、态度、行为和反应，从而为产品或服务的设计、营销策略的制定等提供有价值的信息。通过这种方法可以深入了解消费者，因为焦点小组提供了与消费者进行面对面交流的机会，可以深入了解他们的态度、需求、偏好以及对于产品或服务的看法。通过小组讨论的形式，可以听到不同消费者的观点和意见，从而获得多样化的反馈和洞察。焦点小组可以帮助企业了解市场趋势和消费者需求的变化，从而为产品的改进和营销策略的制定提供依据。通过焦点小组的讨论，企业可以了解消费者的具体需求和痛点，从而制定更有针对性的产品和服务。同时，这一方法存在一定的局限性。焦点小组的参与者通常是自愿参加的，因此可能存在选择偏见。此外，由于小组讨论的人数通常较少，因此结果可能不具有普遍代表性。焦点小组的主持人可能会对讨论的结果产生影响。主持人的观点、态度和引导方式都可能影响参与者的发言和讨论方向。组织一次焦点小组需要一定的时间和成本投入，包括场地租赁、主持人聘请、参与者交通费等。焦点小组的结果通常是定性的，难以进行量化分析。对于需要定量数据的决策者来说，焦点小组可能不是最佳选择。

综合来看，焦点小组是一种有效的市场调研方法，可以帮助企业深入了解消费者和市场趋势，为产品和服务的设计、营销策略的制定等提供重要依据。然而，由于其存在一些局限性，如样本代表性、主持人影响、时间成本较高等，因此在使用时需要根据具体情况进行权衡和选择。

（三）类比法

类比法是一种通过借鉴其他领域的成功经验和做法，为旅游项目提供新的思路和创意的方法。它基于这样一个假设：不同领域之间可能存在相似之处，可以通过类比来发现新的机会和解决方案。类比法的基本步骤有：首先明确需要进行创意设计的旅游项目所属的领域或类型；从其他领域中选择一个与目标领域具有相似性的领域作为类比对象；对类比领域进行深入分析，了解其成功的经验、做法和创新点；从类比领域中提取出与目标领域相关的关键元素，如产品特点、市场需求、营销策略等；将提取出的关键元素应用于目标领域，形成新的创意和设计方案。举例来说，如果我们要设计一个生态旅游项目，可以选择类比领域为生态农业。通过对生态农业的分析，我们可以提取出一些关键元素，如绿色、可持续、体验式等。然后，将这些关键元素应用于生态旅游项目的创意设计中，如设计绿色环保的旅游设施、提供可持续的旅游体验、开展体验式的农业活动等。

类比法可以帮助旅游项目创意设计者开拓思路，从不同的领域中汲取灵感，创造出独特而有吸引力的旅游产品。但在应用类比法时，需要注意不同领域之间的差异，避免简单地照搬照抄，要根据目标领域的特点进行适当调整和创新。

（四）逆向工程法

逆向工程法是一种通过对已有的产品或服务进行反向分析和研究，提取其设计原理和创新点，并将其应用于新的旅游项目创意设计中的方法。它强调从现有成功案例中学习和借鉴，以提高旅游项目的创新性和竞争力。逆向工程法的基本步骤如下：首先选择一个已有的成功旅游项目作为研究对象，分析其特点、优势和创新点；接着对研究对象进行深入拆解和分析，了解其各个组成部分的设计原理和相互关系；从拆解和分析中提取出关键元素，如产品特点、市场定位、营销策略等；最后将提取出的关键元素应用于新的旅游项目创意设计中，并结合实际情况进行创新和改进。举例来说，如果我们要设计一个新的主题公园，可以选择一个现有的成功主题公园作为研究对象。通过对该主题公园的拆解和分析，我们可以提取出一些关键元素，如独特的主题、丰富的互动体验、创新的游乐设施等。然后，将这些关键元素应用于新的主题公园创意设计中，如设计一个以科幻为主题的公园，结合虚拟现实和互动技术，创造出独特的游乐体验。

逆向工程法可以帮助旅游项目创意设计者从现有成功案例中汲取经验和灵感，提高创新的效率和成功率。但在应用逆向工程法时，需要注意尊重知识产权，避免直接抄袭和模仿，要在借鉴的基础上进行创新和改进。

（五）跨界融合法

跨界融合法是一种将不同领域的元素、概念或技术融合在一起，创造出独特的旅游体验的方法。这种方法可以帮助旅游项目突破传统的界限，吸引更多的游客。

跨界融合法的基本步骤如下：首先需要确定要与旅游项目进行跨界融合的目标领域，如艺术、科技、体育、文化等；深入了解目标领域的特点、趋势和创新点，寻找与旅游项目的契合点；将目标领域的元素、概念或技术与旅游项目的主题、情感体验等相结合，形成新的创意；根据融合后的创意，设计具体的体验环节，包括景点、活动、服务等，使游客能够在旅游过程中切实感受到跨界融合的魅力；为了实现跨界融合，需要整合相关的资源，如合作伙伴、技术设备、专业人才等，确保项目的顺利实施。例如，要设计一个以艺术为主题的旅游项目，可以将艺术与科技进行跨界融合。可以在旅游景点中设置一些利用数字技术呈现的艺术作品，如虚拟现实绘画、互动雕塑等，让游客在欣赏艺术的同时体验到科技的魅力。此外，还可以与当地的艺术家合作，举办艺术工作坊、艺术展览等活动，让游客参与其中，深入了解艺术创作的过程。

跨界融合法可以为旅游项目带来创新和独特的体验，吸引更多不同类型的游客。但在应用跨界融合法时，需要注意不同领域之间的协同和整合，确保跨界融合的效果能够达到预期。

二、旅游项目创意设计的内容

（一）项目主题

旅游项目的主题是吸引游客的关键因素之一。一个独特而富有吸引力的主题能够让游客对项目产生兴趣和期待。项目主题是旅游项目的灵魂，它需要独特而富有吸引力，能够满足目标市场的需求和兴趣，同时需要通过创新的设计和服务来打造独特的体验，并通过营销策略来推广项目，吸引更多的游客前来体验。例如，一个以"太空探险"为主题的旅游项目，通过模拟太空探险的体验，提供宇航员般的旅行体验，吸引对太空旅行感兴趣的游客。

（二）用户体验

旅游项目的用户体验是游客对项目整体感受的重要部分。这包括从游客接触项目的第一刻（如通过网站或宣传材料），到游客在项目中的所有活动和接触点（如导游服务、餐饮住宿、活动安排等）。例如，一个以"五星级服务"为目标的旅游项目，提供豪华的住宿、美食、专业的导游服务，以及定制化的活动安排，为游客打造卓越的旅游体验。

（三）物理环境

旅游项目的物理环境包括景点、建筑、设施等的设计和布局。充分利用项目的自然和人为环境，同时要考虑到环境保护和可持续发展。例如，一个以"自然与文化融合"为主题的旅游项目，可利用当地的自然景观和文化遗产，打造独特的景点和活动，吸引游客体验当地的文化和自然风光。

（四）活动和节目

旅游项目的活动和节目是吸引游客参与和留存的重要手段。设计丰富多彩的活动和节目，包括文化表演、户外探险、美食节、主题晚会等，能够增加游客的参与度，延长留存时间。例如，一个以音乐节为主题的旅游项目，可举办多场音乐会、音乐讲座和音乐工作坊吸引音乐爱好者前来参与。

（五）营销策略

旅游项目的营销策略是推广项目和提高知名度的关键。制定有效的营销策略，包括社交媒体营销、传统广告投放、公关活动等，能够提高项目的知名度和吸引力。例如，一个以"社交媒体营销"为主题的旅游项目，通过与知名博主的合作、分享游客的旅行故事等方式，吸引更多的关注和口碑传播。

以上是对旅游项目创意设计内容的详细描述。在实际操作中，可以根据项目的具体情况和市场目标，结合资源和限制因素，灵活运用这些内容来设计旅游项目。

三、旅游项目创意设计的程序

旅游项目在设计时要遵循一定的程序，大致包含以下步骤。

（一）确定项目目标和主题

在开始创意设计之前，需要明确项目的目标和主题。这将有助于为后续的创意设计提供指导。项目目标可以是增加游客数量、提高游客满意度、提升品牌形象等。主题可以根据项目所在地的文化、历史、自然景观等因素来确定。

（二）市场调研

了解目标市场的需求、兴趣和消费习惯是创意设计的重要基础。可以通过市场调查、分析竞争对手、收集游客反馈等方式进行市场调研。这将有助于确定项目的目标客户群体，并为创意设计提供有针对性的建议。

（三）创意产生

在了解市场需求后，可以采用头脑风暴、团队讨论等方式，产生各种创意想法。创意可以来源于团队成员的个人经验、市场趋势、新兴技术等。鼓励开放的思维和创造性的想法，不限制任何可能性。

（四）创意筛选

面对大量的创意想法，需要进行筛选，以选择最具可行性和吸引力的创意。可以根据项目的目标、资源限制、市场需求等因素进行评估。可以采用投票、专家评估等方式进行筛选。

（五）概念设计

将筛选出的创意转化为具体的概念设计。概念设计包括项目的整体构思、功能布局、景观设计等。这一步骤需要考虑项目的独特性、可持续性和与周围环境的融合。

需在概念设计的基础上，进行详细设计。详细设计包括项目的具体细节、设施设备、服务内容等。这一步骤需要考虑游客的体验性、安全性和便利性，同时要考虑项目的运营成本和可维护性。

（六）项目评估

对设计方案进行评估，分析其可行性、经济效益、社会效益等。评估可以采用成本效益分析、风险评估等方法。根据评估结果，对设计方案进行调整和优化。

（七）改进与完善

根据项目评估的结果，对设计方案进行改进和完善。这可能包括对功能布局、设施设备、服务内容等方面的调整。确保设计方案能够最大限度地满足项目的目标和市场需求。

（八）实施与监控

将设计方案付诸实施，并在实施过程中进行监控。这包括项目的建设、设备的采购和安装、人员的培训等。在监控过程中，需要及时收集反馈信息，对项目进行调整和优化，以确保项目的顺利推进。

（九）反馈与调整

在项目实施过程中，收集游客的反馈意见和市场变化信息。根据反馈和变化，对项目进行调整和优化。这有助于不断提升项目的质量和吸引力，适应市场的需求和变化。

以上是旅游项目创意设计的一般程序，不同的项目可能会有所不同，具体的实施过程需要根据项目的特点和需求进行调整。在整个设计过程中，团队的合作、沟通和创新精神至关重要，同时需要充分考虑可持续发展的因素，以确保项目的长期成功。

四、旅游项目创意设计的影响因素

旅游项目创意设计受到多种因素的影响，在进行旅游项目创新设计时需要综合考虑这些影响因素。

（一）资源与环境

旅游项目的创意设计需要充分考虑项目所在地的资源与环境。这包括自然资源、文化资源、生态环境等方面。例如，如果一个旅游项目所在地拥有独特的自然景观，如壮观的山脉、清澈的湖泊或美丽的海滩，那么创意设计可以围绕这些资源展开，开发户外探险、水上活动或海滨度假等项目。

（二）市场需求

了解目标市场的需求和兴趣是创意设计的重要基础。例如，针对家庭游客的旅游项目可能更注重亲子互动和娱乐设施，而针对年轻游客的项目可能更强调刺激和冒险。通过市场调研和分析，可以确定目标市场的需求，并有针对性地设计旅游项目。

（三）文化与历史

旅游项目可以充分利用当地的文化和历史元素，打造独特的体验，可以为旅游项目赋予独特的魅力和吸引力。这样的设计不仅能满足游客的文化需求，还能为当地文化的传承和发展做出贡献。不同地区和国家拥有独特的文化特色，这些特色可以成为旅游项目创意设计的重要素材。中国的传统文化、欧洲的古典文化、非洲的原始文化等，都可以为旅游项目提供丰富的创意源泉。通过将这些文化特色融入旅游项目的设计中，可以让游客深入了解当地的文化，提升旅游体验。例如，一个以历史建筑为主题的旅游项目，可以通过文化活动、故事讲述等方式，让游客深入了解当地的历史。

（四）技术创新

技术创新是旅游项目创意设计的重要影响因素之一，它可以为旅游项目带来新的体验、提升游客的参与度，并为项目的长期发展提供支持。随着科技的发展，创新的技术手段可以为旅游项目带来新的体验和吸引力。利用虚拟现实技术，可以让游客在家就能体验到旅游项目的魅力。此外，智能导览、移动应用等技术也可以提升游客的体验，增加旅游项目的互动性和便利性。技术创新可以推动旅游行业的整体发展。创新技术的应用可以激发行业内的创新性思维，促进行业的技术进步和升级。技术创新还可以吸引更多的投资和资源，为旅游项目的发展提供支持。

（五）竞争对手

了解竞争对手的产品和策略，有助于避免同质化，突出项目的独特性。例如，如果竞争对手的项目以水上活动为主，那么你的项目可以专注于陆地探险或空中体验。通过与竞争对手的差异化设计，项目可以更好地吸引目标市场的游客。

（六）预算与投资

创意设计需要考虑项目的预算和投资回报率。例如，在设计高科技旅游项目时，需要权衡技术设备的成本与游客的体验和收益。同时，项目的投资回报率也需要在创意设计过程中进行评估，以确保项目的经济可行性。

（七）可持续发展

在创意设计过程中，需要考虑项目的可持续发展，涉及环境、社会和经济等方面。环境可持续性是指在旅游项目创意设计中考虑环境保护和资源合理利用。这包括减少对自然环境的破坏、保护生物多样性、节约能源和水资源等。社会可持续性关注旅游项目对当地社区和居民的影响。在创意设计过程中，需要考虑与当地社区的合作，尊重当地文化和传统，促进社区参与和发展。例如，通过与当地社区合作，开发文化旅游项目，既能保护和传承当地文化，又能为社区带来经济收益。经济可持续性是指旅游项目在长期内能够实现盈利和可持续发展。这包括考虑项目的投资回报率、成本效益分析、市场需求和竞争等因素。在创意设计中，需要平衡项目的经济效益与环境和社会可持续性，确保项目在经济上可行且可持续。

（八）法律法规

创意设计需要遵守当地的法律法规。例如，在设计旅游项目时，需要考虑建筑法规、环境保护法规等。遵守法律法规不仅可以确保项目的顺利实施，还能为游客提供安全、合法的旅游体验。

（九）社会与社区

旅游项目的创意设计需要考虑对当地社会和社区的影响。例如，与当地居民合作共同开发旅游项目，既能为社区带来经济收益，又能让游客更好地了解当地文化。此外，项目的设计还应尊重当地的风俗习惯，避免对社区造成负面影响。

以上是对旅游项目创意设计的影响因素进行的更详细的描述和举例说明。在实际设计过程中，需要综合考虑这些因素，以确保项目的成功实施和长期发展。

课后思考

1. 旅游项目的概念是什么？

2. 旅游项目的分类方法有哪些？

3. 旅游项目创意有哪些基本特征？

4. 旅游项目创意设计的基本原则是什么？

5. 市场调研要把握好市场，需要从哪些方面进行深度研究与策划？

第八章　旅游规划与开发的导向模式

学习目标

理解旅游规划与开发的基本概念和原理，掌握旅游规划与开发的基本流程和方法。了解旅游市场的需求和趋势，掌握旅游产品开发和市场营销的策略和方法。熟悉旅游规划与开发中涉及的法律法规和政策，掌握旅游管理和监管的基本知识和技能。熟练掌握旅游资源评估和规划的方法，了解如何制定旅游规划和开发方案，并能够评估其可行性和可持续性。

第一节　资源导向模式

资源导向模式是旅游规划和开发的一种方式，它的核心思想就是要充分利用目的地的自然、人文和社会资源，进行科学的规划和合理的开发利用，从而达到旅游的可持续发展。资源导向模式强调对旅游地的自然景观、文化遗产、人文景观等进行充分挖掘与利用，从而提高旅游体验，吸引旅游者。

一、资源导向模式产生的背景

在旅游规划和开发初期，旅游还没有真正走进人们的生活，从事旅游规划与开发的人员，不仅限于旅游从业人员，还包括从事旅游相关或相关专业的专家、学者及有关开发人员。从严格意义上讲，这个时期的旅游景区规划和开发还不够完善，这就导致了这一阶段的旅游规划和开发还停留在一种初期发展中，相关人员仅仅关注对旅游资源本身的分析和开发，很难从其他地区吸取先进的经验。由于大部分旅游资源都是以地理要素为主要吸引物，因此，如果地区没有地理要素的支持，就很有必要对其进行开发。地理学是一门基础理论学科，具有较深的理论积累。在旅游开发初期，资源导向型的开发模式存在着一定的缺陷，而相关的地理学理论则是旅游规划和开发的重要理论依据。

二、资源导向模式的内容

资源导向型旅游规划与开发模式，是指对旅游资源进行调查、分类评价和合理开发。不同类型旅游地的旅游规划与开发各有特色，各有侧重。在旅游资源储量丰富、旅游开发相对成熟或者有发展潜力的区域，其开发战略是必然的。因此，在制定区域旅游发展战略时，必须结合区域资源的实际情况，综合分析，制定区域旅游可持续发展战略。在此定位模式中，规划的基本思路是根据当地旅游资源的基本情况，因地制宜制定该地区的旅游开发规划并研究当地的旅游开发战略。

三、资源导向模式的特征

在以资源为导向的旅游规划与开发模式中，旅游资源是其核心内容，在实际的旅游规划与开发过程中，要根据旅游资源的存在状况，结合其空间分布以及类型结构等方面，制定出开发路径。

主观性：旅游规划与开发以本地旅游资源为基础，较少从市场需求出发，以"资源—产品"为主线，而非现行的"市场—产品"。主观主体并非旅游规划者，而是旅游地的现实状况。

基础性：资源导向型发展模式是以旅游资源为核心，通过开发利用旅游资源，促进旅游业的发展。旅游资源作为旅游业发展的基本要素，在资源导向型发展模式中具有重要地位。

局限性：它主要体现在区域旅游资源开发中对旅游资源的深入研究，从而将单一的旅游资源作为旅游产品组合和优化的出发点。这样一来，区域之间的协同发展就会被弱化，而区域差异就会被忽略。

四、资源导向模式的适用范围

旅游规划通常采用"资源论"方法，根据不同区域的资源特点和特点，制定相应的发展策略。但是，这种模式也存在着一些局限性，如没有充分考虑市场因素、政策因素以及发展扶持条件等。资源导向模式是一种有效的模式，它主要是对具有较高品位和较高吸引力的传统旅游景区进行深度开发，以达到改善现有旅游景点的目的，这种模式能够有效地提升现有旅游景点的品质，增强其吸引力，同时能增加游客数量。

究其原因，主要是这些地区有独特的旅游资源，即使未经特殊开发，也能很好地吸引游客。因此，在这类区域的规划与开发中，不仅要做好市场定位，还要做好配套设施建设，还要做好人才培养工作。要实现这一目标，必须采取多种方式对其进行开发与利用。一方面，游客体验质量的提高可以提高游客满意度；另一方面，可以通过引进先进的科学技术和经营理念，提高旅游服务的效率和水平。同时，我们可以和当地的相关公司进行合作，以促进当地旅游的可持续发展。

总体而言，以资源为中心的旅游规划模式具有其独特的优越性，但也要充分考虑其他因素对旅游资源的影响，灵活多样地开发旅游资源，才能获得最大的利益。

五、资源导向模式的规划思路

首先，需要明确目标。包括确定要达到的目标和需要的资源，这些目标必须是具体的，可以测量的，并且要符合组织的战略目标。其次，有必要对可获得的资源进行评估。包括人力、物力和财力三方面。通过对现有资源的评估，我们可以知道什么资源是足够的，什么是不足的。下一步，就是制定资源分配方案。这涉及如何为单个项目或任务分配有限资源的决策。资源分配方案的制定需要考虑各个项目的优先顺序、期望的成果、时间和费用。那么，就需要对资源的使用进行监测。这涉及对资源的使用进行跟踪，以确保资源得到有效使用。如果发现资源被滥用或短缺，资源配置计划必须及时进行调整。最后，有必要对基于资源的模型进行定期回顾和更新。这涉及定期检查基于资源的模式的有效性，从而做出必要的修改和改善。借由定期检讨及更新以资源为导向的模式，可确保它总是符合组织的需要，协助它达成策略目标。

第二节　市场导向模式

市场导向模式是一种以市场需求为导向的旅游规划与开发模式，其基本思想是通过对目的地的市场调查和分析，发现目的地的竞争优势和特征，从而有针对性地开发适合游客需求的旅游产品和服务。市场导向模式就是以满足市场需求为导向，引导企业在产品开发、市场推广、服务等方面开展工作的一种企业管理模式。这种模式强调的是，企业要时刻关注和努力满足市场需求，通过定期的市场调研和分析，灵活地调整产品和服务，以满足顾客的期望和需求，增强产品的市场竞争力。在市场导向模式中，企业要根据市场的变化和需求，建立一套与市场紧密联系的组织结构和管理机制。这样才能快速响应市场变化，抓住商机，保持竞争优势。此外，市场导向模式还强调企业追求与市场的良性互动，以获取持续的竞争优势和利润最大化。总之，以市场为导向的管理模式，可以帮助企业聚焦市场需求、优化资源配置、提升竞争力、实现长期发展和成功。市场导向模式注重市场营销和品牌建设，提高旅游地的市场竞争力和知名度。

一、市场导向模式产生的背景

从总体上讲，"市场导向"贯穿于旅游规划和开发的全过程。随着旅游需求的不断增长，旅游市场将呈现出一片光明，从事旅游业的专业人才也越来越多，在这样的背景下，从事旅游业规划与发展工作的职业也呈现出多样化。其中，旅游学、历史学、地理、经济学、工程学、管理学等多个学科的融合人才也加入了旅游规划与开发的研究中。

进入20世纪90年代年代以后，随着旅游业的蓬勃发展，区域旅游业对地方经济发展的重要性日益凸显。一些地区也认识到，旅游业的发展离不开开放程度和吸引外资的能力。为此，地方政府开始大力发展地方旅游。从理论上讲，只有立足于地方特色的旅游资源规划与开发，才有可能取得成功。事实上，有些地方本身并不吸引人，但由于其独特的地理位置，巨大的市场来源，取得了巨大的成功。在此背景下，旅游规划研究呈现出新的发展趋势，丰富了区域旅游产业规划的内容。随着旅游业的逐步市场化，旅游市场的分析与定位已成为旅游规划与开发不可缺少的一部分。

随着旅游业的快速发展，出国旅游人数不断增加，旅游市场规模不断扩大。为了更好地满足游客的需求，旅游规划者必须深入研究旅游市场。为了实现这一目标，在很大程度上拓展了旅游规划界的研究领域。旅游规划师们已经由最初的景点设计、线路规划等基础工作转变为市场营销和消费行为研究，不断地探索提高旅游产品质量和吸引力的新方法和新技术。在旅游开发中，市场分析与定位是不可或缺的一个环节。只有深入了解市场需求，才能准确把握市场动向，根据市场需求制定相应的产品策略。同时，通过对市场的准确定位，可以有效规避市场竞争，提高产品的竞争力。

二、市场导向模式的内容

以市场为导向的旅游开发必须以市场需求为核心，对市场需求进行研究。只有对市场有了更深层次的认识，才能更好地把握游客的消费趋势，从而更好地制定旅游规划，满足市场需求。具体来说，市场导向下的旅游规划与开发，应先深入调查本地旅游资源，掌握本地旅游资源的现状与特征。只有充分认识、充分利用地方旅游资源，才有可能开发出具有吸引力的旅游产品，吸引游客。基于这一认知，旅游规划和开发也应针对不同类型的市场需求，设计生产相应的旅游产品来满足不同类型游客的需求。同时，只有兼顾经济、社会和生态三方的平衡，才能实现可持续发展。为了达到最大的经济效益、社会效益和生态效益，在进行旅游规划与开发时，一定要密切关注市场需求，充分挖掘本地旅游资源，开发出符合市场需求的旅游产品。

三、市场导向模式的特征

（一）客观性

这与以资源为中心的旅游规划开发模式的主观性是一致的。在这里，客观性体现在两方面：一是旅游规划与开发仍然是在对旅游资源进行科学评价的前提下进行的，没有这一基本原则就谈不上旅游规划与开发；二是，旅游产品的设计与开发是基于客观真实的旅游市场需求的。

（二）组合性

以市场为导向的旅游开发模式具有较强的市场导向性，决定了其具有比资源导向型更开阔的视野。市场导向下的旅游规划和开发，不仅要注意区域间的资源整合，更要注意区域间的经济关联。

（三）敏感性

市场导向模式是一种以对当地旅游资源科学认识为基础，考虑旅游市场需求的旅游规划开发模式。旅游市场的多变性决定了这一模式必然是敏感的。旅游市场的变化是正常的。市场环境和市场需求的变化决定了不同时期开发的旅游产品是不同的。为了满足不断变化的旅游消费需求，旅游规划开发人员必须对需求的变化保持敏感，从而应对其变化。

四、市场导向模式的适用范围

旅游业是以市场需求为导向的产业，市场导向型的旅游管理模式，可以更好地满足消费者的需求，提高其竞争能力。本项目拟从以下四方面进行研究。

（一）旅游产品的开发

通过市场调查，旅游企业可以了解消费者的偏好与需求，进而针对市场需求，设计相应的旅游产品与服务。比如，为不同的目的地、不同类型的旅游产品量身订做，并提供个性化的旅游体验。

（二）制定市场营销方案

市场导向模式可以帮助旅游企业根据市场需求制定营销策略，选择合适的推广渠道和方式，以及针对不同目标市场的定制营销方案，从而更好地吸引和留住客户。

（三）提升服务质量

通过市场导向模式，旅游企业能够及时了解顾客的反馈与需求，不断地改善与优化旅游产品与服务，提高服务品质与顾客满意度。

（四）选择目标市场

通过帮助旅游企业准确定位目标市场，可以了解目标客户群体的需求及行为特点。这样才能更好地进行市场营销，进行产品定位。

五、市场导向模式的规划思路

采用以市场为导向的旅游资源规划开发模式，不仅要充分发挥当地旅游资源的优势，更应以市场为导向。但要真正把握其内涵，就必须紧紧围绕市场需求，并在旅游规划开发工作中加以把握。然而，旅游业的发展并不完全受旅游市场的影响。目前，一些旅游规划设计过分强调"市场导向"，一些过于依赖旅游资源本身，缺乏市场价值评估，偏离市场需求，甚至在资源开发和市场分析中出现"两张皮"现象，导致旅游规划和市场定位不明确。同时，在旅游规划与开发中，旅游市场分析过于概念化，缺乏区域市场的细分与定位。在旅游目的地市场分析的基础上，可将旅游资源开发与市场需求相结合，提出旅游目的地发展的方向。旅游目的地的规划和开发应以市场需求为导向，充分发挥旅游目的地的综合优势，满足旅游者的需求，取得最大的经济效益。

第三节　形象导向模式

形象导向模式是通过旅游地形象打造吸引游客来提高旅游目的地知名度而构建的一种旅游规划和发展模式。其核心思想是通过一系列精心策划和实施的形象塑造策略，使目的地具有独特的吸引力，从而获得游客的青睐。

形象导向模式强调的是目的地形象的整体性和一致性，所以在实施过程中要运用各种方式和方法，如宣传推广、形象营销等，确保目的地形象的准确传达和广泛传播。旅游目的地品牌形象的塑造，对旅游地市场竞争能力的提高具有重要意义。在

"意象导向"模式下，旅游目的地形象不再是抽象的概念，而是一种具体的、生动的、有感染力的存在。这样的形象，不仅可以激发游客的好奇心和探索欲望，同时也会给游客带来更深层次的认同感和归属感，从而成为旅游地的忠实粉丝与支持者。总体而言，形象导向模式是旅游规划与开发的一种模式。它以独特的旅游形象吸引着大量的游客，提升了景区的知名度和影响力，为旅游业注入了新的活力和活力。

一、形象导向模式产生的背景

随着大众旅游日益流行，旅游规划与开发步入演进阶段，旅游地可供游客选择，旅游市场竞争日趋激烈。相对于全球旅游业的迅猛发展，各大旅游企业及目的地面临的困境是：旅游业的增长乏力，经济效益不佳。在这种情况下，人们开始寻求一种新的旅游规划与开发模式，以推动旅游业健康发展。

在"形象导向"模式形成之前，旅游规划与开发主要依靠优质旅游资源和旅游产品。然而，随着对旅游的需求不断上升，旅游规划人员认识到，满足市场需求的优质旅游资源和旅游产品并不容易获得，这些因素并不总是对旅游者的选择产生影响，旅游目的地的声誉和知名度可能会对旅游目的地产生更大的影响。在旅游规划和开发中，要注意整体形象的定位。因此，在做好旅游规划之前，必须充分了解旅游者的认知状况，针对不同的旅游目的地，制订相应的形象传播计划。

二、形象导向模式的内容

形象导向模式是以旅游企业形象为核心，通过对企业形象的塑造与管理，来提高旅游企业的竞争力与市场地位。

（一）定位品牌

确定公司品牌的核心能力及独特定位，明确公司的市场定位及目标受众群，这样才能更好地进行形象传播与营销活动。

（二）塑造形象

通过品牌设计和宣传推广等方式，对企业形象进行积极的塑造，包括标志、口号和企业文化等，从而塑造正面的公司形象。

（三）传播形象

运用多种途径和手段，通过广告、公共关系、社会媒体等手段，积极宣传公司形象，提高企业形象。

（四）管理品牌

建立一套完整的品牌管理系统，包括维护品牌形象，执行品牌标准，实施品牌授权管理，保证品牌形象的一致性与稳定性。

（五）消费者体验

注重顾客的感受与体验，提供高质量的产品与服务，以积极塑造公司形象，加强消费者对公司的喜爱与忠诚。

（六）危机公关

建立一套完善的危机公关计划与机制，及时有效地处理各种危机事件，维护公司的良好形象。

三、形象导向模式的特征

形象导向模式关注的是一个完整的、有机的整体，它注重事物之间的联系和整体效应，而不是孤立地看待细节，其模式有以下特点。

（一）稳定性

旅游资源的规划与发展，是在全面考虑地区内部、外部环境的基础上进行的。所以，在旅游规划中，要运用恰当的手段，加强旅游城市的设计意象。应该以一种相对稳定的方式以意象为导向来设计旅游景观与制定发展策略。

（二）主题性

"形象导向"模式是以塑造旅游景区的主体形象为出发点，具有鲜明的主题。这一特点是旅游景区形象设计中最明显的，能够体现景区的主题和特色。同时，在推广其形象的过程中，必须紧紧围绕形象主题，使消费者真正了解自己独特的旅游形象。

（三）系统化

形象导向模式有两个系统特征：一是将旅游目的地的规划和开发视为一个有机系统。在旅游规划和开发过程中，提供食品、住房、旅游、购物、娱乐等服务的旅游企业和部门。旅游活动应当统筹规划，制定中长期发展规划，保障旅游系统可持续发展。由此可见，旅游目的地的规划与开发是一项复杂的系统工程。二是，旅游目的地形象具有较强的系统性。在形象塑造方面，要注重历史形象、现实形象和未来形象，同时主题形象需要一系列辅助形象和活动的支撑，这说明旅游形象的塑造是一项系统工程。

四、形象导向模式的适用范围

形象导向模式是站在系统发展的视角下，对旅游地的整体形象和旅游发展进行规划，通过塑造和提升目的地旅游形象，实现区域旅游资源的有效整合与可持续发展。在这一模式中，应重点解决旅游目的地的综合性开发和整体形象的塑造和提升。

（一）旅游主题形象塑造与提升

从旅游心理学的观点出发，游客对旅游地的认知首先要通过感官的第一印象，然后再进行调查、研究和筛选。研究发现，游客对旅游目的地的认知意象具有很强的解释力，而与其所处的客观环境无关。所以，要想取得较好的经济效益，就必须将策划和宣传策划的主题意象相结合。

（二）旅游地的综合开发

旅游规划与开发，是指根据旅游目的地系统各组成部分的功能，将其联系起来，形成整体开发，在人力资源、市场、资金、资本、营销、产品、形象、环境等方面进行全面综合开发，形成旅游目的地发展和未来经营管理的共识，促进旅游目的地产业结构调整和升级。因此，旅游目的地的持续稳定发展关系到旅游目的地的可持续发展。

五、形象导向模式的规划思路

在旅游规划和开发的演化阶段，大众旅游越来越受欢迎，旅游目的地的选择越来越多，旅游市场的竞争也越来越激烈。旅游地的知名度、美誉度和知名度对旅游地形象有着重要的影响作用。

旅游规划者要以系统开发理论和综合开发理论为指导，深入开发旅游资源。这就要求规划师将大局、选题、形象、市场定位、资源评价等方面作为一个有机系统，使每个环节朝着一个目标前进。这种旅游规划开发理念可以形成完整统一的旅游形象，通过适当的渠道促进旅游市场的发展。同时，具有鲜明特色的旅游形象更能吸引旅游者。只有这样，旅游目的地才能走出增长缓慢的怪圈，进入快速增长的新阶段，才能在激烈的市场竞争中占据一席之地。因此，在以形象为导向的旅游规划与开发中，要以资源形象为导向，满足市场需求。

第四节　产品导向模式

在旅游领域，产品导向模式指的是以旅游产品作为核心驱动力，围绕旅游产品的设计、开发、营销等各个环节而进行的一种模式。在这种模式下，旅游企业以高质量、高品质、高体验、高服务为核心的竞争优势，不断地创新和提高，以满足旅游者的需求和期望。在以产品为导向的模式下，旅游产品的研发和设计一直是企业关注的重点，目的在于为旅游者提供独特的旅游体验和服务。旅游企业只有不断改进产品质量，才能在市场中保持竞争力。这些措施包括开通新航线、提供个性化旅游体验、提升服务品质等。

一、产品导向模式产生的背景

产品导向型旅游规划开发模式是指旅游规划开发到一定阶段后形成的一种旅游规划开发模式。它通常以某一产品为导向，以某一区域为整体，构成从产品到商业形式，从环境、服务到营销、到品牌的整体布局。明清时期，旅游已成为人们生活中不可缺少的一部分，成为人们最主要的休闲方式。与此同时，旅游规划开发的理念也逐渐深入人心。如何提高区域旅游竞争力，吸引更多的游客，是当前亟待解决的问题。对于资源相对贫乏的地区，要立足自身发展，把旅游发展放在更高的起点上。

就旅游消费而言，旅游已成为一种时尚。随着人们收入、闲暇时间、知识水平和欣赏能力的提高，人们对旅游的了解越来越多，需求越来越多，消费行为越来越成熟。人们不再满足于原始的自然旅游资源，也不再满足于基本的观光旅游产品，而是满足于特定的主题旅游产品和系列旅游活动。这也是这一时期旅游者的消费需求。

二、产品导向模式的内容

产品导向模式强调以产品为核心，以产品为核心，以产品的研发、销售为动力，满足市场需求，提高竞争力，具体内容如下。

（一）定位和目标市场

企业要做好市场调查与分析工作，了解消费者的需要与偏好，找出目标市场，根据市场需求对产品定位进行调整。

（二）产品创新与研发

公司以产品为核心动力，重视产品的研发与创新，在性能、功能、特点上持续改善，以满足市场的需要。

（三）产品质量和服务

企业要提高产品竞争力，提高客户满意度，就必须注重产品质量，做好售后服务。

（四）持续改进

要想在激烈的市场竞争中保持竞争力，就必须不断地改进产品，以满足客户的需求。

（五）营销和销售

企业要想提高产品的知名度和市场占有率，就必须采取有效的市场营销策略。

产品导向性模式是指根据区域旅游资源的现状和发展，为特定区域设计开发旅游产品的模式。与市场导向模式相比，面向产品的模式在发展规划中具有更大的主动性。首先，市场导向模式的主要参与者是旅游经营者，对市场需求有明确的认识，在进行旅游产品设计时不存在盲目性，可根据自身发展状况进行规划和开发；其次，与市场导向模式相比，面向产品的模式在发展规划中更多地强调旅游规划人员在旅游产品的规划和开发中处于积极的地位，即旅游规划人员在对区域资源进行评价、分析和研究后，提出相应的营销方案、营销策略，为游客提供更多、更优质的旅游产品。

三、以产品为中心的模型特点

（一）动态性

产品导向模式是指通过策划旅游活动和节庆活动来吸引旅游者。因此，旅游规划开发人员在设计旅游项目和节庆活动时必须具有前瞻性，必须改变产品的形式，只有这样才能体现出旅游产品的特点，吸引游客。

（二）经济性

与其他规划导向模式相比，产品导向模式具有明显的经济优势。这种经济优势主要体现在对旅游项目的投资分析上。在具体规划文本中，其包括具体旅游项目的投资期限、投资回收期、建设规模、预期收益等经济指标，以及旅游项目的投资可行性分析报告。

（三）创新性

这种模式是以当地资源为基础开发旅游产品的，因此其产品设计必须区别于其他目的地。如果每个景区开发相同的旅游产品，旅游者就会追求个性化的旅游产品，这些同质产品就不会在市场上得到高度认可。

（四）综合性

产品导向型旅游规划开发模式是一种综合模式。旅游目的地的发展要求规划者精心设计具有吸引力的旅游产品。从旅游者的需求来看，旅游者对旅游体验的需求是多种多样的，因此，旅游产品的开发应分为横向和纵向两个层次。例如，旅游策划者应该在旅游产品的层面上尽可能多地规划各种旅游活动和节日。

四、产品导向模式的适用范围

在旅游业中，以产品为导向的模式能够帮助公司把重点放在产品的研发与创新上，为游客提供个性化、多元化的旅游产品与服务，以满足不同层次游客的需要，增强市场竞争力。只有不断地完善与创新旅游产品，才能吸引更广泛的顾客群，才能实现可持续发展。以下是旅游业中以产品为中心的应用范围。

（一）规划旅游线路和行程

旅游公司可根据市场需求与消费者偏好，开发出具有特色的旅游线路与线路，提供多元化的旅游产品。

（二）提供食宿服务

酒店和饮食公司可以专注于提高酒店餐饮产品的质量和服务，从而提高酒店的竞争力。

（三）优化旅游体验

为满足不同层次游客的需要，可开展多种体验活动，如探险之旅、生态之旅、文化之旅等。

（四）创新旅游产品

提供个性化旅游产品及服务，如特色民宿、量身订做、主题游等。

（五）提供旅游交通服务

为游客提供便捷、舒适的旅游交通和接送服务，如包车、专车接送等，提高旅游产品的质量和完整性。

五、产品导向模式的规划思路

从对旅游资源的分析和评价到以市场需求为导向的旅游规划和开发，这一时期的旅游规划和开发实际上已经走出了过去"重资源轻市场"的误区，真正将旅游规划和开发纳入了以市场需求为导向的轨道中来，形成了以市场需求为导向的旅游规划和开发理念。尤其是近年来，随着我国旅游业进入高速发展的新阶段，旅游业已经成为我国国民经济中最具活力和带动力的支柱产业，加上我国经济社会发展对旅游业的高度重视和大力推进，这一时期旅游规划和开发在战略上突出了"以人为本"，将市场需求作为首要目标，把满足市场需求作为最高追求，这一时期的旅游规划和开发在战略上突出了"以人为本"，将满足消费者需求作为首要目标，将消费者满意度作为最高追求。尤其是旅游景区人为发展带来的巨大经济效益，使得旅游规划者、开发商和投资商都认识到：在缺乏传统自然旅游资源和人文旅游资源优势地区，通过精心策划和开发市场导向的旅游产品，也能从零开始获得旅游收益，成为旅游城市或目的地。这一时期的旅游规划和开发是围绕着"市场—资源"这一主线展开的。重点是对旅游项目及产品进行创意设计。

课后思考

1.在实践过程中，产品导向模式下的旅游规划思路有哪些？
2.形象导向模式和产品导向模式的差异主要体现在哪些方面？
3.资源导向型开发模式的现实背景是什么？
4.市场导向型开发模式的特征是什么？

第九章 旅游规划与开发的可行性分析

学习目标:

掌握旅游规划与开发的可行性分析的功能与特征、可行性分析的原则、内容以及可行性分析的步骤;了解旅游规划与开发的财务可行性分析的概念、主要理论基础、主要指标以及旅游规划与开发的可行性分析的不确定性分析的方法;熟练掌握旅游规划与开发的可行性分析的概念、理论基础、主要指标的计算、效益评估的内容与方法。

第一节 旅游规划与开发的可行性分析概述

一、旅游规划与开发可行性分析的概念、功能与特征

(一)可行性分析的概念

可行性分析是一种技术方法,它在项目正式启动和建设之前,对项目涉及的市场、资源、技术、经济和社会等方面进行深入的分析、验证和评估,目的是确定该项目是否具有实施的可行性。作为一个综合性的项目,可行性研究涵盖了投资预算、财务状况分析、国家经济效益的预估以及经济评估这四个主要环节。项目投资决策的科学性在很大程度上取决于可行性分析,这一点在国外已经被广泛采用。20 世纪 70 年代,我国的项目可行性研究才开始逐步受到重视。

从区域经济的视角来看,旅游规划与开发构成了对区域旅游发展的整体规划。这一项目涉及多个产业部门,并需要大量的投资,因此,它是一个非常重要的投资项目。在具体实践中,由于缺乏科学的论证方法以及相关理论的支撑,一些地区盲目追

求经济效益，从而出现资源浪费及环境恶化等问题。通过对旅游的规划和开发进行深入的可行性分析，我们可以避免不必要的弯路，从而更有效地提高旅游开发的整体效益。

（二）可行性分析的功能

总体上来看，旅游规划与开发的可行性分析具有如下功能。

1.可行性分析是项目决策的前提和保证

对旅游的规划和开发进行可行性分析，可以为规划者和投资者在做决策时提供丰富的信息和数据支持。它对于旅游业发展具有重要意义，可以使投资者在进行投资决策时更加科学合理，有的放矢。由于可行性分析是对规划项目进行全方位的分析和评价，其结果将直接影响投资者的个人利益，进而也会对投资者的决策行为产生影响。在旅游规划中，可行性研究作为一种重要而有效的分析方法，对旅游业发展具有十分关键的意义。从某种视角看，对旅游规划与开发的可行性进行分析，可以被认为是旅游规划任务的基石和出发点。

2.可行性分析是吸引项目融资的重要依据

在旅游的规划和开发阶段，通常需要外部资金支持，而负责提供项目融资的机构通常会以项目的可行性分析结果作为其融资活动的证据和基础。项目论证是旅游开发项目建设前必不可少的环节，对项目能否成功实施起着至关重要的作用。因此，在选择投资项目的过程中，大部分项目的投资方都会要求申请者提交相关的项目论证材料和评估文档。这就使得旅游项目的可行性研究工作具有重要意义。在进行区域旅游开发的投资和招商活动时，关于旅游规划和开发项目的可行性分析报告已经变成了不可或缺的关键文件之一。由于其涉及众多因素，因而具有较强的综合性和复杂性。因此，一个由权威机构编写、整合各种信息，并采用科学研究方法进行的可行性分析，已经成为确保项目融资成功的关键因素之一。

3.可行性分析是保证旅游规划质量的重要手段

可行性分析是对旅游规划和开发项目的全方位和整体性的研究，因此，它可以超越旅游产业发展的框架，从区域、国家甚至国际的角度来评估旅游规划和开发项目的质量、优劣和可行性。这篇文章首先概述了国内外关于旅游规划的几种主流方法，并结合我国的实际状况，推荐了一种与我国国情相匹配的实用分析技巧，即层次分析法。这项研究为旅游规划的后续修正和完善提供了宝贵的方向，它在确保旅游规划和开发项目设计的高品质方面发挥了至关重要的角色。

（三）可行性分析的特征

从旅游规划与开发可行性分析的内容和方法上来看，其特征主要表现为以下四方面。

1.对于决策的支持性特征

在所有的可行性分析中，决策的支持性都是一个普遍的特点。在不同的环境下，决策制定者往往会根据自身的经验、知识以及对问题的理解来决定方案是否可行。不管是在旅游的规划和开发的哪一个时期，人们都必须依赖可行性分析的成果，并结合自己的评估和决策来做出选择。

2.对于方案的比较性特征

在进行项目的可行性研究时，我们需要分析开发项目在各种可能场景下的投资和回报。因此，通过这些可行性研究的成果，人们可以在多种旅游开发策略中进行对比，以确定最合适的开发方案。

3.分析前提的假设性特征

旅游规划与开发的可行性分析主要依赖两大部分的基础数据和信息：一是已经在现实生活中出现的描述性数据，例如区域的产业构成、过去几年接待游客的次数等；二是规划与开发所需要的技术性资料，诸如各种技术经济指标、投资估算等。还有一种数据是基于规划和开发的前提假设来确定的，如未来一段时间的游客数量和游客的购买喜好等。这类数据资料往往具有不确定性或随机性，因而在进行可行性研究时，必须考虑它可能带来的影响和后果。鉴于可行性分析主要关注项目执行后的收益与投资成本的对比，因此，对项目未来的发展进行预测和假设是不可或缺的。

4.分析内容的全程性特征

在旅游的规划和开发过程中，都会涉及可行性的分析。所谓可行性分析就是对规划和开发进行必要的论证和评价，以确保在既定的时间内完成相应的任务目标。从严格的角度看，广义的可行性分析涵盖三个主要类别：规划与开发前的初步分析、在规划与开发阶段对项目设计的可行性评估以及在规划与开发执行阶段对效果进行追踪的可行性研究。

二、旅游规划与开发可行性分析的原则

（一）遵循客观和公正的原则

客观公正的原则被视为可行性分析的核心标准之一，只有确保其客观和公正，我

们才能确保分析结果的可靠性。客观原则的核心思想是，在进行旅游规划和开发的可行性分析时，必须尊重实际情况，避免过度主观和随意。这就要求我们在进行可行性研究时必须遵循客观性、合理性以及科学性等基本原则。例如，在评估环境时，我们应该基于真实的事实或信息，而不是轻率地做出判断。如果缺乏科学、合理、严谨的论证，就会使可行性研究失去其客观性，甚至导致错误决策。在进行旅游资源规划和开发的可行性分析时，必须严格遵循特定的流程和方法，否则可能会妨碍旅游资源的合理利用，以及社会和经济的健康发展。确保旅游规划与开发的可行性分析是客观和公正的，这是确保可行性研究可靠性的关键准则。

（二）遵循成本与效益的原则

成本效益原则是一种专门针对旅游规划和开发的可行性分析手段，它主要从规划和开发的成本效益两个维度进行全面评估和比较。只有那些实际获得的效益超过投入成本的规划项目，才能被认为是具有实际可行性的。当前，很多地区在进行景区和景点的建设投资时，存在着过分重视经济效益而忽视社会效益，以及过分强调短期效益而忽视长期效益的问题。仅从成本或收益的视角出发，这种方法显然是不全面的，这肯定会对区域旅游业的发展带来某种程度的风险。

另外，在探讨可行性分析中的成本效益原则时，我们还需要关注成本与效益之间的多维性，也就是说，它们是从微观经济实体的成本效益和宏观经济实体的成本效益来看的。宏观效益和微观效益都是经济学研究中的重要内容，此外还包括短期的益处和长期的益处。

总体来说，在进行旅游规划与开发的可行性分析时，应以成本和效益的对比为基础，并应从多方面全面地分析规划与开发的成本和效益。

（三）关于系统的分析准则

系统分析原则强调，在进行旅游规划与开发的可行性分析时，必须基于成本效益分析，对旅游规划与开发的各个方面进行全面和系统的评估和分析，最终为该规划与开发项目提供一个综合性的评价。从某种意义上说，对整个系统进行整体研究，可以使旅游开发更具科学性。尤其在旅游行业中，涉及的行业和地理范围相当广泛，因此，对这些相关行业、利益相关群体以及市场空间的深入分析，都是进行可行性研究时不可或缺的一部分。同时，旅游活动本身包含许多可供进行价值判断和决策的因素。对于这些建立在相互联系和相互作用上的因素，进行可行性分析的人应该拥有一个系统的分析思维。

（四）遵循标准化的准则

在旅游规划与开发的可行性研究中，规范化的原则要求分析过程中所采用的各种方法和流程必须与相关规范保持一致。本书从对我国现行有关文件的梳理入手，提出了一些在旅游规划与开发可行性论证中应当遵循的基本规范。相关的规范主要包括以下几点：首先，分析过程、方法和形式必须符合国家的相关标准和法律法规；其次，在分析的过程中，所采用的评估标准必须与相关行业和产业的常规和准则相一致；最后，所进行的分析内容和手段必须与相关行业和产业的独特性相契合。在进行旅游开发的可行性研究时，必须充分考虑旅游项目的不同特征及其与其他产业之间的区别，才能得出正确结论。举例来说，生产型企业在进行可行性分析时，主要考虑成本和技术等多个因素，而旅游项目的可行性分析则更多地关注于地理位置、主题以及产品设计等方面，这些都是由产业运营特性所决定的。

三、旅游规划与开发可行性分析的内容

关于旅游的规划和开发，其可行性分析主要涵盖了以下四个核心领域。

（一）旅游规划与开发的生命力分析

对旅游规划与开发的活力进行分析，实际上是对规划项目的吸引性和持续性进行的描述。对于旅游的规划和开发活力，我们可以进一步将其划分为四个主要部分。

1.对旅游规划项目生命周期的深入分析

旅游规划项目的生命周期分析的目的是预测和评价该项目在旅游市场中的吸引力将如何发生变化。具有更长生命周期的旅游项目可以带来更高的经济回报，这也意味着它们的开发潜力更大。

2.对旅游规划中的市场环境进行深入分析

旅游规划中的市场环境分析涉及对旅游开发地目标市场内消费者行为模式和竞争对手经营活动的全面评估。它不仅要考虑旅游资源条件、交通区位因素等宏观环境因素，而且还要结合具体旅游产品开发过程中可供选择的策略方法进行微观层次的定量分析。在分析市场环境时，我们既要研究当前目标市场中的旅游产品竞争状况和游客的需求特点，同时要从发展的视角预测其未来走向，并据此来评估旅游项目是否与市场的发展方向保持一致。

3.对旅游规划中的社会环境进行深入分析

旅游规划中的社会环境分析涉及对旅游目的地的经济增长趋势、文化属性以及相

关的政策和法律环境进行全面的考察和评价。在进行旅游规划时，必须考虑当地经济社会发展状况和旅游业自身发展规律，并结合当地自然条件及人文特色确定具体的旅游项目及其建设规模。投资者、游客以及其他旅游规划和开发的相关主体，都可能受到这些社会环境因素的影响。

4.对旅游规划所需的技术条件进行深入分析

在旅游规划中，技术条件涉及对项目开发和建设的技术可行性进行全面评估。其目的在于确定是否应该开发，以及如何开发，使之成为一个既能满足社会需要又有较高经济价值的产品，以实现社会效益与经济效益相统一。只有那些具有独特创意、市场反应强烈并且在技术层面上是可行的规划项目，才真正具备实施的可能性。

（二）对旅游的规划和开发进行财务评估

在旅游规划和开发的财务方面，可行性分析的成本效益原则得到了充分的体现。其目的是通过一定的分析方法来确定项目的经济效益和社会效益，以保证投资方案达到预期效果，从而使投资者获得最大的利益。财务分析涉及对项目在规划、建设和经营管理各个阶段中货币流动的成本和收益进行全面评估。在这一分析过程中，主要依赖于一系列通用的财务指标和管理方法，并将这些计算出的数值与相关的标准值进行对比，以确定项目在财务方面是否具有可行性。

（三）对旅游的规划和开发所带来的效益进行评价

在这里，效益评估主要集中于从经济、社会和生态环境三个维度来预测和评估旅游规划与开发可能带来的区域性影响。其中，生态效益评估是重点研究内容之一。后续将对效益评估的详细内容和方法进行深入阐述。

（四）对旅游规划和开发的不确定性进行分析

不确定性同样代表着风险，这也是旅游规划和开发中可行性分析的核心议题之一。本书以旅游资源评价为例探讨了不确定性对旅游规划项目可行性研究报告编写过程的重要影响。旅游规划项目的可行性主要受到不确定性因素的影响。不确定性因素的复杂性、多变性以及难以量化等特点，使得旅游规划项目可行性分析难度较大。在之前所描述的分析中，我们通常基于一个假设，即所处的市场和环境是固定不变的，但在实际操作中，这种假设并不总是成立的。事实上，随着时间的推移，各种不确定因素会发生很大变化。因此，在进行旅游规划和开发的可行性分析时，需要对可能发生变化的各种因素进行不确定性分析，并对这些不确定性因素可能导致的后果进行风险评估。

鉴于旅游规划项目的生命力分析与前几章的内容存在相似之处，本章仅对财务分析、效益评估和不确定性分析方法进行了详尽介绍。

四、旅游规划与开发可行性分析的步骤

旅游规划与开发的可行性分析主要按下列步骤进行。

（一）努力搜集尽可能多的信息

在进行旅游规划与开发的可行性分析时，必须严格遵守客观和公正的准则。这种客观性意味着可行性分析专家需要尽量搜集与该旅游目的地以及其目标市场有关的各种信息和数据。在此基础上，对影响该旅游地发展的各种因素进行全面深入的调查研究并做出判断是非常重要的。另外，如果存在与该地区相似的旅游景点，也应该收集相关信息以供参考。

（二）分析旅游目的地的资源及其独特之处

旅游资源的存在状态和其独特性将影响其潜在的开发能力，也就是其开发的机会。一个地区旅游资源丰富与否取决于该区域内旅游资源本身以及与其相关的自然、人文条件的组合程度高低，而后者又受到当地社会经济发展水平的影响。通常而言，当旅游资源的数量增多，其在空间上的集中度提高，文化内涵更为丰富，以及其独特性更为突出时，这些旅游资源所拥有的开发前景便更为广阔。因此，深入研究旅游资源及其独特性质是评估规划和开发项目可行性的关键环节。

（三）对目标市场的需求和竞争状况进行深入分析

通过预测和分析目标市场的需求规模、特性和竞争状况，我们可以评估规划项目与市场需求的匹配度。根据市场容量大小和发展趋势判断是否具备实施开发的条件。如果一个规划项目在市场上有明确的机会并且生命力旺盛，那么这个项目的实施是非常可行的。

（四）探讨旅游规划和开发在环境上的可行性

我们应该对旅游开发地的宏观经济情况、相关政策、法律法规、基本设施以及生产资料等环境因素进行全面的评估。根据旅游资源在区域中所具有的优势地位及影响因素，可将其划分为区位环境、交通便利度、市场容量三方面的条件。当这些条件变得更为有利时，旅游的规划和开发所带来的风险与成本都会降低，同时其实施的可能性会增加。

（五）探讨旅游规划和开发的技术实施可能性

在分析旅游项目的技术可行性时，我们主要集中于旅游项目设计中技术含量较高的部分，如地理位置、主题选择和项目设计等，进行深入的分析和评估，以确定其是否具备成功的潜力和实施的可能性。

（六）探讨旅游项目的规划和开发在融资方面的可行性

在旅游的规划与开发中，融资被视为核心环节。由于旅游规划与旅游资源本身具有较强相关性，而旅游开发又涉及多个部门、行业和地区，因而需要多种渠道的资金投入。如果融资的路径和方式不恰当，那么我们将无法筹集到旅游开发所需的资金，旅游的规划和发展的宏大目标也将无法得以实现。旅游开发的资金投入具有不确定性、长期性等特点。因此，我们需要评估旅游开发过程中所需的资金规模，以及这些资金的来源和筹集方法。

（七）探讨旅游规划和开发所带来的外部效应

此步骤基于之前确定的旅游项目和它们的开发策略，探讨了旅游规划与开发执行可能对附近的社会、经济和环境产生的正面和负面效应。具有显著正面影响的规划方案具有较高的可行性。

（八）探讨旅游规划和开发在财务上的可行性

一旦之前的所有内容都得到了确认，可行性研究人员便可以对旅游规划与开发的整个过程中的财务数据进行预测和计算，然后利用财务分析的结果来评估该旅游规划与开发项目的可行性。

（九）撰写关于可行性的研究报告

旅游规划与开发的可行性分析主要通过可行性研究报告来实现。它既是一份项目建议书，又是一份投资估算和经济评价书。地方政府负责旅游的部门和旅游开发的投资者均以可行性研究报告作为他们决策的参考依据。

在这份可行性研究报告里，负责编制的人员需要对旅游规划与开发项目的各个方面，包括背景条件、发展目标、市场预期、风险因素的分析以及财务评估指标等，进行全面系统的阐述。

第二节 旅游规划与开发的财务可行性分析

一、旅游规划与开发财务可行性分析的概念

从微观层面出发，旅游规划与开发的财务可行性分析是根据国家财税制度的规定，对旅游规划与开发项目的财务状况进行量化评估。从这个意义上来说，其是对旅游规划与开发技术方案进行经济论证。在大多数情况下，对项目首先需要进行财务的可行性分析，然后从宏观视角对区域的经济效益进行评估。财务分析是旅游规划与开发方案决策的基础工作之一。在执行财务分析的过程中，主要是通过量化旅游规划与开发项目直接产生的财务收益和成本，以评估该项目在盈利能力、偿还能力和外汇平衡能力等方面的财务表现，并据此得出最终的财务可行性结论。

在开展财务的可行性分析之前，首先需要收集相关的财务信息，这包括政府在财政和税务领域的相关政策和法律规定，并通过对这些数据信息分析得出财务可行性的结论。接下来，我们将对旅游规划和开发过程中的财务数据进行预测和计算，并将这些计算结果纳入财务评估报告中。同时要注意到，财务可行性评估的目的是为项目提供可靠的信息和依据，因此，必须重视财务报表的使用，以确保其结果能够满足企业的经营决策需要。最终，我们要使用财务报告对财务的可行性进行全面的评价。本文从财务可行性的定义入手，详细阐述了财务可行性研究的相关概念以及财务可行性的基本步骤，同时论述了财务可行性的评估方法，为今后开展该项工作提供一些参考意见。鉴于财务评估的内容相当复杂，此处仅对财务可行性分析的核心理论依据和评估标准进行简要概述。

二、旅游规划与开发财务可行性分析的主要理论基础

财务可行性分析的理论基础主要为资金的时间价值理论以及现金的流量理论。

（一）资金的时间价值理论

1.资金的时间价值概念

资金的时间价值是指，随着时间的推移资金的价值会持续增加，这意味着在不同的时间点，一定数量的货币资金会显示出不同的价值。这种货币的变动速率与经济增长和社会再生产的规模有着紧密的联系。这里提到的资金是指那些参与社会生产活动并进入社会资金循环的货币资产。

2.资金的时间价值大小影响因素

（1）关于资金的使用期限。当资金被投资者所拥有时，其剩余索取权就是对资金所有者进行延期支付。按照西方经济学的观点，资金转让的时长与资金所有者推迟消费的时长成正比。在一般情况下，如果资金所有者将资金出售给投资者，那么，其收益就是资金所有者所支付的利息。基于消费者对消费时间的喜好，我们可以推测资金的时间价值实质上是对资金所有者延迟当前消费行为的一种补偿。因此，随着资金使用时间的延长，资金所有者所遭受的损失效益也会相应地增加，这进一步导致了该资金的时间价值也随之上升。

关于资金的数额大小。反之，如果资金的数量越小，资金在某一时刻所能获得的时间价值就越小。在考虑单位资金时，如果一个单位资金在特定时间段内的时间价值被假设为1，那么资金的数量越多，其时间价值也会相应地呈倍数增长。因此，时间的价值与资金的总量之间存在着正向关联。

（3）资金供应与需求的平衡关系。在这种情况下，货币的供给与需求都具有明显的季节性和周期性。在市场经济的背景下，资源的分配是基于市场的，同样地，货币和资金的分配也必须在市场环境中完成。反之，如果货币资金的供给量较少而需求量较大，就会导致资金的单位时间价值提高。当货币资金供应增多时，与之对应的时间价值也会相应地减少；当货币资金的供给量相对较少，但需求量却很大时，需求方会为了筹集资金而展开竞争，这将不可避免地导致货币资金的单位时间价值增加。

（4）资金被运用的目标及其回收的方法。资金使用的期限越长，其时间价值也就越大。资金的时间价值与其使用的目标以及回收策略之间存在着密切的关联。如果资金使用的风险系数越小，则其时间价值就越低。通常情况下，当资金的使用风险增加时，该资金的时间价值也相应提高。因此，在进行投资决策或筹资决策时，必须对资金的时间价值加以考虑，并据此确定合理的投资方案。如果不是这样，那么尺寸就会更小。一般来说，在同一时期内，企业所需资金量是相等的，即企业可通过各种方法来降低资金的回收成本，而资金的时间价值又取决于回收方式及回收期限的长短。另外，资金的时效性价值也与其回收的方法密切相关。当使用分期等额还本付息、分期付息、最后一次偿还本金、分期递增还本付息等不同的资金回收方法时，资金的时间价值也会有所不同。

（5）与此相关的各个部门的盈利率。在社会主义经济条件下，由于生产过程具有连续性和规模经济性，因此，资金的使用效率与企业利润密切相关。从政治经济学的视角出发，借贷资本是一种从职能资本活动中独立出来的特殊资本形态，其利率的高低应该受到平均利润率高低的影响。在众多场合中，资金的时间价值往往落在社会的平均利润率和零的区间之内。

（二）现金流量理论

1.现金流量的概念

现金流量通常被定义为将整个旅游项目看作一个单独的系统，在旅游项目的规划、设计、建设和运营过程中，所产生的现金流入和流出的总和。现金流量是衡量企业财务状况的重要指标之一。因此，现金流量这一概念涵盖了现金的流入和流出，以及净现金流量。

现金流入量是用来描述旅游开发活动对项目现金收益增长的影响；现金流量流出指的是项目资金需求导致的资金支出增加，也就是现金流入量的减少或增加。所提及的现金流出量，其实是指在旅游开发过程中，项目所产生的现金支出增加的金额。现金流量表由两部分组成：一是由经营活动产生的现金流入，二是由经营活动产生的流出。其中，由经营活动产生的现金流可以进一步细分为营业外收支、其他业务收入和投资净收益等方面。净现金流量是指现金流量和实际现金流出量之间的差异。

2.旅游规划与开发的现金流量内容

在进行旅游规划与开发的可行性研究时，我们主要关注的现金流量因素包括项目的投资、运营成本、销售收益、税务以及盈利等方面。项目的投资是指对项目进行财务评价时所需要投入的资金，它可以分为固定资本投资和流动资本投资两种类型。在这之中，项目所需的投资涵盖了固定资产的投入、项目建设阶段的资本利息、流动资产的投入、固定资产的剩余价值以及流动资金的回收等方面。该项目的运营成本涵盖了总成本和经营成本两方面。计算公式如下：

总成本 = 原材料、燃料、动力费 + 工资及福利费 + 修理费 + 折旧费 + 摊销费 + 利息支出 + 其他费用

经营成本 = 原材料、燃料、动力费 + 工资及福利费 + 修理费 + 其他费用

3.现金流量的表示方法

对大部分人而言，现金流量是一个相对抽象的概念，因为它所指的现金并不是实际存在的那种纸币，而是更广泛的现金，是有价值资产的变现价值。因此，要想对现金流量进行准确而形象的表达，必须从实际出发，结合现金流量的特点来加以表述。鉴于现金流量的组成要素相当复杂，如何准确地描述和描述现金流量已经变成了一个亟待解决的难题。

在日常工作实践中，为了对现金流量的波动进行精确的分析，我们通常采用现金流量图来描绘现金的流动状况。

4.现金流量理论的应用

在充分理解现金流量这一概念后，我们可以对旅游规划和开发中的现金流量问题

进行初步的探讨和分析。

从宏观角度观察，旅游项目的现金流入流出在旅游规划与开发中各自反映了该项目的财务状况。当流入量超过流出量时，这意味着该旅游项目总体上呈现出增长趋势，但这并不意味着可以笼统地看待。从时间角度分析，旅游规划与开发阶段的现金流入量大于支出，而流出小于支出。在旅游的规划和开发过程中，不同阶段的现金流量方向和规模应当存在明显的不同。一般情况下，现金流量流向会表现出明显的阶段性特征，即随着时间的推移而逐渐向好或坏变化。在旅游项目的初始建设阶段，由于主要依赖项目投资，因此旅游收益相对较低。这意味着，在这个时期，资金流动主要是以流出为主导，这反映了旅游项目开发和建设单位对该项目的大量资金投入。随着项目建设的完成，旅游收入逐渐增加，旅游支出逐渐减少，此时现金流量的方向就会表现出流入大于流出的现象，即现金流呈现持续不断地增大趋势。在旅游项目的初期投资和开发阶段，大量的现金流出被视为常态。

当旅游项目的开发和建设接近尾声并开始运营时，随着大量游客的涌入，由旅游项目带来的收益也在持续上升。这些收益在现金流图上呈现为现金流入。在这种情况下，旅游项目的现金流会逐步增加，甚至可能超过现金流出量，导致现金净流量变成流入。当旅游业发展成熟后，随着旅游市场的进一步开放，旅游者数量的增多，旅游项目的利润水平下降，旅游企业将面临巨大的财务风险。因此，在旅游项目的建设和成长阶段，现金的净流量越高越有利。

在进行财务的统计与分析过程中，我们通常采用现金流量表来描绘旅游项目或旅游企业在经营活动中的现金流动状况。

三、旅游规划与开发财务可行性分析的主要指标

在进行财务可行性分析时，主要依赖的关键工具是一套与财务有关的指标集。这批财务数据涵盖了现金流量表和利润表等方面。基于这些财务指标对时间价值的反应，我们可以将其分为两类：一类是静态财务评估指标，即不考虑资金的时间价值；还有一类是动态的财务评估指标体系，这一体系涵盖了资金的时间价值和现金流两个主要方面。另外，在研究企业财务的可行性时，静态和动态的指标都显得尤为关键。在众多场合中，由于静态指标的计算过程相对简单，它们通常被认为是评价的准则。然而，当这两种指标的计算结果出现偏差时，动态财务评估指标应当被优先考虑。

第三节　旅游规划与开发的不确定性分析

一、关于旅游规划和开发收益的种类划分

旅游的规划和开发所带来的益处，是指旅游活动在其发展过程中对经济、社会和生态环境等关键因素产生的影响，从而对整个人类社会产生的效果。它主要由旅游业带来的直接和间接经济效益、社会效益以及环境效益组成。因此，从宏观的系统视角来看，旅游的规划和开发所带来的益处可以分为两大部分：一是旅游规划和开发对各种环境产生的影响，二是环境产生的反作用。

为了深入了解旅游规划和开发对经济、社会和生态环境的影响，可以根据不同的标准对效益进行分类。

（一）根据效益的来源进行分类

根据旅游的规划和开发所带来的收益，我们可以将其分类为直接和间接的效益。根据旅游业本身所具有的特征及不同类型景区的特点，可分别从经济效益、社会效益和环境效应三方面来确定其效益内容。在这其中，直接效益指的是旅游活动对人类社会和环境产生的直接影响，而基于这种直接影响产生的其他后续效应可以被认为是间接效益。间接效益又包括通过旅游者行为所形成的经济效应、社会效应以及环境影响等方面的综合效果。通过将效益分为直接和间接两种，项目可行性分析者可以更科学地评估旅游规划和开发的影响，并据此制定出有针对性的应对策略。

（二）根据产生的效益效果进行分类

基于旅游的规划和开发所带来的效益，我们可以将其分类为正面和负面的影响。在对这些不同类型效益进行评价时，有一个客观合理确定其大小的方法。这是基于旅游开发对人类社会及其环境所带来的益处或损害来进行的分类结果。在实际工作中，人们往往将有利影响理解为积极作用，而对有害影响则认识不足，甚至错误地认为是消极因素，从而造成了不良的后果。在旅游的规划和开发过程中，我们应该更多地发挥其正面效果，并努力减少潜在的负面影响。

（三）根据效益带来的影响大小进行分类

根据产生的效益影响的大小，我们可以将旅游规划和开发的效果划分为可恢复和不可恢复的两个类别。所谓的可恢复影响，是指在旅游的规划和开发阶段，对社会或

生态环境带来的某些属性或价值的变动能够逐渐回归到之前的状态。不可恢复的影响是指社会或生态环境在其特性和价值上发生了不可恢复的变化。

旅游的规划和开发效益评估涉及对规划可能带来的经济、社会和生态环境影响的全面评价。从不同的侧面进行评估有利于全面了解和把握旅游业发展的实际情况，从而制定出合理可行的决策方案，促进旅游业持续健康地向前发展。因此，在进行旅游规划和开发的效益评估时，应该从上述三个不同的视角进行全面的评价。

二、对旅游的规划和开发进行经济效益的评价

（一）关于旅游规划和开发所带来的积极经济回报

旅游的规划和开发对国家经济的促进作用是多方面的，主要涉及以下方面。

1.增加国家的外汇收益

旅游的规划和开发对于提高地区旅游的吸引力起到了积极的推动作用，与此同时，众多的国际游客为他们的旅游目的地带来了丰厚的外汇收益。本书在对旅游外汇和旅游外汇收入进行定义的基础上，分析了两者的关系及各自的作用机制。旅游带来的外汇收益是非贸易收益的核心部分，并具有其独特的优势。

2.为居民提供更多的工作机会

就业不仅是一个至关重要的社会议题，它不仅影响每一位劳动者的生活、发展和福利，还与整个社会的和谐稳定息息相关。因此，在我国全面建成小康社会的进程中，解决好就业问题是一项非常紧迫而又具有深远意义的任务。旅游业作为一个多元化的服务领域，相较于其他行业，具有更高的就业吸引力。特别是旅游饭店业、旅行社业和旅游交通运输业，它们不仅为社会创造了众多的工作机会，还为许多相关行业创造了新的就业机会。从某种意义上说，旅游业是国民经济中最具活力的产业之一。根据世界旅游组织的数据，每当旅游部门有一个新的直接雇员，社会的就业机会就会增加 5 个。从我国的实际情况来看，随着经济建设的飞速发展，旅游业在国民经济中占有越来越大的比重，对就业的拉动作用也日益明显。因此，在旅游的规划和开发所带来的经济效益中，一个显著的特点是它能有效地增加就业机会。

3.努力提升地区的经济状况

实行旅游的规划和开发可以有效地推动经济较为发达的地区吸引更多的人流、物流和资金流向欠发达地区，这不仅有助于提升该区域的经济水平，还可以促进区域间的经济合作和社会的和谐发展。因此，制定科学有效的旅游规划对实现我国旅游业的可持续发展有着重要意义。由于一些固有的因素，很多拥有丰富旅游资源的地区往往

也是交通不畅和产业基础薄弱的贫困地带。因此，在充分规划的基础上，对这些地区的旅游资源进行投资和开发，对于加速当地的经济和社会进步，以及帮助人民摆脱贫困，具有非常重要的意义。

（二）旅游规划与开发的经济效益评估方法

鉴于旅游规划和开发涉及的经济收益内容繁多，并且某些方面难以通过明确的评价指标来量化，因此，在评估其经济效益时，主要采用定性评价的方法，同时可以借助某些经济指标进行辅助评价本书文将定性分析和定量分析相结合，提出了一套较为全面的经济效果指标体系。以下是几种经常使用的经济指数。

1. 旅游规划与开发对国民经济增长的贡献率

这个评估标准主要是依据旅游经济所带来的收益在整体国民经济中的占比来设定的。通常情况下，我们会通过对比旅游统计年鉴或中国统计年鉴中官方公布的旅游业收益与当年国内生产总值的关系，来确定旅游业在国民经济中的占比。这揭示了旅游行业在一个国家或地区的国民经济中所扮演的关键角色。随着这个比例的上升，旅游行业在我国或某个特定地区经济发展中的作用也逐渐增强，这表明旅游业对当地经济的正面影响也会随之上升，从而为旅游的策划和推广带来更为显著的宏观经济利益。

2. 旅游规划与开发对国民经济产业结构调整的贡献率

这个评估标准主要是基于产业的输入和输出变化，以及员工人数的调整来进行的全面评价。当我们研究旅游业的输入和输出时，必须采用国民经济的统计手段，以确定从第一、第二产业向旅游业转移的资金在旅游业投资增长中的占比。在分析从业人员的过程中，我们也估算了从第一、第二产业迁移到第三产业从事旅游服务工作的人数在旅游业从业人员增长中的占比。这两个数值的逐渐增加，表明旅游业的规划与开发在调整国民经济结构中扮演了更加核心的角色。

3. 旅游产业在国民经济中的乘数效应及其关联效应

1931年，英国经济学家卡恩（Kahn）首次引入了"乘数"（multiplier）这一术语。简单地说，这描述了"公共开支或私人资本投资增长对收入产生的放大效应或连锁反应"。鉴于国民经济各部门间的密切互动，每一个部门的终端需求的变化都会不可避免地引发整体经济在产出、收益、就业以及政府税务等多个领域的相应调整。这些调整与最终需求变动的比值被命名为乘数。所称的"旅游乘数"实际上是一个系数，它被用来衡量旅游消费单位对旅游接待区内各类经济行为的具体影响。这一系数用于量化产出、收益、就业机会以及政府税务波动与旅游业初期支出之间的相对比例。

依据英国知名经济学家凯恩斯所提出的乘数基础模型，旅游乘数的计算过程是通过将实际旅游收入总量与其对当地经济体系造成的漏损量相除来完成的，公式如下：

$$旅游乘数 = \frac{1-a}{1-b+c}$$

其中，a 代表直接的损失量，这包括支付给外国员工的薪水、外国贷款的利息以及外国旅游公司在经营管理中所获得的收益；b 代表的是边际消费趋势，也就是在增长的收入中用于消费的比重；c 代表了边际进口的趋势，即在增长的收益中，用于购置进口商品和其他外部支出的比重。

很明显，在前面提到的计算公式里，损失的数量越多，旅游乘数的数值就越低。换句话说，当旅游收入中的储蓄、纳税以及用于进口和其他外部支出的金额增加时，旅游的乘数效应相应地减少。

在国外，一些学者已经对旅游乘数的研究成果进行了对比和总结，研究发现，随着地域范围的减少，旅游乘数值也逐步下降。这揭示了一个现实，那就是在规模较小的区域，由于其经济自给自足的能力相对较弱，因此出现的漏损问题更为明显。

此外，鉴于旅游活动涵盖食品、住宿、交通、旅游、购物和娱乐等多个领域，旅游企业的经济活动不仅仅局限于接待游客，它还与社会的交通、商业、娱乐和工业等多个行业建立了联系。这些旅游企业与上游的资源供应商和下游的旅游产品分销公司都保持着紧密的合作关系，这进一步凸显出了旅游业作为一个大型产业的特点。因此，在探讨旅游业的乘数效应之外，我们还需要评估旅游与其他行业之间的联系程度。

三、旅游规划与开发的社会效益评估

在旅游活动中，游客与旅游目的地的居民之间的社交互动是不可避免的，而在这种互动中，他们受到的影响程度各不相同。对游客个人来说，与旅游目的地的居民接触的时间相对较短，因此受到的影响也相对较小，但随着时间的推移，这些影响将逐渐消失；然而，对于居住在旅游目的地的居民而言，由于游客的不断涌入，他们总体上也会受到持续不断的影响。

旅游的规划和开发对目标地区的社会文化产生的功能主要体现在以下方面。

（一）深化彼此的理解

开展旅游活动不仅促进了社会文化的广泛交流，还有助于加深不同国家、民族和地区的人们之间的相互认识和理解。当人们选择外出旅行时，这是他们与本地文化和其他地方文化的交融，也是一种真正的文化信息传递方式。随着旅游业的发展，外来文化与本地文化不断交流融合，这已经成为一种不可避免的趋势。此外，国际旅游在

某种程度上也扮演了"民间外交"的角色。当游客在接待国际旅行时，他们不仅亲身体验了该国的日常生活，还与当地的居民进行了深入交流和对话，这在很大程度上有助于加深双方的理解，并促进国际的和平与友好关系。

（二）加强对民族身份的认同

随着全球经济一体化进程的不断加速，世界各地的许多边缘群体正在逐步被主流群体所同化。然而，在旅游行业的推动作用下，旅游民俗和旅游文化已逐渐演变为一种可供利用的市场资源，同时是族群交流的明显标志。例如，当旅游目的地的居民积极参与到职业旅游的民俗文化表演中，这将极大地增强他们对自己民族身份和传统文化的归属感。不容忽视的是，旅游业的兴起给人们提供了一个加强内部团结和扩大外部影响的平台。从长远的角度看，恰当的旅游发展策略是一种能够有力地保护民族多样性的手段。

（三）维护文化的独特性

从人类学的文化内涵理论来看，民族文化在国际交往中常常会经历一个由强到弱的筛选过程。虽然这种现象促进了人类文明的快速进步，但它同样无情地摧毁了许多古老的民族文化遗迹。对现代社会的人们来说，这些即将消逝的文化往往拥有巨大的旅游吸引力。促进旅游业的壮大可以有力地弥补文化融合过程中出现的一些缺陷和不足。随着旅游行业的不断壮大，许多传统的风俗、民间艺术以及历史遗迹都获得了新的生机和活力，这些也逐渐成为其他旅游目的地国家或地区所缺少的独有的文化旅游资源。这些活动不仅赢得了游客的喜爱，还为当地的居民带来了对其文化的新的自豪。

四、旅游规划与开发的生态环境效益评估

如果我们能够对旅游开发活动进行周密的规划和有效的管理，那么这有助于在多个方面维护和提升旅游目的地的生态环境质量。

（一）致力于保护自然景观和历史遗迹

为了吸引更多的游客并提升他们的满意度，许多风景区、野生动物区和历史古迹作为旅游景点，其环境保护问题自然会引起旅游经营者的高度关注。推动旅游业的发展不仅可以为环境保护注入大量的资金，还能优化风景区的环境，保护野生动物区域，并确保历史遗迹得到妥善的维护、修复和修复。

（二）对基础建设和服务设备进行优化

旅游业的兴起不仅有助于改善当地的基础设施，如机场、道路、通信、供水系统和污水处理设施，还可以促进当地的休闲娱乐、住宿和餐饮服务设施的建设，从而提升地方的经济水平和居住环境。

（三）努力提升绿地的占比以及整体环境的品质

促进旅游业的增长在某种程度上也有助于实现地区环境的"两化"目标，即土地的绿化和环境的净化。旅游产业不只是可以通过植树造林、实施园艺项目或设计生态建筑来扩大绿化面积，还可以通过控制空气污染、噪声污染、水体污染、垃圾污染和其他环境问题来实现环境的全面净化。

当然如果旅游的规划和开发在环境保护上没有充分考虑，或者管理执行不到位，那么旅游目的地的环境可能会受到相当不良的影响。

（四）评估旅游规划与开发对生态环境的效益的方法

在评估旅游规划与开发项目的生态环境效益时，存在多种不同的评估方法可供选择。从功能性的视角来看，这些方法可以被划分为三个主要类别：辨识方法、预测方法以及估价方法。

识别技术被应用于描述现有的环境系统，明确项目的各个组成部分，并根据项目的具体状况来定义环境。预测技术被应用于预测已经识别出的环境变化的强度和空间规模，以及预测某一环境影响发生的可能性。评估方法被应用于估算与项目相关的团体和人群的成本与收益，并对各种备选方案进行深入的比较和选择。

在采用识别和预测技术的过程中，必须基于调查和预测数据，与国家或行业的环境质量标准进行比对和评估，以确保满足国家和行业的环境质量标准是切实可行的。

第四节　旅游规划与开发的效益评估

对于旅游规划和开发中存在的不确定性，一般采用敏感性分析、盈亏平衡分析和概率分析三种方法，但本书主要采用敏感性进行深入分析和处理旅游规划过程中存在的不确定性因素。

一、敏感性分析

（一）关于敏感性分析的定义

敏感性分析涉及对旅游规划与开发项目中的关键制约因素的分析和估算，以了解这些因素变动对经济效果评估指标的影响程度。通过这种分析，我们可以评估旅游规划与开发项目在面对各种风险时的承受能力。在整个旅游的规划和开发阶段，经济效果可能会受到多种不确定性因素的影响，但这些影响的强度是有所不同的。有些因素，哪怕是最微小的波动，也有可能引发经济效果评估指标出现明显的不稳定，有时这种不稳定甚至超过了预先设定的临界点，这种情况通常被称为敏感性因素。

（二）关于敏感性分析的具体步骤与手段

1.选择评价指标作为进行敏感性分析的目标

在评价旅游规划和开发项目的经济效果时，存在多个可供参考的指标，这些指标都能作为进行敏感性分析的重要依据。然而，在特定的旅游规划和开发项目中，没有必要对所有的指标进行敏感性分析，因为不同的开发项目具有各自独特的特性和需求，即使是同一个项目在不同的阶段也存在不同的需求。因此，在进行敏感性分析时，应根据实际需求来选择合适的指标。选择时应遵循以下两个基本原则。

（1）在进行敏感性分析时，所使用的指标应当与确定性分析中的指标保持一致，并且不应超出确定性分析所采用指标的界限。

（2）在确定性经济分析中，当使用的指标较多时，应优先选择一个或多个最能体现项目的经济效益和经济合理性的关键指标，作为敏感性分析的研究对象。

2.挑选需要进行分析的不稳定元素

在实际的操作中，对所有潜在的不确定因素进行敏感性分析是不必要的。如之前所述，虽然存在某些不确定因素，但这些因素对经济效益的影响相对较轻。只有那些对经济效果评估高度敏感的元素，才会对评价标准产生明显的影响，因此，对这些元素进行敏感性分析是非常必要的。通常情况下，那些在旅游规划和开发项目的经济效益评估中起到核心作用，但在整个规划周期内可能会发生显著变化的因素，被认为是敏感的考虑因素。

3.需要明确项目评估标准对于各种敏感因子的反应敏感度

在旅游规划与开发项目中，如果有一个或多个不确定的因素同时发生变动，那么它们对经济效果评估指标的敏感性也会随之改变。一种被广泛接受的计算方法是，假定除了敏感性这一变量外，其他所有变量都是恒定不变的。紧接着，我们根据敏感性因子的变动，重新估算相关的经济效果评价指标，并与之前的指标做了对比，这帮助我们确定了其变动的范围，并据此评估了该指标对不确定性因素的反应敏感度。通常情况下，我们也可以使用敏感性分析图来描绘旅游规划和开发项目对各种不确定性因素的敏感性。考虑到这些敏感性因子在可接受的范围内的变化范围，我们能够计算出经济效果评估指标的变化速率，并据此构建相应的数值关系，这些关系可以通过图表或表格形式进行展示。

4.通过对比分析，识别出项目中最容易受到影响的因素

基于之前的计算和分析，我们对各种敏感性因子在相同的变动范围内进行对比，并从中挑选导致变动幅度最大的元素。接下来，我们会根据最敏感的因素数量以及它们对经济效果评估标准的影响来确定该项目的风险水平。

二、情景分析法

当我们进行方案的不确定性评估和决策制定时，情境分析方法也是一个可行的选择。通常采用一到两种不同的方式来计算现金流量的预期值，并据此进行投资决策的全面评价。在进行情境分析时，我们会估算在不同情境下的现金流和资产价值的预期值，这样做的主要目的是更深入地理解风险如何影响资产的价值。研究人员首先需要基于不同的前提假设来分析宏观经济环境和资产专有变量，接着在多个不同的场景中计算风险型资产的价值。以下是详细的操作步骤：

（1）需要明确确定情境的关键因素。对于新产品，如消费者，以及新的投资项目，如企业资金，应该重点考虑 2~3 个核心因素，以确定最佳情境。

（2）基于每个因子，分析了不同的场景，并确定了这些场景的数量。具体的数量是基于不同情境之间的区别，以及在每一种情境中对现金流量的预测准确性。

（3）在不同的情境中，对资产的现金流进行了评价。

（4）不同场景下的概率如何分配。对于宏观经济的指标，可以邀请专家进行预测，而当涉及行业和竞争的场景时，则需要依赖于对该行业的深入了解。

课后思考

1.简要说明旅游规划与开发的可行性分析的功能与特征。

2.结合实例具体说明旅游规划与开发的可行性分析的步骤。

3.如何评价旅游规划与开发的生态环境效益评估？

第十章 旅游开发的保障体系规划

学习目标

分析旅游开发保障体系的各个组成部分，并理解它们如何共同作用于旅游业的可持续发展；掌握政策保障体系在旅游规划中的重要性，包括理解政策导向、法律法规和财政支持等方面的内容；理解市场保障体系在旅游规划中的作用，包括市场分析、营销策略和品牌建设等关键内容；学习人力资源保障体系的内容，并能够进行旅游行业人才需求的总量预测；理解旅游资源规划的要素，包括旅游资源的开发、利用和保护，以及旅游环境保护规划的核心要点；掌握安全与危机管理保障体系的主要参与主体和内容；理解旅游投融资规划的重要性，掌握资金筹集、投资和管理的核心内容，以确保旅游项目的经济可行性。

第一节 政策保障体系规划

一、建立政策保障体系规划的意义

（一）保障旅游业的健康和均衡发展

旅游业要实现持续、健康、均衡的发展，离不开政府的引导和规划。盲目开发、同质化开发、过度竞争会造成资源的浪费。因此，政府需要对旅游产业发展制定相关规划，确定旅游业发展的总体目标，通过政策调控促进旅游业的健康和均衡发展，优化配置旅游产业资源。

（二）合理资源配置，促进合作

市场机制调控下难以实现旅游资源的优化配置。为保障资源优化配置，避免过度开发浪费，政府就必须制定相关政策对资源利用进行有效的引导，提高资源效益和可持续利用水平。

在政府综合规划下，将旅游资源投入不同地区实现区域的协调发展，也可促进不同利益相关者之间的合作与协调，形成多元参与的决策机制，推动旅游业的共同发展。

（三）大力发展旅游业

旅游业作为第三产业，它既有经济功能，也有社会功能，集传统与现代、生产性与生活性、劳动密集型与资金、知识密集型等特征于一体。随着其在国民经济中的地位不断上升，旅游业已然成为我国经济发展新的增长点。加快旅游基础设施和公共服务体系建设，是落实科学发展观、推进旅游业可持续发展的重要举措。

二、旅游规划用地

（一）旅游用地的概念

旅游用地是旅游经济发展的重要载体及空间物质基础。在已有研究中，学者们对于旅游、休闲和游憩的概念尚未形成共识故，而旅游用地与休闲用地、游用地等时常混用。

狭义的旅游用地是指县级以上的人民政府批准并认定的各级风景名胜区内的全部土地。广义的旅游用地是指凡能为旅游者提供游览、观赏、知识、乐趣、度假、疗养、娱乐、休息、探险、猎奇、考察研究等活动的土地，既包括景区内用地，也包含为旅游者提供直接或间接服务、管理等的土地。

（二）旅游用地规划原则

1.旅游用地规划的一般原则

（1）保护第一原则。正确处理旅游资源保护与利用之间的关系，坚持保护第一原则。开发旅游资源的同时必须保护自然景观的原始风貌、人文景观的历史价值以及自然景观和人文景观的整体性。做到短期效益与长远效益、局部效益与整体效益相结合的可持续利用。

（2）和谐开发原则。旅游用地的结构优化是确定旅游地土地利用格局的活动，可使资源质量组合和资源品质达到生态效益最大化。在规划和开发过程中，要遵循与自然、地方文化的和谐，顺其自然、因山就势、因地制宜、尊重历史、包容传统。

（3）协调发展原则。旅游用地规划、城乡发展、城镇建设社会发展、科学管理等诸因素应统一规划，遵循旅游用地规划与城乡规划协调发展原则。旅游用地规划要与当地城镇体系规划、土地利用规划及交通规划等相衔接，以实现环境效益、社会效益和经济效益的统一和最大化。

2.旅游用地规划要点

旅游用地规划的要点包括市场分析、土地规划、环境规划、基础设施规划、场地规划和管理规划，这些要点有助于规范旅游用地的开发和规划，确保旅游业的可持续发展。

（1）市场分析：旅游用地规划应在市场需求的基础上进行分析。规划者应该了解旅游市场的发展情况和旅游市场的趋势，以确定旅游用地的类型和规模。

（2）土地规划：对旅游用地进行合理划分和分配，考虑旅游用地与周边建筑、交通等的相互关系，明确用地范围和限制。

（3）环境规划：因为旅游用地的开发往往在自然景观上进行，所以环境规划必不可少。环境规划应包括生态环境保护、环境污染控制、消防安全等相关要素。

（4）基础设施规划：旅游用地需要良好的交通、水电气以及通信等基础设施，因此基础设施规划也是旅游用地规划的一个重要因素。

（5）场地规划：旅游用地的规划应包括设施建设和用途规划。旅游用地主要包括公共设施、管理设施和经营设施等。

（6）管理规划：旅游用地规划应包括管理机构和管理规则。通过建立和实施管理体系、机制和制度等措施，可以使旅游用地规划规范有序地进行，达到可持续发展的目标。

第二节　市场保障体系规划

一、建立市场保障体系规划的意义

（一）优化市场配置资源的效率

优化市场配置资源的效率意味着通过合理、高效地将资源配置到市场，提高资源利用率，从而获得更高的经济效益。在市场经济条件下，社会资源的合理配置是通过市场完成的。故而，在旅游开发过程中需要针对旅游市场的发展机制和环境制定相关的保障体系规划，从而优化市场对旅游生产要素的配置效率，防止旅游业发展过程中的市场效率低下或失灵现象。

（二）差异划分提高旅游企业竞争力

随着旅游市场的不断扩大，旅游企业在经济、社会、文化和环境等各个方面都发挥着重要作用。为了提高自身的竞争力，旅游企业需要通过差异化的产品、服务和市场定位等策略来与竞争对手形成明显的区别。合理规划和发展旅游市场，并通过差异化的策略提高旅游企业的竞争力，既能实现经济繁荣和社会发展，又能促进文化交流和保护、资源保护与可持续发展，实现旅游企业与目的地地区的共赢局面。

（三）保障市场机制的稳定运行

旅游市场保障体系的重要任务之一是完善市场规则，通过综合运用经济政策、经济杠杆、法律法规和行政手段，维护旅游市场的公平竞争环境和秩序稳定，确保市场经济的健康发展。旅游市场的公平、公正和健康发展，需要完善市场规则，其不单依靠市场经济的隐形手来进行调控，还需要相应的行政力量和法律体系来维护市场秩序。

二、市场保障规划体系的内容

市场保障规划体系的内容主要包括旅游市场预测、消费者权益保护、旅游市场定位等，旨在确保市场的有效、稳定和公平运行，维护市场秩序和保护消费者权益。

（一）旅游市场预测

旅游市场预测是指通过各种统计和分析方法，对未来一段时间（如数月、一年、几年）内的旅游市场形势、趋势和规模等进行预测的过程。其目的在于为旅游业的管理、投资决策、市场营销等提供科学的依据，并且能够预先为应对市场变化提供信息支持和战略方向。

（二）消费者权益保护

消费者权益保护指的是通过法律、政策和机构等手段，维护和保护消费者在购买商品或享受服务过程中的合法权益和利益。消费者权益保护的目标是确保消费者能够享有公平交易、安全商品、优质服务以及知情选择的权利。

（三）旅游市场定位

游市场定位是指根据旅游市场的特点和需求，明确旅游产品和服务的定位和特色，以便为市场营销和推广活动提供方向和依据。旅游市场定位的目的是使旅游企业能够在市场竞争中有专门的市场聚焦点，并能够满足不同消费群体不同的旅游需求，实现市场分割和市场占有。

第三节　人力资源保障体系规划

旅游产品具有明显的服务属性，服务贯穿旅游活动的全过程，旅游从业人员是提供服务的主体。旅游人力资源保障体系规划能够为旅游业提供更多优质的从业人员，是实现旅游规划内容的重要保障。

一、旅游人力资源保障体系规划的相关概念

（一）人力资源与旅游人力资源

人力资源是指具备工作所需的相关知识和技能的人才的总和。人力资源的本质是人所具有的劳动能力，是人在劳动过程中运用生产资料进行物质生产能力，人体是其存在的载体。

旅游人力资源则是指能够推动整个社会旅游经济发展的并具有脑力劳动（或智力劳动）与体力劳动的劳动者。

（二）旅游人力资源保障体系规划

人力资源保障体系规划发展几十年间，国内外学者对于其定义和概念尚未达成共识。狭义的人力资源保障体系规划是指对可能的人员需求、供给情况做出预测，并据此储备或者减少相应的人力资源。广义的人力资源保障体系规划是指根据组织的发展战略、目标及组织内外环境的变化，预测未来的组织任务和环境对组织的要求，以及为完成这些任务，满足这些要求而提供的人力资源的过程。

根据广义的人力资源保障体系规划定义推出旅游人力资源保障体系规划是指为实现旅游组织发展战略与目标，依据旅游组织内外部环境的变化，运用科学手段对规划地人力资源供需进行预测，并通过相应的政策和措施使旅游人力资源供给和需求达到平衡，实现可持续发展目标的过程。

二、旅游人力资源保障体系规划的内容

（一）旅游从业人员分类

服务贯穿旅游活动的全过程，旅游从业人员正是提供各项服务的主体，服务根据服务对象、行业、方式和性质产生不同。旅游从业人员的分类如同服务行业分类一样也会根据工作性质、职业属性、产业部分有着多角度的分类。

1. 根据工作性质进行划分

世界旅游与观光理事会（WTTC）根据旅游从业人员所从事工作的不同，将旅游从业人员划分为旅游服务人员、政府有关部门人员、旅游投资建设方面的人员及旅游商品生产销售人员四类。

2. 按照旅游从业人员职业属性划分

按照旅游从业人员的职业属性，可将其划分为旅游经营管理人员和旅游服务人员两大类，旅游经营管理人员是指在旅游行业中负责管理和运营工作的专业人士。他们通常在旅游企业、旅行社、酒店、景区等单位从事管理、决策和协调等工作，以确保旅游业务的正常运营和良好发展。旅游服务人员则是指在旅游行业中为旅游者提供服务和支持的专业人士，如旅行社导游人员、旅游景区讲解人员、在酒店提供服务的人员等。

3. 按照旅游产业部门划分

按照旅游产业部门的不同，旅游从业人员可分为住宿与餐饮部门人员、娱乐服务部门人员、旅游中介部门人员、基础设施供应部门人员、旅游管理部门人员等。（陈秋华等，2008）。

（二）旅游人力资源需求预测

由于旅游从业人员分类不一致，无法进行同类型人力资源需求量预测，但可从规划区旅游从业人员、酒店从业人员、旅行社从业人员三个角度进行人力资源需求总量预测。

1. 规划区从业人员需求总量预测

规划区从业人员需求总量预测可通过综合因素预测方法，即综合考虑旅游业GDP、旅游从业人口、旅游人员数量、行业全员劳动生产率等因素进行。具体预测模型如

$$Y_1 = M_0(1+v_1)t\frac{G_0(1+v_2)t}{Q_0(1+v_3)t}$$

式中：Y_1 为规划目标年的旅游从业人员需求总量；

M_0 为基年的旅游专业技术人员密度；

G_0 为旅游业 GDP；

Q_0 为行业全员劳动生产率；

v_1 为旅游专业技术人员年平均增长率；

v_2 为 GDP 年平均增长率；

v_3 为行业全员劳动生产率平均增长率；

t 为预测年份。

2. 酒店从业人员预测

酒店从业人员预测可通过酒店的入住率、客房收益率、预订情况等进行分析，可以预测酒店的业务量。根据业务量的变化，可以推测酒店从业人员的需求。可以使用历史数据和趋势分析方法进行预测。

3. 旅行社从业人员预测

旅行社从业人员数主要以有组织接待的年游客总数为预测基数，确定有组织的接待游客人数与从业人员数的匹配比例系数。其主要系数分为国际游客和国内游客，国际游客与从业人员的系数为 300∶1；国内游客与从业人员的系数为 600∶1。

旅行社内部各类员工的比例大致为管理人员占 15%，导游人员占 55%，后勤人员占 30%。

（三）旅游人力资源的教育培训体系

旅游教育与培训是自主培养旅游专业人才的重要途径之一，因此，不断优化区域旅游教育与培训的体系，能有效缓解旅游产业发展中人才供需间的矛盾。优化旅游人力资源培训体系可通过建立完善旅游教育培训结构、加大旅游学院建设、开展多种形式的旅游培训等方式。

第四节　旅游资源与环境保护体系规划

一、旅游资源与环境保护体系规划的意义

旅游业是一项环境资源型产业，对于环境、旅游资源的依存度高也是旅游业的核心要素。通过对旅游资源的开发和利用，可以挖掘出更多的潜在旅游价值，为旅游业

带来新的机遇。良好的生态环境则是旅游业可持续发展的根本要素。然而，大多数旅游资源无法再生，自然环境的蜕化所产生的影响也是无法预估。现代旅游业的规划化发展已对部分旅游资源、自然环境造成一定的影响，失去旅游资源的景区将如失了翅膀的鸟儿，因旅游开发而去破坏生态环境更是舍本逐末的做法。

　　因此，为了保障旅游业发展不对生态环境造成负面影响，保障旅游资源不被破坏，规划者需要在旅游开发前，针对区域环境的特质、自然环境的保护需设计合适旅游规划保障体系，以此来对旅游开发实施约束。

二、旅游资源与环境保护体系规划的内容

（一）旅游资源保护体系规划的内容

1.地质地貌旅游资源保护规划

（1）山体旅游资源保护规划。山体旅游资源指的是地理上具有山脉、山峰、高原、峡谷等自然景观的地区，以及与之相关的人文历史遗迹、民俗文化等旅游资源。这些地区通常具有较为独特的自然环境和景观，吸引着众多游客前来观赏、探索和体验。保护规划应遵循以下原则：①严禁破坏旅游区的山体环境；②严禁破坏旅游区山形；③对于体量较小的奇特山石，要予以特殊保护。

（2）溶洞旅游资源保护规划。溶洞旅游资源指的是地下溶蚀作用形成的洞穴系统，具有独特的地质构造和景观特点，被用于旅游观光和探险活动。溶洞作为一种自然奇观，以其壮丽的石钟乳、石笋、石柱、石幔等石灰岩溶解景观而闻名。保护规划应遵循以下原则：①维持岩溶地貌、洞穴体系及形成条件和存在环境；②防止溶洞开发中的建设性破坏；③禁止在溶洞中人工开凿出口；④防止游客对溶洞景观的破坏；⑤有效控制溶洞内灯光、灯具及各种电器的使用。

（3）其他地质地貌旅游资源的保护规划。对其他具有观赏性及科学价值的地质地貌资源应根据其情况提出相应的保护措施。

2.水体旅游资源保护规划。

（1）江河旅游资源的保护规划

①减少水污染源的排放，保护江河水质，确保水生态系统的健康。加强对于江河流域的水资源管理，合理分配和利用水资源。

②加强对江河河道的维护和清理，确保河岸线的整洁，并采取防洪措施，保护周边生态环境和人类财产安全。

③加强对江河生态系统的保护，保护和恢复湿地、沿岸植被和水生生物栖息地。

禁止破坏性捕捞活动，保护江河中的鱼类和其他水生生物种群。

④严禁在游览区的江河中进行采砂作业。

在江河的峡谷地带修建水利工程，应进行充分论证，避免有价值的江河旅游资源消失或观赏性降低。

（2）湖泊旅游资源的保护规划。

①制定措施减少或防止湖泊水体受到人类和工业污染物的污染。建立严格的排污管理制度，加强对湖泊周边污染源的控制和管理。加强水质监测和评估，确保湖泊水质达到国家和地方的标准。

②保护湖泊周边的湿地、河口和河岸带，维护湖泊生态系统的完整性。禁止未经许可的填湖、垦殖等开发行为，促进湿地保护和恢复，保护湖泊的生物多样性和生态平衡。

③保护湖泊周边的历史建筑、文化遗址和人文景观。制定规范，防止开发对文化遗产造成的破坏。加强文化遗产的保护和传承，开展相关的文化教育和宣传活动。

④制定可持续发展的观光旅游规划，促进湖泊旅游业的经济效益和环境效益的平衡。推动节能减排、资源合理利用和环境友好型旅游模式的发展。

（3）海滨旅游资源保护规划。

①制定措施减少或防止海滨地区受到人类活动和工业污染物的污染。加强海洋生态环境保护，限制沿海开发活动，避免对海洋生态系统的破坏。加强对水域的监测和评估，确保海水质量和海洋生物群落的健康。

②保护沙滩的自然形态和生态特征。制定措施防止沙滩侵蚀和沙质流失，维护沙滩的完整性。禁止非法填海、采砂和破坏性的沙滩开发活动。加强沙滩清理和管理工作，维持沙滩的清洁和美观。

③加强对海洋生态系统和海洋生物多样性的保护。设立海洋自然保护区，限制捕捞活动，保护海洋生物栖息地和海洋生态链的稳定。加强对海洋生物资源的监测和管理，防止过度捕捞。

④制定可持续发展的海滨旅游规划，促进旅游业的经济效益和环境效益的平衡。推动绿色旅游和环保型旅游模式的发展，促进海洋保护与旅游业的协同发展。

（4）瀑布及温泉保护规划。

①瀑布及温泉的开发须经过充分论证，防止过度开发，瀑布上游及景观视线范围内应禁止开办矿业企业。

②制定可持续发展的瀑布及温泉旅游规划，促进旅游业的经济效益和环境效益的平衡。推动瀑布周围植被保护及温泉水脉的保护。

3. 生物旅游资源保护规划

生物旅游资源是指以野生动植物及其生态环境为主要景观元素的旅游资源。通过生物旅游资源的保护和管理，可以促进野生动植物及其栖息地的保护。生物旅游的规划和管理要求保持自然的生态平衡，增加当地生物多样性，并保护和改善生物栖息地的质量。

（1）动物旅游资源保护规划。

①严格执行《中华人民共和国野生动物保护法》等国家关于野生动物的法律法规，坚决打击买卖走私、乱杀野生动物的违法行为，维护大自然正常的生态系统。

②建立珍稀、濒危野生动物保护繁育基地。

③对于野生动物的科考旅游活动，需制定科学且周密的活动方案，充分保护野生动物的栖息地生活。

（2）森林植被旅游资源保护规划。

①确保森林植被的生态系统完整性和稳定性。制定管理措施，保护自然森林和植被的原生状态，禁止非法砍伐和毁坏森林植被。加强对生物多样性的保护，保护濒危物种和生态关键种的栖息地。

②加强对森林植被的保护和恢复工作。制订合理的植被管理计划，保护野生植物的自然繁殖和生长，防止非法采摘和破坏。开展植被恢复工作，如树木种植和森林更新，加强植物资源的可持续利用。

③制定合理的游客数量控制措施，避免过度拥挤和资源过度消耗。设置游客导览和指示牌，引导游客遵守森林植被保护规定，不破坏植被。加强游客教育，提高游客的环保意识。

（3）湿地生态旅游资源保护规划。

①确保湿地生态系统的稳定和完整性。制定保护和管理措施，确保湿地的水质、水位和水流的稳定，维护湿地植被的生长和演替过程。限制非法采矿、填埋和水土流失等破坏性活动。

②加强湿地的保护和恢复工作。设立湿地保护区，加强湿地的法律和管理制度的落实。开展湿地恢复工程，如湿地植被的修复、水系的治理和湿地生态系统的重建，保持湿地生态功能的完整性。

③加强对湿地水质和水生态系统的保护。限制非法排污和工业废水的排放，减少农业面源污染。加强水域监测和评估，确保湿地水体的质量和生态健康。

（4）文物古迹旅游资源保护规划。保护文物古迹旅游资源的规划应遵循以下原则。

保护第一原则：保护文物古迹的完整性和真实性是最重要的原则。任何保护措施都应基于对文物价值的尊重和保护，避免破坏和失真。

可持续发展原则：将文物古迹旅游资源的保护与当地社区的可持续发展结合起来。平衡文物古迹保护与游客需求、社区利益和经济发展之间的关系，推动文物古迹旅游的可持续发展。

参与原则：广泛吸纳相关利益相关者的参与，包括当地社区、专业保护机构、学者、旅游从业者和游客等。促进合作、沟通和共识，共同保护和管理文物古迹旅游资源。

科学性原则：基于科学研究和评估，制定科学合理的保护措施和规划。包括文物古迹的保护修复、环境保护、人员定向和流量控制、展示方式等。

教育宣传原则：通过教育和宣传活动，提高游客和社会大众对文物古迹保护的意识和理解。建设解说设施、提供参观解说服务，加强文物古迹的教育功能。

（5）民族风情旅游资源保护规划。民族风情常常成为旅游资源的一部分。游客可以通过参观民族村落、民俗展示、艺术演出等方式，感受和体验不同民族的独特魅力和文化魅力。民族风情旅游也为当地的民众带来了就业机会和经济收益，促进了当地社区的发展和民族文化的传承。但民族风情旅游资源开发利用不当，与其他生物旅游资源一样会面临被破坏的危险。故而在旅游规划时要遵循以下原则：

文化传承原则：民族风情具有文化内涵和历史意义，保护民族文化传承应成为保护规划的优先考虑。

依托自然环境保护民族风情，应遵循原生态保护原则，保护自然和文化遗产的自然状态和动态变化过程。

对于濒临消逝的民族文化，应及时抢救；对于趋于失传的民族技艺，应组织人力物力加以传承和恢复。

（二）环境保护规划

旅游景区应达到的环境质量标准，参照《旅游规划通则》（GB/T 18971—2003）、《旅游区（点）质量等级的划分与评定（GB/T 17775—2003）、《风景名胜区总体规划标准》（GB/T 50298—2018）等标准，旅游（景）区应达到的环境质量标准如下：

（1）空气环境质量应符合现行国家标准《环境空气质量标准》（GB 3095—2012）规定的一级标准。

（2）地表水环境质量应按现行国家标准《地表水环境质量标准》（GB 3838—2002）规定的I类标准执行，游泳用水应执行现行国家标准《游泳场所卫生规范》（GB 9667）规定的标准，海水浴场水质不应低于现行国家标准《海水水质标准》（GB 3097）规定的第类海水水质标准，生活饮用水应符合现行国家标准《生活饮用水卫生标准》（GB 5749）的规定。

（3）环境噪声质量达到现行国家标准《声环境质量标准》（GB 3096—2008）的 0 类或 1 类标准。

（4）文化娱乐场所和餐饮场所应分别达到现行《文化娱乐场所卫生标准》（GB 9664）和《饭店（餐厅）卫生标准》（GB 16153）规定的卫生标准。

（5）辐射防护应符合现行国家标准《电离轿射防护与辐射源安全基本标准》（GB 18871）的规定。

（二）旅游环境保护规划要点

旅游环境保护规划要点如下：

（1）生态保护：保护旅游目的地的自然生态环境，包括生物多样性、水资源、森林、湿地等。制定合理的生态保护措施，例如设立自然保护区、限制开发规模、建立环保意识教育等。

（2）资源合理利用：合理规划和设计旅游设施的建设，充分考虑资源的可持续利用。限制过度开发和过度使用，确保资源的可持续性。

（3）应对气候变化：旅游目的地应该采取措施应对气候变化和自然灾害的影响。推广可持续的旅游交通方式，减少温室气体排放，加强风险管理和适应能力。

（4）环境污染控制：限制旅游活动对环境的污染，如控制垃圾产生和处理、减少化学品使用、管理废水和废气排放等。建立有效的环境监测和管理机制。

（5）文化遗产保护：保护和维护旅游目的地的文化遗产，包括历史建筑、古迹、文化景观等。制定合理的保护和管理措施，平衡旅游发展和文化遗产保护之间的关系。

（6）社区参与和受益：重视当地社区的参与和受益，确保他们分享旅游发展的经济和社会收益。鼓励社区居民参与旅游管理和决策过程，提高他们的环保意识和保护文化的责任感。

（7）教育宣传：加强旅游目的地的环保意识教育和宣传工作，引导游客和旅游从业者采取可持续的行为。提高游客对环境保护的认识，倡导文明、环保的旅游行为。

（8）监测和评估：建立健全的环境监测和评估机制，定期对旅游环境保护情况进行监测和评估。根据评估结果及时调整保护措施，确保旅游环境保护规划的有效性。

第五节　安全与危机管理保障体系

一、安全与危机管理保障体系规划的概念

安全与危机管理保障体系规划是指组织为了确保安全和应对危机事件而制订的一系列计划、政策、程序和措施。这些计划和措施旨在预防和减少安全风险，同时提高组织对危机事件的应对能力，以确保组织的正常运营和利益不受到严重损害。在旅游行业中，安全与危机管理保障体系规划具有重要意义。旅游行业的特点是涉及大量的人员流动和服务提供，因此安全风险和危机事件可能对旅游从业者和游客造成严重影响，具体体现在以下方面。

（一）旅游安全

游行业面临各种安全风险，如交通事故、自然灾害、犯罪事件等。建立健全的安全与危机管理保障体系可以帮助旅游从业者预防和应对这些安全风险，保障游客的人身安全。

（二）危机事件处理

旅游行业可能面临的危机事件包括恐怖袭击、传染病暴发、政治动荡等，这些事件可能导致旅游活动的中断和游客的安全受到威胁。建立健全的危机管理体系可以帮助旅游从业者及时应对危机事件，减少损失并保护游客的安全。

（三）业务连续性

旅游行业需要保障业务的连续性，即使在面临危机事件或突发情况时也能够保持基本的运营和服务。安全与危机管理保障体系规划可以帮助旅游从业者制订业务连续性计划，确保在危机事件发生时能够迅速恢复业务。

（四）业务信誉

危机事件对旅游行业的业务信誉和形象可能造成严重影响，而有效的危机管理可以帮助旅游从业者及时、透明地应对危机，保护业务信誉。

因此，对旅游行业来说，建立健全的安全与危机管理保障体系规划对于保障游客和从业者的安全，维护业务连续性和信誉具有重要意义。

二、安全与危机管理保障体系的主体

旅游行业对安全与危机管理保障体系的规划需要形成一个全员参与的体系，每个相关方都有自己的责任和角色，共同确保旅游行业的安全和危机管理工作得到有效实施。旅游行业对安全与危机管理保障体系规划中的责任和角色非常重要，包含管理层和领导者、安全与危机管理团队、员工、供应商和合作伙伴以及游客和顾客等。

（一）管理层和领导者

管理层和领导者在安全与危机管理保障体系规划中承担着领导和决策的责任。他们需要确保组织对安全和危机管理的重视，提供足够的资源和支持，制定有效的政策和流程，并确保这些政策得到贯彻执行。

（二）安全与危机管理团队

组织需要设立专门的安全与危机管理团队，负责制定和执行安全与危机管理保障体系规划。这个团队应该包括专业的安全专家、危机管理专家和应急响应人员，他们负责风险评估、制定预案、培训员工、应对突发事件等工作。

（三）员工

所有员工都有责任参与安全与危机管理保障体系规划。他们需要接受相关的培训，了解组织的安全政策和程序，积极报告安全问题和风险，以及遵守相关的安全规定和程序。

（四）供应商和合作伙伴

旅游行业通常涉及许多供应商和合作伙伴，他们也应该参与安全与危机管理保障体系规划。组织需要与他们合作，确保他们也符合相关的安全标准和要求，共同维护整个供应链的安全。

（五）游客和顾客

旅游行业的安全与危机管理保障体系规划也牵涉到游客和顾客。组织需要向他们提供相关的安全信息和建议，确保他们在旅途中的安全，同时在发生突发事件时，要及时向他们提供相关的危机信息和帮助。

三、安全与危机管理保障体系的内容

对旅游行业来说，规划安全与危机管理保障体系的目的是保障游客的安全，提高旅游从业者对危机事件的应对能力，维护旅游行业形象和信誉，以及保障旅游业务的连续性。因此，旅游行业对安全与危机管理保障体系规划的目的非常重要，主要包括以下方面。

（一）保障游客安全

旅游行业的首要责任是确保游客的安全。安全与危机管理保障体系规划的目的之一是通过风险评估和预防措施，保障游客在旅途中的安全，包括交通安全、食品安全、自然灾害等方面的风险。

（二）应对突发事件

旅游行业常常面临各种突发事件。安全与危机管理保障体系规划的目的是建立应急预案和危机管理团队，以便在发生突发事件时能够迅速、有效应对，保障游客的安全。

（三）维护旅游业形象

旅游行业形象和信誉对业务至关重要。通过建立有效的危机沟通机制和公关策略，旅游行业能够在面临危机事件时及时、透明地向游客和公众传达信息，维护行业形象和信誉。

（四）保障业务连续性

旅游行业的业务连续性对于保持客户信任和业务发展至关重要。安全与危机管理保障体系规划的目的是确保即使在面临危机事件时，旅游行业能够保持基本的运营和服务，减少损失。

这些措施有助于旅游行业建立良好的安全形象，吸引更多游客，并为行业的可持续发展提供保障。

四、安全与危机管理保障体系规划的应急响应计划

应急响应计划是旅游行业安全与危机管理保障体系规划的重要组成部分，它有助于组织在面对突发事件和危机时能够迅速、有效地做出反应，最大限度地减少损失并保护游客和员工的安全。

对旅游行业而言，制订安全与危机管理保障体系规划的应急响应计划是确保旅游

活动中突发事件和危机情况得到妥善处理的重要组成部分，在实际操作过程中，应当包含基本的应急响应要素。

（一）应急响应团队

要确定应急响应团队的成员，包括应急领导人、危机管理团队、通信人员、医疗救护人员等。明确各个成员的职责和联系方式。

（二）风险评估和预警机制

要建立风险评估机制，对旅游目的地的安全风险进行评估，并建立预警机制，确保能够及时获得相关信息和警报。

（三）应急通信系统

要建立应急通信系统，确保在危机发生时能够迅速、高效地进行内部和外部通信，包括电话、电子邮件、短信通知等方式。

（四）危机管理流程

要建立危机管理的流程和程序，包括危机报告、信息收集、决策制定、资源调配等环节，确保在危机发生时能够迅速做出反应。

（五）危机应对培训

为员工提供危机应对培训，包括危机沟通、急救、疏散等方面的技能培训，确保员工能够在危机发生时做出正确的反应。

（六）危机沟通计划

要建立危机沟通计划，包括内部沟通和外部沟通，确保在危机发生时能够及时向员工、游客和媒体发布信息。

（七）合作伙伴和资源准备

要与当地政府、医疗机构、执法部门等建立合作关系，准备好在危机发生时可能需要的各种资源和支持。

（八）模拟演练和评估

定期进行危机应急演练，评估应急响应计划的有效性，并根据演练结果进行修订和改进。

第六节　旅游投融资规划

旅游投融资是推动地区经济乃至国家经济发展不可或缺的条件，旅游规划中会涉及旅游项目建设、运营、改造等过程中，为了筹集和使用资金而进行的投资和融资活动。旅游投融资的主要目的是实现旅游业的可持续发展，促进旅游业的发展、创造就业和提高经济效益。

一、旅游投资

投资是指将资金、资源或其他可变现的资产投入某项活动、项目或企业中，以期望在未来获得经济利益的行为。投资的目的是增加资产价值、获取回报或实现财务目标。旅游投资则是指在符合国家有关政策法规的前提下，在一定时期内，投资主体根据旅游经济发展的需要，将一定量的资金投入旅游发展项目中，以获得回报为目的的行为和过程。

按照旅游投资性质不同，可分为旅游固定投资和旅游流动投资；按照资金筹措和运用方式的不同，可分为直接旅游投资和间接旅游投资；按照旅游项目的建设性质，旅游建设项目可划分为新建旅游项目、改扩建旅游项目、恢复旅游项目。

（一）旅游投资估算的含义及作用

旅游投资估算是指在旅游项目的策划和实施阶段，通过各种方法和工具对投资成本、收益、风险等进行预测和评估的过程。这些估算可以基于估算方法、建模技术、市场分析等数据，通过财务和经济分析的方法，为旅游投资决策提供支持和指导，帮助投资者做出合理的投资决策。

一个旅游投资项目从提出设想、立项、决策、开发、建设、施工直到竣工投产、运营和总结评价的全过程这就是旅游项目的投资周期。社会中大多数项目都必须经历一个由生产、发展和终结的循序发展的生命周期。

一个旅游项目投资发展周期从项目着手规划完成，一般需要经历项目设想、项目初选、项目准备、项目评估、项目实施、项目投产经营和项目评价总结等七个工作阶段如图 10-1 所示。

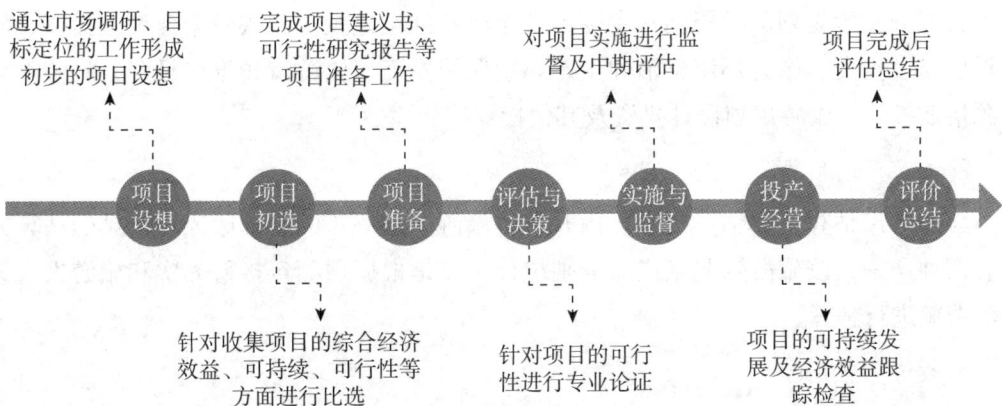

图 10-1　项目发展周期示意图

投资估算在旅游项目开发建设过程中的作用有以下几点。

（1）旅游项目建议书阶段的投资估算，是主管部门针对项目审批的参考依据之一，并对旅游项目规划、规模等起参考作用。

（2）旅游项目可行性研究阶段的投资估算，是旅游项目投资决策的重要依据，也是分析、研究、计算旅游项目经济效果的重要条件。当可行性研究报告获批后，其中投资估算总额也将是项目建设投资的最高限额，不得随意突破。

（3）旅游项目投资估算对于项目设计概算起到控制作用。

（4）旅游项目投资估算也可作为旅游项目资金筹措及制定项目融资方案的依据。

（5）旅游项目投资估算是核算旅游项目建设固定资产投资需要额和编制固定资产投资计划的重要依据。

（二）旅游投资经济效益分析

经济效益分析是评估项目的经济可行性和潜在回报的过程。它涉及对项目的预期经济效益和成本进行评估和量化分析。任何投资都需要分析经济上的可行性，以便做出正确的决策。旅游投资决策是指投资者在考虑旅游项目时需要做出的关于资本、时间、资源等多方面的投资决策。这些决策涉及精细、复杂的经济和市场分析，以及评估旅游项目潜在利润的风险和回报。正确的旅游投资决策是建立在对旅游投资项目的财务评价基础上的。

1.旅游投资成本估算

旅游投资估算的依据主要有两种：

一是根据国家相关标准和行业标准进行估算，如《建设工程工程量清单计价规范》（GB 50500—2013）；二是根据地区同类建设项目的现行价格进行估算。

大部分旅游规划的投资估算主要涉及旅游基础设施投资、旅游服务设施投资、旅游景区建设投资、旅游环境整治和生态环境保护投资、旅游市场推广投资、旅游人力资源培训投资、旅游规划设计投资及其他投资等。

2.旅游产出估算

旅游产出估算主要估算规划区内开发的旅游产品一年的全部收入。常见的估算方法有两种：一是按旅游六要素产品分别统计，二是根据预测年接待人次和旅游人次人均消费额进行估算。

3.投资回报期

投资回报期是指投资项目所需的时间，以使投资本金通过项目的运营和盈利回收并达到盈利状态。它是一个衡量投资项目的经济效益的指标，用于评估投资项目的收益和回报的速度。

4.盈亏平衡分析

盈亏平衡分析是对旅游企业销售和成本之间达到盈亏平衡的分析过程。它用于确定需要实现的销售额或销售量，以覆盖全部成本，从而实现利润为零的状态，从而确定旅游企业的保本营业收入指标。

5.投资利润率

投资利润率是指投资所获得的盈利与投资本金之间的比例关系。它可以用来评估投资项目的盈利能力和回报水平。

投资利润率的计算公式为：

投资利润率 =（投资收益 – 投资成本）/ 投资成本 × 100%

其中，投资收益是指投资项目获得的盈利，投资成本则是指投资项目所需的全部资金，包括购置资产、劳动力成本、运营费用等。

投资利润率越高，表明投资项目的回报水平也就越高，反之亦然。但需要注意的是，投资利润率并不是衡量投资项目好坏的唯一指标，还需要结合其他因素进行综合分析，例如投资风险、投资期限等。

除了以上内容，投资效益分析还需要分析净现值、净现值率、利润指数、风险率等经济效益，也需要考虑社会效益分析，也就是旅游规划实施后给目的地社会发展、社会进步所带来的好处。旅游规划项目在实施后也要对生态环境方面的影响进行正、负面的分析。

（三）旅游投资规划

1.旅游投资规模

依照旅游投资规模划分，旅游建设项目可分为大中型项目和小型项目。大中型项目是指总投资在 3 000 万元以上（含 3 000 万元）的旅游项目。投资额在 3 000 万元以下的项目称为小型项目。

2.我国现行的旅游投资类型

（1）政府投资。政府投资包括中央政府和地方政府的投资，政府在旅游领域投资的内容往往有以下几方面：一是旅游基础设施建设，如道路、桥梁、水电站、通信设施等，以增强旅游业的发展和吸引更多的游客；二是旅游服务设施建设，在旅游区域内兴建一些必需的设施，如旅游信息中心、餐饮服务区、公厕、停车场等，以提升游客的游览体验；三是景区开发建设，通过与合作伙伴一起投资兴建新的旅游景区并进行规划、建设、经营和维护，以推动旅游业发展；四是旅游宣传推广，在旅游业的宣传推广方面投入资金，如组织旅游展览会、印刷宣传手册、制作旅游宣传片等，以促进旅游业的发展。

（2）企事业单位投资。企事业单位投资主要包括企业投资及事业单位投资。与政府投资不同的是，其有多种资金来源方式，如企业自筹、银行贷款、债券投资、地产投资等不同形式。如有重大的旅游建设项目，对国家、区域旅游发展能产生重大影响的旅游项目可以选择国家和地方政府的投资与社会资本融合模式，但绝大多数旅游项目只能选择银行贷款或利用民间资本等。

二、旅游融资

融资是指企业或个人为满足资金需求而从外部来源获取资金的过程。融资可以帮助企业扩大业务、实施项目、购买资产等。

旅游融资是指旅游投资者通过不同途径和相应的手段取得旅游开发建设资金的过程。一般分为内部融资和外部融资，内部融资是指旅游企业内部通过调动内部资源进行资金筹集的过程，而不是依赖外部来源的融资方式。外部投资是指投资者吸引其他经济主体的资金，转化为投资资金的过程。我国旅游融资模式有以下几种模式。

（一）政策支持性融资

政策支持性融资是充分利用国家鼓励政策，进行政策支持性的信贷融资。目前，政策性融资主要有旅游国债、乡村振兴基金、生态保护专项资金、文物保护专项资金、国家及省市旅游产业结构调整基金等。

（二）银行信贷

银行信贷目前是开发商主要的融资渠道。旅游开发可采用项目信贷的方式借款，项目信贷要求自有资本投入 25% 以上。开发商也可通过以土地使用权、相关建筑物的所有权、项目开发经营权、未来门票或者其他收费权等为抵押或质押。

（三）资本市场融资

在国内外资本市场上进行旅游开发建设融资，成为我国旅游开发融资的主体，主要有发行股票、发行债券、股票置换以及旅游产业投资基金等方式。

（四）BOT 融资

"BOT"（build-operate-transfer）意为"建设—经营—转让"，是私营企业参与基础设施建设，向社会提供公共服务的一种方式。典型的 BOT 模式是指当地政府与项目公司（投资者）签订特许经营协议，由项目公司承担基础设施或者公共工程项目的资金筹集、建造、运营及移交。在协议中运营期满后，项目公司将该项目无偿移交与当地政府。

在发展过程中，该模式先后出现了不同的衍生模式，如 BOO（build-own-operate，建设—拥有—经营）、BOOT（build-own-operate-transfer，建设—拥有—经营—转让）、BOOST（build-own-operate-subsidy-transfer，建设—拥有—经营—补贴—转让）等。

（五）ABS 融资

ABS 融资是以项目所属的资产为支持的证券化融资方式，简称"资产收益证券化融资"。它是以项目所拥有的资产为基础，以该项目资产可以带来的预期收益为保证通过在资本市场上发行债券筹集资金的一种项目融资方式。

ABS 融资方式以这些良性资产的未来收益为担保，为其他基础设施项目融资。这种融资方式多被应用于旅游基础设施建设领域，因为旅游基础设施的收入较为稳定、安全未来的预期收益容易测算。

（六）PPP 融资

PPP 融资指政府、私营企业以某个项目为基础形成的相互合作的模式。通过这种合作模式，合作各方可以得到比单独行动更有利的结果。合作各方参与某个项目时，政府并不是把项目的责任全部转移私人企业，而是由参与合作的各方共同承担责任和融资风险。

PPP 模式的最大特点是将私人部门引人公共领域，从而提高公共设施服务的效率和效益，避免公共基础设施项目建设超额投资、工期拖延、服务质量差等弊端。项目建设与经营由合作的公司承担，可有效地提高公共项目的内在活力，同时分散了政府的投资风险。在旅游基础设施建设项目融资中可广泛采用。

课后思考

1. 建立政策保障体系规划对于旅游业有什么意义？

2. 旅游规划用地与旅游政策保障体系规划之间有什么关系？

3. 市场保障体系规划有哪些内容？在此基础上还可以增加哪些内容？

4. 对旅游企业而言，旅游市场定位重要还是旅游市场预测重要？

5. 旅游人力资源规划对于旅游企业有什么意义？

6. 对地区经济发展而言，旅游资源规划重要还是环境保护重要？

7. 安全与危机管理保障体系有哪些内容？

8. 旅游投融资对于旅游业发展有什么意义？

9. 对一个旅游项目的全过程投资周期而言，哪个阶段最为重要？

10. 我国现行的旅游投资类型有哪些？

第十一章　旅游规划图件及其制作

学习目标

了解旅游规划图表达的特点，掌握旅游规划图件技术要求及主要专题规划图件的类型，熟练掌握旅游规划图件制作的常用软件及其特点，了解常用软件制图流程。

第一节　旅游规划图件概述

一、旅游规划图件的概述

旅游规划图件是指将旅游要素涉及的空间位置关系进行显示，是以不同的表达方式对视觉、触觉和数字信息的方式。在旅游规划项目中，规划图件是其可视化成果表达的主要方面，具有重要的展示作用，旅游规划图也可以被看做"较为简单的规划表现形式"。旅游规划图件一般具有以下特点。

（一）表达方式的直观性

旅游规划成果图件将规划中的功能分区、基础设施建设、旅游项目等要素的空间布局通过图件成果的形式表达出来，让人们能够直接地通过视觉感知。在旅游规划详规中，规划图件还可以对建筑的详细信息，道路红线、环境景观规划等展出效果图，以展出预期的规划效果，所以，旅游规划成果图件对成果的表达有显著的直观性。

（二）表现形式的吸引性

规划可视化成果图件不但可以使用较为性目的配色系统，还可以借助大量的实地调查图片，案例图片、景观效果图等表达要素，这样可以使可视化成果图在表达形式上有更大的吸引力，更能引起读者兴趣。

（三）传达内容的精确性

旅游规划可视化成果图件从制图方式上讲，具有较好的准确性，其制作地图都是基于上位规划，如第三次国土调查数据、地籍基准数据、基期现状地物数据等，其基础数据具有科学的地图投影，坐标精确，表达数据真实。因此，其在空间数据表达上具有传达内容的精确性。

（四）空间要素的丰富性

旅游规划可视化成果图件在制作过程中涉及了大量的基础空间要素，例如现状铁路、规划铁路、现状公路、农村居民点、城镇用地、行政区界线、线状河流数据、气象数据等。

这些基础数据都是可视化成果表达的一部分内容，这些数据相互之间都有着密不可分的关系，这也使得旅游规划图件中包含着大量的信息，也进一步展示了其空间要素的丰富性。

二、旅游规划图件的功能

旅游规划图件除了作为规划成果的一部分内容，同时还包含以下功能。

（一）协助研究分析

旅游规划图成果图件展示需要将研究区内的不同空间要素科学展示到规划图上，使规划主题更易分析不同空间要素之间的相互影像的关系，所以，在进行规划时，需要借助其他已有的正确数据制作规划底图，且该底图作为研究的基础平台。

（二）成果模拟展示

旅游规划成果图件的功能最突出的还是对项目区内的规划成果进行拟态演示，图件可以友好地反映出规划的最主要目的和思想，从而和文字报告相辅相成，更好地展示其成果。

（三）规划实施管理

除了上述的成果模拟展示和协助研究分析以外，旅游规划图件对于研究区的布局、开发、指导、引领方面也具有科学的意义，例如，可以科学的对某一景区进行可视化成果规划，并且在建设过程中建立相应的信息对比系统，其可以作为规划最终实施效果的评价媒介。

三、旅游规划图件的种类

（一）按照图件内容分类

旅游规划图件隶属于一种专题规划图，其主要目的是针对某个景区或某个问题的研究制作而成的，一般来说，其包括的种类较多，通过总结，可以有以下分类：旅游区区位图、综合现状图、旅游市场分析图、旅游资源评价图、总体规划图。道路交通规划图、功能分区图等其他专业规划图、近期建设规划图，其二级分类也较为全面，如旅游现状图包括旅游现状图和旅游资源分布示意图、旅游地区位位置图。

旅游规划类图件包括项目区（景区）总体规划图、旅游市场分析图、旅游线路分布图、旅游设施分布图、旅游指示系统图和分期旅游项目规划图等。

旅游详细规划类图件包括旅游交通道路分布图、工程短期（长期）设施规划图、部分旅游设施详细规划图。其他类图包括地形分析图和环境保护评价图等。除此之外，规划图件还涉及各种模拟效果图，如道路建设效果图、旅游服务区效果示意图、建筑外表效果图等。以上都是旅游规划图件不同的表达方式。

（二）按照图件比例尺分类

比例尺是旅游规划图件的重要构成要素之一，属于地图中的数学要素，其具体指规 $\frac{l}{L}$ 划图上某线段的长度与地面上相应距离的水平长度之比，即

$$比例尺 = \frac{l}{L} = \frac{1}{M}$$

其中，l 为规划图上线段长度；

L 为地面上相应距离的水平长度；

M 为比例尺的分母；

l 为长度缩小的倍数。

旅游规划图件是用于表示旅游资源、设施和服务等方面信息的地图。这些地图通常按照不同的比例尺进行分类，以更好地满足不同用户的需求。以下是旅游规划图按照比例尺分类的主要类型。

1. 大比例尺规划图

大比例尺规划图通常采用较大的地图比例尺，如 1:25 000 或 1:5 0000。这种比例尺的规划图通常包含较详细的地理信息，如地形起伏、河流走向、建筑物分布等。它们通常用于城市旅游规划、景区旅游规划等需要详细信息的场合。

2.中比例尺规划图

比例尺规划图通常采用适中的地图比例尺，如1∶10 000或1∶20 000。这种比例尺的规划图通常包含较粗略的地理信息，但仍然能够提供足够的细节以用于旅游规划和决策。它们通常用于区域旅游规划、省级旅游规划等需要中等细节信息的场合。

3.小比例尺规划图

小比例尺规划图通常采用较小的地图比例尺，如1∶50 000或1∶100 000。这种比例尺的规划图通常包含较粗略的地理信息，而且往往只包含主要的地标和地理特征。它们通常用于国家级旅游规划、全球旅游规划等需要概括性信息的场合。

4.微比例尺规划图

微比例尺规划图通常采用非常小的地图比例尺，如1∶500 000或1∶100 0000。这种比例尺的规划图通常只包含最主要的地理信息和地标，而且往往没有详细的地理信息。它们通常用于旅游目的地的概览、旅游路线的概览等场合。

（三）按照绘制方式分类

1.纸质地图

纸质地图是传统的绘制方式，使用纸质材料和绘图工具进行绘制。这种地图通常采用手工绘制方式，需要具备一定的绘图技能和经验。纸质地图的优点是易于阅读和理解，适合用于个人或小型旅游规划项目。

2.数字地图

数字地图是利用计算机技术生成的电子地图。它们可以通过各种软件和在线平台进行绘制和编辑，例如GIS、AutoCAD、苍穹软件等。数字地图的优点是精度高、更新方便、可重复使用，适合用于大型旅游规划项目和需要长期更新的规划项目。

3.卫星图像地图

卫星图像地图是利用卫星图像技术生成的电子地图。它们可以通过各种卫星图像数据和GIS软件进行制作和编辑，能够提供高精度的地理信息。卫星图像地图的优点是精度高、覆盖范围广、更新速度快，适合用于需要精确地理信息的旅游规划项目。

4.三维地图

三维地图是利用三维建模技术生成的电子地图，它们可以通过各种三维建模软件进行制作和编辑。三维地图能够提供更加真实的地理环境模拟，适合用于旅游规划中的虚拟仿真、旅游体验等方面。

（四）按照承载媒介分类

随着计算机技术的不断发展，旅游规划图件的承载媒介也从最传统的纸质媒介转化为多媒体技术和信息技术的表现方式，例如，数字媒介是通过电子方式将旅游规划图进行展示和传播的媒介。这种媒介的优点是信息量大、更新方便、易于搜索和分享。数字媒介包括网站、移动应用、数字地图等，向旅游者提供交互式地图、虚拟旅游体验、酒店预订等服务。这些新型的规划图件通常借助计算机、互联网以及多媒体技术等手段展示在人们面前。

第二节　旅游规划图件技术要求

《旅游规划通则》和国家发布的相关标准中，对不同深度的旅游规划图件的技术要求都进行了详细的阐述。总的来说，旅游规划图件应具备地图的基本属性，并且要求清晰准确、图文相符、图例一致。

一、旅游总体规划

（一）图件的内容

旅游总体规划涵盖了对旅游区客源市场的分析，确立了旅游区的主题形象，划定了旅游区的用地范围及空间布局，安排了旅游区基础设施的建设内容，并提出了旅游区的开发措施。因此，规划图件的需求主要侧重于大尺度和宏观框架的呈现。

图件内容主要包括旅游区位图、综合现状图、旅游市场分析图、旅游资源评价图、总体规划图、形象规划图、项目规划图、道路交通规划图、功能分区规划图以及其他专业规划图和近期建设规划图等。这些图件为旅游区的开发和建设提供了直观的视觉呈现和指导。

（二）图件的比例尺

旅游总体规划的图纸比例要根据空间范围来确定，范围越大，规划图件的比例尺则相应越小。

二、旅游控制性详细规划

（一）图件的内容

旅游控制性详细规划的任务是以总体规划为依据，详细规定建设用地的各项控制指标和其他规划管理要求，为一切开发建设活动提供指导。由于规划深度要求的提高，旅游规划图件在内容上更加详细，规划图件的内容也更加丰富。

控制性详细规划的图件主要包括综合现状图、道路交通规划图、景观视线规划图、项目分布规划图、服务设施规划图、基础设施规划图、植被绿化规划图、土地利用规划图、各地块的控制性详细规划图、竖向规划图以及各项工程管线规划图等。

（二）图件的比例尺

控制性规划的图纸比例一般为 1∶1 000 ～ 1∶2 000。

三、旅游修建性详细规划

（一）图件的内容

修建性详细规划是在总体规划和控制性详细规划的基础上，进一步深化和细化的必要步骤，用于指导各项建筑和工程设施的设计和施工。

修建性详细规划的图件主要包括综合现状与建设条件分析图、用地布局规划图、景观系统规划设计图、道路交通系统规划设计图、绿地系统规划设计图、给排水系统规划设计图、电力电讯规划设计图、旅游服务设施及附属设施系统规划设计图、工程管线系统规划设计图、竖向规划设计图、环境保护和环境卫生系统规划设计图，以及鸟瞰或透视效果图等。

（二）图件的比例尺

旅游修建性详细规划的图纸比例一般要求为 1∶500 ～ 1∶2 000。

第三节　旅游规划图件制作方法

一、旅游规划图件的要素

旅游规划图件的要素可以分为三类，即底图要素、专题要素以及图则要素。

（一）底图要素

旅游规划图件的底图要素是编制旅游规划图的基础，它们不仅为描绘旅游要素提供了骨架和确定相对位置，还反映了旅游要素与周边环境的相互关系，为规划主题提供了衬托。这些底图要素主要包括水系、地貌、土质、植被、居民点、交通线、境界线、地物以及辅助内容等。在选择底图要素时，应根据实际的规划专题和比例尺来选择，并非所有要素都需要包含在规划图中。

（1）水系，即对规划区域内的河流的刻画；

（2）地貌，描述规划区域地貌现状；

（3）土质，规划区域的土质类型；

（4）植被，规划区域的植被现状；

（5）居民点，规划区域的居民点的分布；

（6）交通线，描述水运、铁路、公路以及航空运输现状；

（7）境界线，描述行政区域、景区规划区域等的边界；

（8）地物，规划区域内地表的自然或人文景观；

（9）辅助内容，即需要对底图进行文字或图片说明的内容。

应该注意，并非所有上述底图要素都要包含于规划图中，底图的要素应根据实际规划专题和比例尺的需要予以选择。

（二）专题要素

旅游规划图件的专题要素是指编制旅游规划专题图件时必须表现于规划图之上的要素。

旅游规划图件的专题要素除了景区的食、住、行、游、购、娱六大要素以外，还应涵盖景区内的景观、基础设施等内容。具体而言，旅游规划图件的专题要素有以下几类。

（1）旅游客体，如风景名胜、历史文化（文物）、社会风情等；

（2）旅游主体，如旅游者、旅游市场等；

（3）旅游服务设施，如旅游交通、通信、旅馆宾馆、餐厅饭店、文化娱乐设施、旅游 购物场所、旅行社、服务中心等；

（4）景观视线，如景观视线分析等；

（5）基础设施，如给排水、电力、环保、卫生、管线等。

旅游规划图件的专题要素一般都在不同的图件上分开表示，如果需要也可以在同一张规划图上表现多个专题要素的内容。

（三）图则要素

图则要素是旅游规划图件作为规划附件所必须具备的统一的表达形式，即对于任何旅游规划图件都必须具备的要素内容。旅游规划图件的图则要素包括以下几类。

（1）图名，规划图的名称，如旅游区综合现状图、道路交通规划图、景观视线规划图、项目分布规划图等；

（2）图框，对规划图件页面布局的限定；

（3）图例，对旅游规划图上使用标志的解释；

（4）比例尺，表示图上线段代表实际水平距离的比例；

（5）风玫瑰，对规划区域常年或季节风向的表示；

（6）规划期限，对规划的时效性进行限定；

（7）规划日期，表明规划及图件编制的日期；

（8）规划单位及其资质图签编号，对规划图件的编制者及其资质审核的要素。

有的学者将上述要素分为四类：数学要素、专题要素、底图要素和图外要素。数学要素包括地理坐标、投影、地图比例尺和地图定向等；专题要素涉及旅游规划的核心内容，如旅游资源和规划项目设施等；底图相关要素包括水系、居民点、道路交通、边界线、旅游设施等；图外要素则包括图名、比例尺、图例、编制单位和编制日期等基本信息。

二、主要专题规划图件的绘制

旅游规划中常见的规划图件主要有区位分析图、资源分布图、交通规划图、项目规划布局图、游线组织规划图、绿化规划图、基础设施规划图七种。

（一）区位分析图

区位分析图是用于表现旅游开发地所处地理区位、旅游市场区位、交通区位等位置要素的图表。

这种图表通常以区域地图为底图，并在规划图上标注出行政界线、主要城市、交通线、旅游区范围等要素。此外，还可以用圈层和动线来表示客源市场的分布以及主要客源的流向等内容。

（二）资源分布图

资源分布图是旅游开发中非常重要的一个环节，它是对旅游区中旅游资源的类型、数量和空间分布的详细刻画。这种图表通常以区域地形图为底图，并在图上标注出边界线、内部道路、河流、旅游资源、地貌等要素。

在资源分布图中，旅游资源通常用点或象形标志表示，这样可以更直观地展示旅游资源的分布情况。通过资源分布图，我们可以了解旅游区的整体资源情况，包括各种旅游资源的类型、数量和空间分布，从而更好地进行旅游开发和规划。

在制作资源分布图时，需要选择准确的地图底图和标注元素，并根据需要添加其他相关信息。同时，需要注意地图的比例尺和精度，以便更好地反映实际情况。资源分布图不仅可以为旅游开发提供重要的参考依据，还可以帮助我们更好地了解旅游区的特点和资源优势，为旅游区的可持续发展提供支持。

（三）交通规划图

交通规划图是用于直观表现区域内外部交通组织的图表。这种图表通常以大比例尺地形图作为底图，并在图上标注出外部交通线路、交通设施、内部各种交通道等要素。

在交通规划图中，交通线路通常用不同的线型和颜色来表示，这样可以更直观地展示各种交通方式的走向和分布情况。同时，需要标注出交通设施的位置和功能，以便更好地了解该地区的交通状况和特点。

在进行交通规划时，需要考虑旅游区的地形、气候、人口分布等因素，以便制定合适的交通规划方案。同时，需要了解游客的出行需求和行为习惯，以便更好地满足游客的需求和提高旅游区的服务质量。

（四）项目规划布局图

项目规划布局图是对主要项目的空间布局进行详细分析和规划的图表。这种图表通常以大比例尺地形图为底图，并在图上标注出内部功能分区、主要项目、各级交通道和游览道、主要及次级出入口等要素。

在项目规划布局图中，内部功能分区通常用不同的颜色或符号来表示，以便更直观地展示各功能区的分布和相互关系。主要项目通常用图例或符号来表示，以便更好地了解每个项目的位置和规模。各级交通道和游览道通常用不同的线型和颜色来表示，以便更直观地展示交通和游览的路线和方向。主要及次级出入口通常用符号或文字标注，以便更好地了解游客的进出方式和流量。

项目规划布局图可以帮助我们更好地了解主要项目的空间布局和相互关系，为旅游开发提供重要的参考依据。同时，可以帮助我们更好地进行项目的规划和设计，提高旅游区的整体品质和服务水平。

（五）游线组织规划图

游线组织规划图是在项目布局的基础上，对游览线路的系统安排进行规划和设计的图表。这种图表通常以大比例尺地形图为底图，并在图上标注出各级交通道和游览道、主要景点、不同主题的游线、道路主要节点、主要及次级出入口等要素。

在游线组织规划图中，各级交通道和游览道通常用不同的线型和颜色来表示，以便更直观地展示交通和游览的路线和方向。主要景点通常用符号或文字标注，以便更好地了解每个景点的位置和特点。不同主题的游线通常用不同的颜色或符号来表示，以便更好地展示不同主题的游览线路。道路主要节点通常用符号或文字标注，以便更好地了解每个节点的位置和特点。主要及次级出入口通常用符号或文字标注，以便更好地了解游客的进出方式和流量。

（六）绿化规划图

绿化规划图是对景区内部植被种类和分布进行详细规划和设计的图表。这种图表通常以大比例尺地形图为底图，并在图上标注出内部功能分区、广场等游客集散地、各类绿化区域等要素。

在绿化规划图中，不同类型的绿化区域通常用不同颜色的面来表示，以便更直观地展示各种植被的分布和特点。例如，花带可以用鲜艳的颜色表示，草地可以用绿色表示，林荫道可以用深色表示，灌木可以用浅色表示，背景林可以用较淡的颜色表示，防护林可以用特定的颜色表示。

（七）基础设施规划图

基础设施规划图是对景区内部基础设施规划的直观反映。这种图表通常以大比例尺地形图为底图，并在图上标注出电力设施及其分布、大电量使用单位、邮电局布置、移动电话基站布置、给排水设施等要素。

在基础设施规划图中，这些要素通常通过自定义的点、线等符号来表示，以便更直观地展示各种基础设施的分布和特点。例如，电力设施可以用特定的符号表示，大电量使用单位可以用点表示，邮电局和移动电话基站可以用特定的符号或文字标注，给排水设施可以用线表示。

基础设施规划图可以帮助我们更好地了解景区的内部基础设施分布和特点，为旅游开发提供重要的参考依据。同时，可以帮助我们更好地进行基础设施规划和设计，提高旅游区的服务质量和游客的满意度。

三、旅游规划图件计算机辅助设计（CADTP）的流程

随着计算机信息处理能力的不断提升和图形处理技术的日益完善，计算机辅助设计在包括平面规划图形和三维效果视图在内的设计工作中发挥了巨大作用。因此，现在绝大多数旅游规划图件的制作都依赖计算机工具。

从操作过程来看，规划图件绘制的计算机辅助设计的流程可分解为以下步骤。

（一）拟定规划图件

拟定规划图件是旅游规划图件设计的重要准备工作，旨在根据规划类型和要求，制订规划图件大纲或图件编制计划书。

（二）底图处理与制作

规划底图的制作在进行规划图件的制作之前，首先需要制作规划底图。底图是所有规划图件的基础，因此其准确性和完整性至关重要。

1. 选定合适的区域地图

需要选择合适的区域地图作为底图的来源。这通常涉及对地图的选择，包括地图的比例、精度、覆盖范围等因素。确保所选地图能够满足规划的需求，并覆盖所需的所有区域。

2. 矢量数字化

在选定地图后，需要进行矢量数字化。这是将纸质或数字地图转换为计算机可处理的数据格式的过程。目前有多种方式可以实现地图的矢量数字化，具体如下。

（1）数字化仪数字化：这是通过数字化仪将地图图形转换为数字的过程。数字化仪可以记录点的 X、Y、Z 坐标值，从而将地图的形状和特征转换为计算机可处理的数据。根据数字化仪的类型，可以分为手扶跟踪数字化仪、自动跟踪数字化仪和扫描数字化仪。

（2）屏幕数字化：这是一种通过计算机屏幕进行的数字化方式。用户可以在屏幕上直接操作，将地图的图形转换为数字数据。这种方式相对直观，但可能需要一定的操作技巧。

3. 底图制作

在完成矢量数字化后，就可以开始制作底图。这通常包括对地图的编辑、调整、优化等步骤，以确保底图的准确性和完整性。底图制作完成后，就可以作为其他规划图件的基础，进行进一步的规划和设计工作。

目前，可供选择的地图制图系统数量较多，常用的如 Arcgis AutoCAD、MapInfo、MapCAD、CorelDraw 等。

（三）图件要素编辑

规划底图完成后，可以根据规划需求制作总体规划图和专题规划图。在制作规划图件时，首先需要分析图件中需要表现的要素，然后根据要素类型选择适当的表现形式，并制定规划图例。最后，按照一定的规则将各要素分层表现在规划底图上，从而制作出各种专题规划图。

（四）修饰和装饰

由上述地图制图系统制作的旅游规划图件在表现形式上较为单一，为了提升图件的视觉效果和美观度，通常会将其导出到专业的图片编辑处理软件，如 Photoshop 中进行美化和渲染。在 Photoshop 中，可以对规划图件的颜色、效果以及说明文字等进行修饰和装饰，以增强其视觉吸引力和可读性。通过这种方式，可以使得旅游规划图件更加生动、形象地展示旅游项目的特色和亮点，为决策者提供更加直观、全面的参考依据。

（五）图件输出

在规划图件进行美化和修饰之后，就可以将其输出。规划图件的输出设备主要有两种：绘图仪和打印机。

这两种设备的功能基本相同，都是用于将图件输出为可视化的图像。然而，它们在使用和适用范围上存在一些差异。

打印机是一种常用的图件输出设备，主要用于打印幅面较窄、尺寸不大的图件。它适用于家庭、小型办公室等场所，方便快捷，成本相对较低。

而绘图仪是一种专门用于打印输出幅面较大的图形信息的专用仪器。它适用于需要输出大幅面图件的场合，如建筑设计、工程制图等。绘图仪的精度和分辨率较高，可以输出高质量的图形信息。

因此，在选择规划图件的输出设备时，应根据需要选择适当的设备。如果需要输出幅面较大的图件，可以选择绘图仪；如果只需要输出小幅面的图件，可以选择打印机。同时，需要考虑设备的成本、使用方便性等因素。

四、常用地图制图系统介绍

（一）ArcGIS

ArcGIS 是一款由 Esri 公司开发的地理信息系统软件，广泛应用于空间数据管理和分析领域。它提供了一套完整的地理信息系统工具，包括数据输入、编辑、查询、分析、地图制作和输出等。ArcGIS 的主要特点包括如下几点。

1. 强大的数据管理功能

ArcGIS 可以处理各种类型的地理数据，包括矢量数据、栅格数据、表格数据等，并提供了强大的数据编辑和查询功能。

2. 丰富的空间分析工具

ArcGIS 包含丰富的空间分析工具，可以进行诸如空间统计、地图制作、地理编码等分析工作。

3. 直观的可视化界面

ArcGIS 提供了直观的图形界面，使得用户可以轻松地理解和解释地理数据。

4. 强大的输出功能

ArcGIS 可以生成各种形式的地图和报告，包括地图集、图表、报告等。

5. 良好的扩展性

ArcGIS 可以与其他软件集成，也可以通过插件来扩展其功能。

（二）CAD（计算机辅助设计）软件

CAD（计算机辅助设计）软件是一种广泛应用于工程设计领域的工具，它利用计算机技术辅助设计师进行各种设计工作。CAD 软件可以用于二维绘图和三维设计，支持多种硬件设施设备和多个操作平台，具有完善的图形绘制和编辑功能。

1. CAD 的特点如下

（1）完善的图形绘制功能。

（2）CAD 软件具有完善的图形绘制功能。可以绘制各种形状和线条，支持多种绘图工具和绘图模式，使得设计师可以更快速、准确地绘制图形。

（3）强大的图形编辑功能。CAD 软件具有强大的图形编辑功能，可以对已绘制的图形进行各种编辑操作，支持各种布尔运算和变换操作，使得设计师可以更方便地进行图形编辑。

（4）二次开发或用户定制。CAD 软件支持二次开发或用户定制，用户可以根据自己的需求对 CAD 软件进行扩展和定制，使得 CAD 软件更加符合自己的使用习惯和工作流程。

（5）多种图形格式转换。CAD 软件支持多种图形格式转换，可以将不同格式的图形文件导入 CAD 软件中进行编辑和处理，也可以将 CAD 软件中的图形文件导出为其他格式的文件。

（6）支持多种硬件设施设备。CAD 软件支持多种硬件设施设备，可以在不同的硬件设备上运行和使用，使得设计师可以更加灵活地使用 CAD 软件进行设计工作。

（7）支持多个操作平台。CAD 软件支持多个操作平台，可以在不同的操作系统上运行和使用，使得设计师可以在不同的操作系统上使用相同的 CAD 软件进行设计工作。

（三）CorelDraw

CorelDraw 是一款由加拿大 Corel 公司开发的矢量图形设计软件。它拥有丰富的绘图工具和编辑功能，可以帮助设计师快速创建各种类型的图形和图像。此外，CorelDraw 还支持多种文件格式，包括 AI、EPS、PDF 等，方便与其他设计软件进行交互。

CorelDraw 的特点如下：

（1）矢量图形设计：CorelDraw 是一款矢量图形设计软件，这意味着它创建的图形可以无限放大而不失真，适用于各种印刷和电子媒体。

（2）丰富的绘图工具：CorelDraw 提供了丰富的绘图工具，包括线条、形状、文本、色彩等，方便设计师进行各种创意设计。

（3）强大的编辑功能：CorelDraw 提供了强大的编辑功能，包括调整大小、旋转、变形、透明度等，可以帮助设计师对图形进行各种调整和修改。

（4）多种文件格式支持：CorelDraw 支持多种文件格式，包括 AI、EPS、PDF 等，方便与其他设计软件进行交互和共享。

（5）丰富的插件支持：CorelDraw 支持多种插件，可以帮助设计师扩展其功能，提高工作效率。

五、旅游规划图件绘制示例

（一）案例概述

本次旅游规划图件绘制以若羌县旅游区的规划为例，该旅游区拥有丰富的自然和人文资源，需要制定一套全面的旅游规划。

（二）使用工具

本次绘制将使用 –ArcMap 软件，该软件是一款强大的地理信息系统软件，适用于旅游规划的各个方面。

图 11-1　–ArcMap 操作界面示意图

（三）绘制步骤

1. 数据导入

首先，我们需要导入旅游区的地理数据。这些数据可能包括地形图、交通路线图、建筑物分布图等。在 –ArcMap 中，我们可以使用"添加数据"功能将这些数据导入地图中。

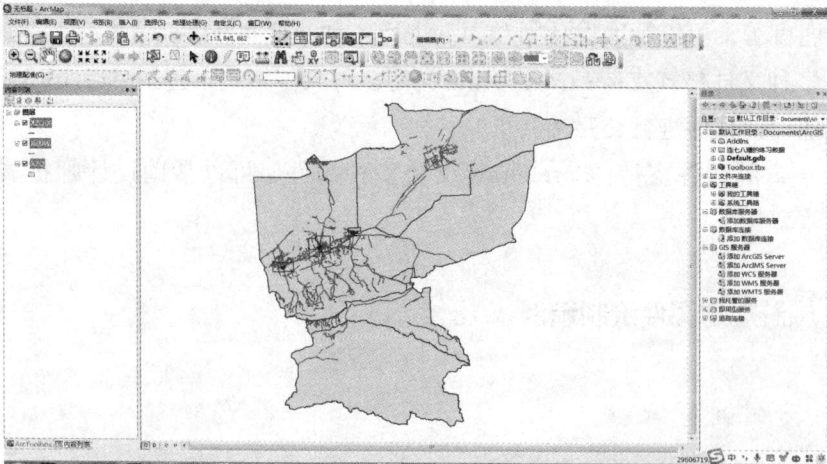

图 11-2　–ArcMap 添加地理数据示意图

2.数据处理

对于导入的数据，可能需要进行一些预处理。例如，调整数据的位置、缩放大小等。–ArcMap 提供了丰富的数据处理工具，可以帮助我们快速完成这些工作。

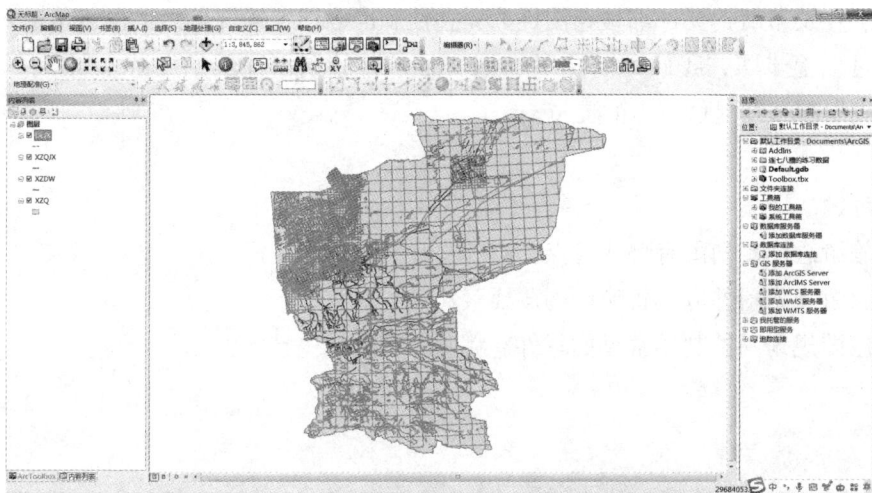

图 11-3　–ArcMap 数据处理示意图

3.要素绘制

根据旅游规划的需求，我们需要绘制各种要素。例如，我们可以绘制旅游区的边界、交通路线、景点分布等。在 –ArcMap 中，我们以通过选择对应的工具和模板来绘制这些要素。

4.属性添加

为了更好地描述和区分不同的要素，我们可以为每个要素添加属性。例如，为交通路线添加长度、宽度等属性。在 –ArcMap 中，我们可以使用"属性表"功能来添加和管理属性。

5.样式调整

为了使图件更加美观，我们需要对地图进行样式调整。例如，改变颜色、线型、粗细等。–ArcMap 提供了丰富的样式调整工具，我们可以根据需要进行调整。

6.导出与发布

最后，我们将完成的图件导出为 PDF 或图片格式，以便于打印和发布。在 –ArcMap 中，我们可以使用"导出地图"功能来完成这一步。

7. 注意事项

（1）在绘制过程中，要确保数据的准确性和完整性。

（2）根据实际情况调整要素和属性的绘制方式，确保图件的实用性。

（3）在发布前，要仔细检查图件的完整性和准确性，确保信息的准确传达。

通过以上步骤，我们可以使用 –ArcMap 软件绘制出详细的旅游规划图件，为旅游区的规划和开发提供有力的支持。

思考题

1. 旅游总体规划图有哪些特点？

2. 旅游规划图件应具备哪些构成要素？

3. 旅游规划图件制作常见的软件有哪些？都有哪些特点？